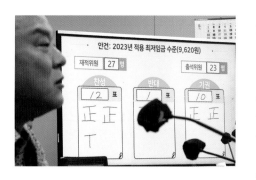

시간당 최저임금 인상 … 4인 가구 기준 중위소득도 ↑

2023년도 최저임금은 시간급 9,620원으로 2022년 최저임금(9,160원)보다 460원(5.0%) 높은 금액이다. 2023년 최저임금의 월 환산액(월 노동시간 209시간 기준)은 201만 580원이다. 주 40시간 근로 시 주휴수당을 포함해 월급 200만원을 처음으로 초과하게 됐다. 4인 가구 기준 중위소득도 인상돼 2022년 512만 1,080원 대비 5.47% 오른 540만 964원으로 결정됐다. 수급자 가구 중 70% 이상을 차지하는 1인 가구 기준으로는 6.84% 인상되어 194만 4,812원에서 207만 7,892원으로 오르게 됐다. 기준 중위소득은 기초생활보장제도를 비롯한 복지사업의 수급자 선정기준으로 활용되고 있다. 이에 따라 4인 가구를 기준으로 급여별 선정기준도 생계급여 162만 289원, 의료급여 216만 386원, 주거급여 253만 8,453원, 교육급여 270만 482원 이하로 책정됐다.

보행자 보호 위한 우회전 신호등 도입한다

2022년 10월부터 전국 15개소에서 시범적으로 운영되던 우회전 신호등이 2023년 1월 22일부터 전국적으로 확대 운영된다. 우회전 신호등은 적색, 황색, 녹색 화살표 등 3개 신호로 구성되며, 운전자는 우회전 시 이 신호에 따라 주행할 수 있다. 정부에 따르면 우회전 신호등을 시범운영한 지역의 우회전 보행자 교통사고 발생 건수가 운영 후 3개월간 약 51.3% 감소했다는 결과가 나왔다. 지난 2022년 7월 보행자를 보호하기 위한 도로교통법 개정안이 시행되면서, 교차로의 횡단보도에서 우회전하려 할 때 '통행하려고 하는' 보행자가 있으면 반드시 일시정지를 해야 한다. 당시 일시정지 의무 강화에 상당수의 운전자들은 혼란스럽다는 반응과 함께, 우회전 신호등을 설치해달라고 목소리를 높였다. 경찰은 우회전 신호등을 시범운영한 지역의 사고예방 효과를 분석한 후 이를 정책에 반영할 계획이라 밝힌 바 있다.

식품 유통기한, 소비기한으로 바뀐다

식품에 기존의 유통기한 대신 소비기한을 표기하는 '소비기한 표기제'가 2023년부터 시행된다. 식품의약품안전처(식약처)는 시행을 한 달 앞두고 업체들이 활용할 수 있도록 23개 식품유형, 80개 품목의 소비기한 '참고값'을 수록한 '식품유형별 소비기한 설정 보고서'를 발표했다. 참고값은 식약처가 제시하는 잠정적인 소비기한이다. 업체는 이 참고값보다 짧게 소비기한을 정하면 된다. '식품 등의 표시 · 광고에 관한 법률' 개정으로 식품업체는 식품의 날짜 표시 부분에 기존의 유통기한 대신 소비기한을 적어야 한다. 다만 우유는 2031년부터 적용된다. 유통기한이 소비자에게 유통 · 판매가 허용되는 기간이라면, 소비기한은 소비자가 보관조건을 준수했을 경우 식품을 먹어도 안전에 이상이 없다고 판단되는 기간이다. 이로써 업체는 식품폐기량을 줄일 수 있게 됐으나, 기존 포장지 폐기에 따른 자원낭비 우려로 1년간의 계도기간이 운영된다.

시내·농어촌·마을버스에 저상버스 도입 의무화

2023년 1월부터 시내·농어촌버스와 마을버스를 대·폐차하는 경우 휠체어 탑승이 용이한 저상버스를 의무적으로 도입하게 됐다. 이를 통해 시내버스의 저상버스 도입률을 2021년 말 기준 30.6%에서 2026년까지 62%로 높이고, 농어촌버스는 1.4%에서 42%, 마을버스는 3.9%에서 49%까지 늘린다는 방침이다. 광역급행형 등 좌석버스 노선은 2026년까지 휠체어 탑승이 가능한 차량개발을 완료해 2027년부터 본격 운행한다. 또한 고속·시외버스 노선 가운데 철도 이용이 어려워 버스 외 대체수단이 없는 노선을 중심으로 휠체어 탑승가능 버스 도입을 확대하고, 여객터미널과 휴게소의 이동편의시설 개선도 지속적으로 추진한다. 이와 함께 교통수단과 여객시설, 보행도로 등에 설치하는 휠체어 승강설비, 승강기, 경사로, 점자블록 등 이동편의시설도 확충·개선된다.

오토바이 의무보험 미가입시, 지자체가 등록 말소한다

지자체에서 의무보험에 가입하지 않은 자동차를 말소할 수 있도록 하는 개정 자동차관리법이 시행되면서, 2023년부터는 무보험 이륜차(오토바이)도 거리에서 사라질 전망이다. 2022년 기준 번호판 등 정보가 불분명하거나 의무보험에 가입하지 않은 오토바이들은 대부분 배달업에 사용되는 것으로 추정됐다. 지난 2022년 3월 국토교통부는 차대번호, 소유자 성명 등이 누락되거나 정보가 불일치하는 등의 신고정보가 불명확한 오토바이 25만대를 재조사해 16만건을 현행화했다고 밝혔다. 현행화하지 못한 나머지 9만 4,000여 건은 2023년 7월부터 지자체 직권으로 사용폐지가 가능해진다. 국토교통부는 이러한 법률개정 시행으로 오토바이가 무단방치돼 도시안전·미관을 해치는 일이 없도록 하고, 또 무보험 오토바이가 일으킨 사고로 피해보상과 책임소재규명에 지장이 없도록 하겠다는 방침이다.

지하철-버스 통합정기권 도입 예고

정부가 2023년부터 지하철과 버스가 통합된 정기권 도입을 추진할 것이라 예고했다. 정해진 기간 내에 정해진 횟수만큼 이용할 수 있는 탑승정기권은 그동안 지하철과 버스의 환승할인이 되지 않아 아쉽다는 의견과 역세권 주민에게만 혜택이 돌아가는 것에 대한 개편 요구가 있어왔다. 이에 지난 2022년 5월 대도시권광역교통위원회(대광위)는 국민의 교통비 절감을 위해 2023년 도입을 목표로 전국 대도시권 지자체 및 운송기관과 협의를 진행한다고 밝혔다. 대광위는 통합정기권 도입으로 약 27~38% 정도의 대중교통비가 절감될 것이라고 예상했다. 예를 들어 수도권의 10km 구간을 60회 통행할 때 기존 지하철·버스 요금은 7만 5,000원이지만 통합정기권을 도입하면 5만 5,000원으로 26.7% 할인되는 것이다. 또 수도권 30km 구간을 60회 통행할 때에는 기존 99,000원에서 61,700원으로 37.7% 할인되는 것으로 나타났다.

계 지혜로운 토끼처럼

묘 높게 더 멀리

년 목표를 향해 뛰자!

안녕하십니까. 시대교육그룹 회장 박영일입니다.

다사다난했던 2022년이 저물고 2023년 새해가 밝았습니다. 지난 한 해에도 '이슈&시사상식'을 애독해주신 독자 여러분 덕분에 제191호 발간과 함께 출간 17주년을 맞이하게 되었습니다. 보내주신 관심과 성원에 보답하기 위해 2023년에도 알차고 유익한 시사정보를 전해드릴 수 있도록 최선을 다하겠습니다.

2022년은 전 세계적인 인플레이션에서 기인한 경제위기와 국내외에서 심화하고 있는 갈등과 대립으로 모두에게 힘든 한 해였습니다. 그러나 안타깝게도 많은 전문가들이 2023년에도 그 여파가 이어질 것으로 예측하고 있는 만큼 올해 역시 쉽지 않은 한 해가 될 것으로 전망됩니다.

그러나 우리는 불안정한 상황일수록 보다 뚜렷한 목표를 세우고, 계속해서 한계에 도전해야만 변화하고 발전할 수 있다는 사실을 알고 있습니다. 포기하지 않고 꾸준히 계획을 실천하다 보면 분명 그동안 흘린 땀방울을 성공이란 결실로 보답받을 수 있을 것이라 믿습니다.

올해는 검은 토끼의 해, 계묘년(癸卯年)입니다. 예로부터 토끼는 꾀가 많고 영민한 동물로 여겨졌고, 검은색은 인간의 지혜를 관장한다고 알려져 있습니다. 힘찬 도약으로 어떤 장애물도 뛰어넘는 토끼처럼 독자 여러분도 모든 어려움을 헤치고 승승장구하는 한 해가 되기를 기원합니다. 꿈을 향해 성실하게 나아가는 여러분의 곁에 시대교육그룹이 늘 함께 하겠습니다.

시대교육그룹 회장 **박영일** 拜上

발행일 | 2022년 12월 25일(매월 발행)　　발행인 | 박영일　　책임편집 | 이해욱　　편집/기획 | 김준일, 김은영, 이세경, 남민우, 김유진, 박영진

편저 | 시사상식연구소　　표지디자인 | 김지수　　내지디자인 | 장성복, 채현주, 곽은슬, 윤준호　　마케팅홍보 | 오혁종　　동영상강의 | 조한

인쇄 | 미성아트　　발행처 | (주)시대고시기획　　등록번호 | 제10-1521호　　창간호 | 2006년 12월 28일　　대표전화 | 1600-3600

주소 | 서울시 마포구 큰우물로 75[도화동 538번지 성지B/D] 9F　　홈페이지 | www.sdedu.co.kr

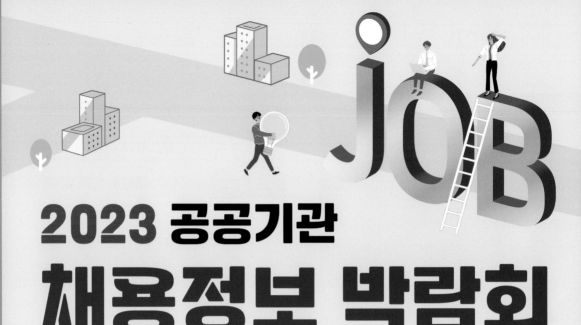

2023 공공기관 채용정보 박람회

기획재정부가 2023년 1월 공공기관 채용정보 박람회를 개최한다. 코로나19 팬데믹으로 인해 2021년과 2022년 온라인으로 열렸던 아쉬움을 딛고 2023년에는 오프라인으로 돌아올 예정이다. 윤석열정부가 공공기관 인력을 감축하려는 기조를 보이면서, 공공기관·공기업의 취업문은 대체로 좁아질 것으로 예측되고 있다. 그러나 전국 대부분의 공공기관이 참여하는 이번 대규모 채용박람회에도 공공기관에 취업하기를 희망하는 취준생들의 이목이 쏠리고 있다.

📍 박람회 안내

1. 행사 일정 : 2023년 1월 30일(월)~2월 2일(목)
2. 행사 장소 : 서울 aT센터, 박람회 홈페이지
3. 참여 기관 : 약 140여 개 주요 공공기관
4. 참가 대상 : 고등학생, 대학생, 취업준비생 등 3만명 이상

📍 2022년 온라인 박람회 프로그램은?

예년과 달리 새로운 프로그램이 크게 신설되거나 바뀔 가능성은 높지 않다. 2022년 진행됐던 프로그램을 살펴보고, 2023년 박람회에서는 어떤 프로그램을 눈여겨봐야 할지 생각해보자!

1. 공공기관 채용설명회
2. 공공기관 인사담당자·신입사원 토크콘서트
3. 참여기관 채용정보 제공 및 온라인상담 운영
4. NCS 특별강연 및 공공기관 채용전략 특강
5. 공공기관 모의토론면접
6. 블라인드 자기소개서 컨설팅
7. NCS 직업기초능력검사, 인성검사, AI 모의면접

📍 2023년 오프라인 박람회 운영방향

콘텐츠 중심의 내실 있는 운영

- 취준생에게 실질적으로 도움이 되는 프로그램을 중심으로 운영
- 취업과 직접적으로 연관되는 전문가의 특강 및 프로그램 실시

투명하고 공정한 공공기관 채용정책 홍보

- 공공기관에 대한 기초정보 제공
- 블라인드 채용과 NCS를 체험할 수 있는 프로그램과 특강 제공
- 합동 채용, 지역인재 채용, 채용비리 극복사례 등 채용정책 소개

수요자 중심의 맞춤형 정보 제공

- 고졸·대졸 참가자를 구분할 수 있도록 콘텐츠를 구성
- 채용설계의 질을 높여 부스·온라인 상담으로 진행
- 채용정책·정보를 잘 모르는 참여자를 위해 별도의 섹션 마련

채용박람회 200% 이용하기!

시간표와 지도를 잘 보자

박람회 개막 전에는 홈페이지 등에 나흘간의 박람회 프로그램 일정이 게시된다. 각 기관의 채용설명회와 모의면접, 채용상담 등이 동시에 진행되니 방문할 예정이라면 미리 계획을 짜두는 것이 좋다. 더불어 박람회 현장에 게시된 안내도를 참고하여 동선을 파악하는 것도 박람회를 효율적으로 이용하는 데 도움이 된다. 박람회 진행 당일에는 조금 이른 시간에 찾아가 현장을 둘러보는 것도 좋은 방법이다.

방문할 곳을 정해두자

박람회에서는 무려 140여 개의 공공기관이 참여한다. 3년 만에 열리는 오프라인 행사이기 때문에 많은 인원이 몰릴 것으로 예상된다. 그러니 기업별 채용상담부스를 찾을 생각이라면 일단 관심 있는 곳을 미리 정해두도록 하자. 아울러 NCS와 자기소개서 특강, 기업별 인사담당자의 채용설명회도 중간 중간 진행되므로, 참여하고 싶은 프로그램이 있다면 채용상담과 겹치지 않도록 최대한 고려해 계획을 세우면 좋다.

질문할 것을 생각해두자

원하는 기관의 채용상담을 하게 됐다면 인사담당자에게 물어볼 내용을 구체적으로 생각해두는 것이 좋다. 인원이 많아 상담시간을 오래 갖지 못할 수 있으니 인터넷검색으로도 찾을 수 있는 뻔한 질문은 시간낭비일 수 있다. 해당 기업의 향후 사업방향과 이와 관련된 직무 내용, 그리고 직무에 임하기 위한 역량 등 현직자가 아니면 물어볼 수 없는 구체적인 사안에 대해 질문하자. 이 같은 내용은 자기소개서와 실제 면접에서도 활용할 수 있다.

사전 예약은 미리 신청하자

박람회에서는 사전 참여신청과 현장신청을 접수받는다. 오프라인 박람회 개막 전부터 홈페이지에 오픈되니 잘 살펴보고 사전에 신청할 프로그램이 있다면 신청해두자. 기관별 채용상담이나 자기소개서 컨설팅 같은 유용한 프로그램이 사전 예약으로 진행될 수 있으니 필요하다면 놓치지 않도록 하자. 또한 구직자들에게 인기 많은 기관들은 채용상담에 신청자가 몰려 조기에 예약이 마감될 수 있으니 미리 대비하는 것이 좋다.

01월

SUN	MON	TUE	WED
1	**2**	**3** 채 해외문화홍보원 필기 실시	**4**
8 대 TBWA 주니어보드 모집 마감 대 한국심리학신문 대학생 기자단 모집 마감	**9** 채 경기도경제과학진흥원 무기계약직 필기 실시 채 국립박물관문화재단 무기계약직 필기 실시	**10** 대 그루터기학습멘토링 대학생 멘토 모집 마감	**11** 대 겨울방학 언어교실 봉사자 모집 마감
15 대 샤롯데 에코드리머즈 모집 마감 채 영화진흥위원회 필기 실시 자 CS Leaders 관리사 실시	**16** 대 신한은행 대학생 홍보대사 모집 마감	**17**	**18** 대 대학생기획단 두근 7기 신규 단원 모집 마감
22	**23**	**24**	**25**
29 자 TOEIC 제480회 실시	**30**	**31** 대 한미학생회의 한국대표단 모집 마감 공 에너지다이어트 10 슬로건 공모전 접수 마감	

공모전·대외활동·자격증 접수/모집 일정

❖ 일정은 향후 조율될 수 있습니다. 참고 뒤 상세일정은 관련 누리집에서 직접 확인해주세요.

THU	FRI	SAT
5 대 KT&G 국제 대학생 창업 교류전 한국대표 모집 마감	**6** 대 공무원연금공단 청년 서포터즈 모집 마감 채 한국전력공사 필기 실시 공 KPR 대학생 PR 아이디어 공모전 접수 마감	**7** 대 검단청소년센터 대학생 기획단 꿈꾼 모집 마감 채 의왕도시공사 필기 실시
12 대 유나인체인저 번역 봉사자 모집 마감	**13** 대 Unity 2D&3D 게임개발 과정 수강생 모집 마감 대 Flutter 모바일 어플리케이션 개발과정 수강생 모집 마감	**14** 채 국립암센터 필기 실시 채 국립항공박물관 필기 실시 채 경남개발공사 필기 실시 자 사회복지사 1급 실시 자 TOEIC 제479회 실시
19	**20** 공 자생의료재단 X 국가보훈처 독립운동가 콘텐츠 공모전 접수 마감	**21**
26	**27**	**28** 자 기능사 제1회 필기 실시 자 간호사 국가시험 실시 자 회계관리 1·2급, 재경관리사, ERP정보관리사 실시 자 한국실용글쓰기 실시

대외활동 Focus — 16일 마감

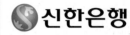

신한은행 대학생 홍보대사
신한은행에서 대학생 홍보대사를 16일까지 모집한다. 외국인 유학생을 포함한 대학생 누구나 참여 가능하고, 신한은행의 브랜드를 다채롭게 홍보하는 활동을 한다. 활동기간은 2023년 6월까지다.

채용 Focus — 15일 실시

영화진흥위원회
한국영화의 질적 성장과 진흥을 위해 설립된 영화진흥위원회에서 일반사무·회계분야 정규직 직원을 채용한다. 필기시험은 15일에 치러지며, 일반상식과 영화·영상 분야에 관련된 논술시험을 치른다.

공모전 Focus — 31일 마감

에너지다이어트 10
한국에너지공단에서 에너지절약을 홍보하고 독려할 슬로건과 영상을 공모한다. 에너지다이어트 10은 에너지공단이 기획한 에너지절약 캠페인으로 10초와 10글자의 짧은 콘텐츠를 공모한다.

자격증 Focus — 14일 실시

사회복지사

사회복지사
14일에 사회복지사 1급 시험이 실시된다. 사회복지에 관한 전문적인 업무를 수행하는 사회복지사 자격은 8과목의 객관식 필기시험을 치러 취득할 수 있으며, 1급 시험의 경우 2급 자격이 필수로 있어야 한다.

Vol 191 JANUARY

CONTENTS

HOT ISSUE

1 '대화' 아닌 '진압', 화물연대 파업 끝내 철회   10

2 노동시장 개편 권고문 발표 … 노동개혁 시작된다   16

3 2022 카타르 월드컵, 16강으로 아쉬운 마무리   20

4 세계는 반도체전쟁 중 … 밀려나는 한국   24

5 윤 대통령, 출근길문답 중단 … "MBC 조치 검토"   25

6 '뜨거운 감자'된 실내마스크 … 의무해제 당겨질까?   27

7 2023년부터 유통기한 대신 소비기한으로 표시   28

8 검찰, 서해 피격 공무원, 자진월북 아닌 '실족'에 무게?   30

9 '편향성 논란' TBS 서울시 예산지원, 2024년부터 중단   31

10 추풍낙엽 경기에 물가 · 환율까지 … 급변하는 통화정책 전제   33

11 야당 과방위, 방송법 단독처리 … 핵심쟁점은?   34

12 봉쇄정책에 대해 항의 … 확산되는 중국 백지시위   36

13 전력 도매가격 떨어진다 … 도매가격 상한제 시행   37

14 우크라 드론 첫 장거리공격 … 러시아 본토 타격   39

15 의회 및 국가전복 노린 극우, 독일 정계 · 사회 충격   40

16 일본, 군함도 과거사 두고 또 역사왜곡보고서 제출   42

17 대마에 빠진 재벌가 3세들 … 9명 무더기 기소   43

18 페루 대통령 결국 탄핵 … 첫 여성 대통령 탄생   45

19 중소기업 비정규직 40% … 대기업과 격차 통계작성 이래 최대   46

20 음료에 안 젖고 완전히 분해되는 친환경 종이빨대 개발   48

2023.01.

간추린 뉴스   50

포토뉴스   54

팩트체크   56

뉴스픽!   58

이슈평론   62

세계는 지금   64

찬반토론   66

핫이슈 퀴즈   70

필수 시사상식

시사용어브리핑   74

시사상식 기출문제   80

시사상식 예상문제   86

내일은 TV퀴즈왕   92

취업! 실전문제

최종합격 기출면접   96

대기업 최신기출문제   100

공기업 최신기출문제   116

한국사능력검정시험   132

면접위원을 사로잡는 답변의 기술   142

합격을 위한 레벨업 논술   146

이달의 자격증 정보   150

상식 더하기

생활정보 톡톡!   154

집콕러를 위한 홈필라테스   156

유쾌한 우리말·우리글 상식   158

세상을 바꾼 세기의 발명   160

미래로 가는 IT   162

잊혀진 영웅들   164

한입에 꿀꺽! 쉬운 인문학   166

문화가 산책   170

3분 고전   172

독자참여마당 + 독자리뷰   174

HOT
ISSUE

이달의 뉴스   10

간추린 뉴스   50

포토뉴스   54

팩트체크   56

뉴스픽!   58

이슈평론   62

세계는 지금   64

찬반토론   66

핫이슈 퀴즈   70

HOT ISSUE

1위

'대화' 아닌 '진압', 화물연대 파업 끝내 철회

11월 24일 '안전운임제 일몰제 폐지 및 차종·품목 확대'를 요구하며 시작한 화물연대의 총파업이 전 조합원 총투표 결과 철회로 결정되면서 16일 만에 종료됐다. 투표에 참여한 조합원 중 61.84%가 파업철회에 동의한 결과다. 정부가 파업 이후 귀족노조의 명분 없는 불법행위·정치투쟁으로 규정하고, 2차에 걸쳐 업무개시명령 발동과 이에 불응한 조합원에 대한 형사고발 조치 등 강경대응으로 압박수위를 높인 데 대해 조합원들이 부담을 느낀 것으로 보인다. 그러나 안전운임제 '3년 연장안'에 동의했던 정부·여당이 원점 재검토 방침으로 입장을 바꾸면서 국회를 중심으로 2차전이 시작되는 분위기다.

민주노총 전국공공운수사회서비스노조 화물연대본부(화물연대)가 파업을 철회하고 업무에 복귀했다. 11월 24일 0시 안전운임 일몰제 폐지, 안전운임 차종·품목 확대, 안전운임제 개악안 폐기를 요구하며 총파업에 돌입한 지 16일 만이다. 정부가 사상 초유의 업무개시명령*을 발동하고, 윤석열 대통령이 "화물연대 파업은 북핵과 같은 위협"과 같은 노조혐오 발언을 쏟아내는 등의 고강도 압박에 화물연대가 사실상 물러난 것이다. 그러나 정부와 여당은 여기에서 멈추지 않고 '안전운임제를 원점에서 재검토하겠다'며 화물연대를 더욱 구석으로 몰아세우고 있다.

업무개시명령

'화물자동차 운수사업법' 14조에 따라 운송사업자나 운송업무 종사자가 정당한 이유 없이 집단으로 화물운송을 거부해 국가경제에 심각한 위기를 초래하거나 그럴 우려가 있을 때 국무회의 심의를 거쳐 국토교통부 장관이 업무에 복귀하도록 강제하는 명령이다. 2004년에 참여정부에서 도입된 이래 2022년 11월까지 발동된 바 없었다. 한편 국내법 측면에서 업무개시명령은 헌법에서 규정한 신체의 자유와 근로기준법에서 규정한 강제근로 금지를 침해 및 위반하는 위헌성이 있다는 비판이 존재한다.

화물연대 "안전운임제는 모두의 안전을 위한 것"

화물연대 요구안의 핵심인 안전운임제는 화물차 노동자에게 적정운임을 보장해 과적이나 과속, 장시간

11월 24일 화물연대 서울경기지역본부 총파업 출정식

운행 등 위험요인을 줄이기 위해 2020년부터 시행해온 제도다. 즉, 최저임금처럼 최소한의 운송료를 법으로 정해둔 것이다. 운송료가 너무 낮으면 화물차주들이 더 많은 돈을 벌기 위해 피로가 누적된 상태에서 한 번에 많은 짐을 싣고 빨리 달릴 수밖에 없기 때문이다. 그러나 현행 안전운임제는 2022년 말로 종료되는 일몰조항을 두고 있어 화물연대는 지난 6월부터 '안전운임제 일몰제 폐지'를 요구해왔다.

또한 제한적인 안전운임제 적용대상에도 문제를 제기했다. 현행 안전운임제는 전체 사업용 화물차의 6.2%에 불과한 컨테이너·시멘트 운송차량에 제한돼 있다. 이에 화물연대는 철강재, 자동차, 위험물, 사료·곡물, 택배 지·간선 등 5개 품목으로 확대할 것을 요구했다.

화물연대는 이미 이번 파업과 동일한 요구인 '안전운임제 일몰제 폐지와 품목확대'를 내걸고 지난 6월에도 8일간 파업을 진행한 바 있다. 이때 화물연대와 국토교통부(국토부)는 5회에 걸친 교섭 끝에 6월 14일 "안전운임제 지속추진과 품목확대에 대해 논의한다"고 합의했고, 화물연대는 현장으로 복귀했다. 6월 17일에는 국회에서 국민의힘 주최로 화물연대를 비롯한 안전운임제 관련 간담회도 열렸다.

그러나 9월 29일 국토부는 안전운임제 시행효과와 관련해 국회 민생경제안정특별위원회(민생특위)에 "화물운송서비스의 소비자이며 화물차주와 직접적 계약당사자가 아닌 화주에게 운임을 강제하는 방식의 타당성 검토가 필요하다", "안전운임제의 교통안전 개선효과가 불분명하다"는 취지의 보고를 제출하면서 합의를 외면하는 행보를 했다. 게다가 이는 2021년 12월 국토부의 연구용역으로 한국교통연구원이 작성한 안전운임제 성과분석 보고서와는 일부

배치돼서 반발을 샀다. 당시 교통연구원은 보고서를 통해 "안전운임제도 시행 후 이를 적용받는 화물기사의 월평균 소득이 유의하게 증가하고, 노동시간 감소효과가 나타나 과로문제가 일부 개선돼 도로교통안전 확보에 일부 기여했다"고 평가했다.

화물연대 파업에 정부는 "엄정 대응"만

이후 별다른 진전이 없자 결국 화물연대는 다시 '파업 카드'를 들고나왔다. 정부·여당은 파업을 이틀 앞둔 날 "안전운임 시한 3년 연장을 추진하겠다"면서도 차종·품목 확대는 불가하다는 입장을 밝혔다. 그러자 화물연대는 "국토부와 현재 대화가 전혀 없는 상태"라며 "품목·차종 확대는 안 된다고만 하고 있다"고 전하고, '반쪽짜리 가짜 연장안'이라는 비판과 함께 예정대로 총파업에 돌입했다.

이에 정부는 곧바로 파업을 불법으로 규정했다. 화물연대는 화물운송 개인차주들의 단체로 대부분 개인사업자로 분류되는 특수고용직(특고)이다. 따라서 화물연대 구성원들이 노동자가 아닌 자영업자이고, 화물연대는 노동조합으로 볼 수 없다는 게 정부 입장이다. 즉, 이들의 총파업은 '파업'이 아닌 '집단운송거부'라는 것이다.

정부는 한 발 더 나아가 총파업을 귀족노조의 명분 없는 불법행위·정치투쟁으로 규정하고, '협상은 없다'고 못박았다. 11월 28일에는 중앙안전재난대책본부(중대본)까지 꾸렸다. 중대본이 운영된 2004년 이후 노조파업으로 중대본이 설치된 건 이번이 처음으로 파업으로 재난이 발생했다는 게 이유였다. "극소수 강성 귀족노조 수뇌부가 주도하는 이기적인 집단행위로 국민경제가 휘청거리고, 다수의 선량한 근로자들이 피해를 입는 상황이 반복되고 있는 악습(이상민 행정안전부 장관)"을 방치할 수 없고, "핵심 주

동자와 극렬행위자, 나아가 배후까지 끝까지 추적하여 예외 없이 사법조치할 방침(윤희근 경찰청장)"이라며 화물연대를 압박했다.

11월 29일 화물연대 파업 관련 관계부처 합동브리핑

불가피한 조치 vs 노동자에게 내려진 계엄령

정부의 강경대응의 최정점은 11월 29일 대통령이 주재한 임시 국무회의에서 결정된 업무개시명령이었다. 업무개시명령에도 운송을 거부하면 1차로 30일 면허정지, 2차로 면허취소가 된다. 비록 시멘트 분야에 한정하기는 했으나, 장관들이 명령 위반자에 대한 형사처벌 가능성을 경고하면서 압박의 수위를 높였다. 업무개시명령이 헌법에서 규정한 '강제근로 금지'를 침해 및 위반한다는 경고에도 불구하고 정부는 "업무개시명령은 운수종사자와 운송사업자를 처벌하기 위한 목적이 아니다"라면서 "화물운송 종사자들이 업무에 복귀함으로써 국가물류망을 복원하고 국가경제의 피해를 최소화하기 위한 불가피한 조치"임을 강조하며 강행했다.

그러자 노동자의 경제적 이해관계·산업안전·사회적 지위와 관련된 파업을 하는 권리를 보장하는 국제법인 국제노동기구(ILO)의 규정을 위반한다는 비판이 잇따랐다. 우리나라 헌법은 '근로자는 근로조건의 향상을 위하여 자주적인 단결권, 단체교섭권 및 단체행동권을 가진다(헌법 33조)'고 명시하고 있

다. ILO도 화물연대를 보호받아야 하는 노동자로 봐야 한다며 우리 정부에 꾸준히 권고해왔다.

그러나 정부는 파업 초기 화물기사들에게 단체행동권, 즉 파업권을 허용하지 않는다는 입장이었다. 노동조합법상 근로자가 아니고, 개인사업자이기 때문에 화물기사들의 집단파업 자체가 불법이란 논리다. 그러다 보니 정부 논리대로 화물기사가 개인사업자라면 업무개시명령 자체가 말이 안 된다는 해석도 나온다. 개인사업자가 일을 안 한다고 불법으로 규정하고 강제로 일을 시키는 게 가능하지 않기 때문이다. "ILO가 우리나라 화물연대를 꼭 집어서 '결사의 자유협약에 따라 보호받아야 되는 노동자'라고 권고한 것도 무시하고, 오로지 '우리가 판단할 때(정부정책에 반하는 경우) 노동자가 아니다'라고 하는 것"이라는 비판이 나오는 이유다.

'노동'은 '사회주의'의 산물이라는 정부 색깔론

업무개시명령에도 파업이 이어지자 정부는 '불법'에 이어 '색깔론'을 들고나왔다. 윤 대통령은 "경제 전체를 화물연대는 볼모로 잡고 있다. 법치주의에 대한 심각한 위협(12월 4일)"이라며 화물연대 파업이 "북한의 핵위협과 마찬가지(12월 5일)"라고 말했다. 국민의힘 또한 "북한에 동조하고, 국민경제의 혈맥인 물류를 인질삼는 집단의 이기주의가 대한민국 법치주의와 공정보다 우선할 수는 없다(12월 6일)"면서 화물연대 파업을 체제전복 시도로 몰았다.

12월 8일에는 임시 국무회의를 열어 철강, 석유화학 운송 분야에도 업무개시명령을 발동하기로 했다. 업무개시명령 거부자에 고발 등 제재에도 본격 착수했다. 이 밖에도 정부는 파업 참여자에 대한 손해배상 청구와 법령상 유가보조금 지원제한 가능성을 거듭 시사하며 전방위로 화물연대를 압박했다. 실제로 업

무개시명령에 따른 미복귀자 2명에 대한 형사고발도 이어졌다.

파업철회 여부 총투표 결과를 듣고 있는 화물노동자들

이런 분위기 속에 화물연대본부는 8일 긴급 중앙집행위원회를 열고 파업지속 여부를 조합원 총투표에 부치기로 결정, 9일 오전 9시부터 11시 10분까지 지역본부 16곳에서 총파업 철회 여부를 두고 전체 조합원 대상으로 찬반투표를 진행했다. 그 결과 조합원 2만 5,000여 명 중 3,575명이 투표에 참여해 이 중 2,211명(61.84%)이 파업종료에 찬성(반대 1,343명, 37.55%)함으로써 파업을 철회했다.

일몰제 폐지에서 입장 바꾼 당정 … 공은 국회로

12월 9일 더불어민주당은 정의당과 함께 기존 정부·여당안이었던 '안전운임제 일몰 3년 연장안'을 국회 국토교통위원회에서 통과시켰다. 하지만 정작 같은 내용의 법안을 발의한 국민의힘은 법안 논의과정에 참석하지 않았다. 대신 파업으로 혼란을 초래한 만큼 안전운임제를 '원점에서 재검토'하겠다고 입장을 바꿨다. 이에 화물연대는 "안전운임제 일몰기한 3년 연장으로 약속(지난 6월 파업 종료 당시 합의)을 지켰다며 큰소리를 치더니 이제 와서는 '화물연대가 파업을 했으니 안전운임제도 연장은 없다'고

말을 바꿨다"며 "안전운임제 폐지를 화물노동자를 협박하는 칼날로, 시혜적으로 줬다가 마음에 안 들면 빼앗는 속임수로 전락시키고 있다"고 비판했다.

공정거래위원회(공정위)가 2021년과 2022년 화물연대의 파업과정에서 부당한 공동행위와 사업자단체 금지행위가 있었는지에 대한 조사를 이어갈 방침이라고 밝힌 것도 논란이 되고 있다. 공정거래법은 사업자단체가 소속 회원의 사업활동을 부당하게 제한하거나 부당하게 경쟁을 제한하는 행위 등을 해서는 안 된다고 규정하는데, 화물연대 소속 차주들을 사업자로 볼 수 있을지가 쟁점이다.

앞서 공정위는 화물연대 소속 차주 대부분이 사업자 등록을 했고, 본인 소유 차량을 이용해 영업하는 점 등에 미뤄볼 때 사업자라고 판단하고 있다. 공정거래법은 '형태와 무관하게 둘 이상의 사업자가 공동의 이익을 증진할 목적으로 조직한 연합체'를 사업자단체로 본다. 사업자·사업자단체라도 다른 법령에 따라 하는 정당한 행위에는 공정거래법을 적용하지 않는다는 면제조항이 있지만, 고용노동부는 화물연대가 노조설립을 신고하지 않았고 단체행동과 관련한 노동법 절차도 지키지 않아 노동조합법상 노조로 보기 어렵다고 선을 그은 상태다.

한편 일부 운송사들이 화물연대 총파업에 동참한 노동자들에게 업무복귀의 조건으로 '화물연대 탈퇴'를 요구하거나 현 노조 집행부의 퇴사를 내건 것으로 확인됐다. 화물연대 소속 현대오일뱅크 충남 천안지회와 대산지회 탱크로리 기사들은 총파업을 종료한 9일 운송사들로부터 '조합원들이 화물연대에서 탈퇴했다는 확인서를 가져와야 업무에 복귀할 수 있다'는 통보를 받은 것이다. 파업참여를 이유로 일정 기간 일감을 주지 않겠다는 식의 불이익조치도 예고

했다. 운송사가 파업종료 이튿날인 12월 10일 '배차정지 7일' 통보를 하고 즉각 업무 복귀의사를 밝히지 않으면 '7일간 일감을 주지 않겠다'고 통보한 것이다. 해당 문자에는 '수차례 수송 업무를 권고드렸다'며 12월 11일부터 17일까지 운송을 정지하겠다는 내용이 담겼다.

이에 화물연대 측은 노동조합법 위반 등을 들어 법적 대응을 시사하고 각 운송사들에 관련 공문을 보냈다. 그러자 해당 운송사들은 이 같은 보복성 방침을 슬그머니 철회했다. 조정재 화물연대 인천지역본부 사무국장은 "(노조탈퇴 강요) 녹취록과 문자 등의 증거가 있고, 이는 강요나 협박에 해당하는 내용들"이며 "공정거래위원회가 특수고용노동자를 보호해야 한다고 2019년에 정한 지침이 있는데, 이를 명백히 위반한 사례도 있다"고 했다. 또 배차정지 통보에 대해서도 "부당노동행위와 업무방해에 해당한다"며 "예외 없이 업무복귀를 시키지 않으면 법적 대응에 들어갈 수밖에 없다"고 밝혔다. [시사]

화물연대 총파업 정부 대응

구분		내용
1차 파업	노	안전운임제 일몰제 폐지와 품목 확대 요구
	정	초기 개입 안 했으나 산업계 피해 커지자 마라톤협상 5차례 통해 합의 • 안전운임제 3년 연장 약속
2차 파업	노	안전운임제 일몰제 폐지와 품목 확대 요구
	정	파업 5일째 업무개시명령 발동 및 업무 미복귀자 형사고발
종료 후 법 개정	정	화물운수법 개정예고(안전운임제 원점 재검토) • 정상적 운송 화물차주 방해 시 화물운송 종사 자격 취소 • 자격 취소 시 2년 내 재취득 제한

2위

노동시장 개편 권고문 발표
노동개혁 시작된다

고용노동부의 의뢰로 미래노동시장연구회가 2022년 12월 12일 정부에 권고하는 노동시장 개혁방안을 내놨다. 방안은 크게 근로시간제도와 임금체계 개편으로 나뉜다. 주 52시간제를 업종·기업 특성에 맞게 유연화하고 연공서열 중심의 임금체계를 직무·성과 중심으로 개편하는 것이 핵심이다. 1953년 근로기준법 제정 이후 70년간 유지돼온 노동시장의 틀을 근본적으로 바꾼다는 의미를 담고 있다. 정부는 가장 시급한 노동과제였던 화물연대 파업이 종료된 만큼 그 기세를 몰아 권고를 토대로 2023년 본격적인 입법과정에 나서는 등 노동개혁에 박차를 가할 예정이다.

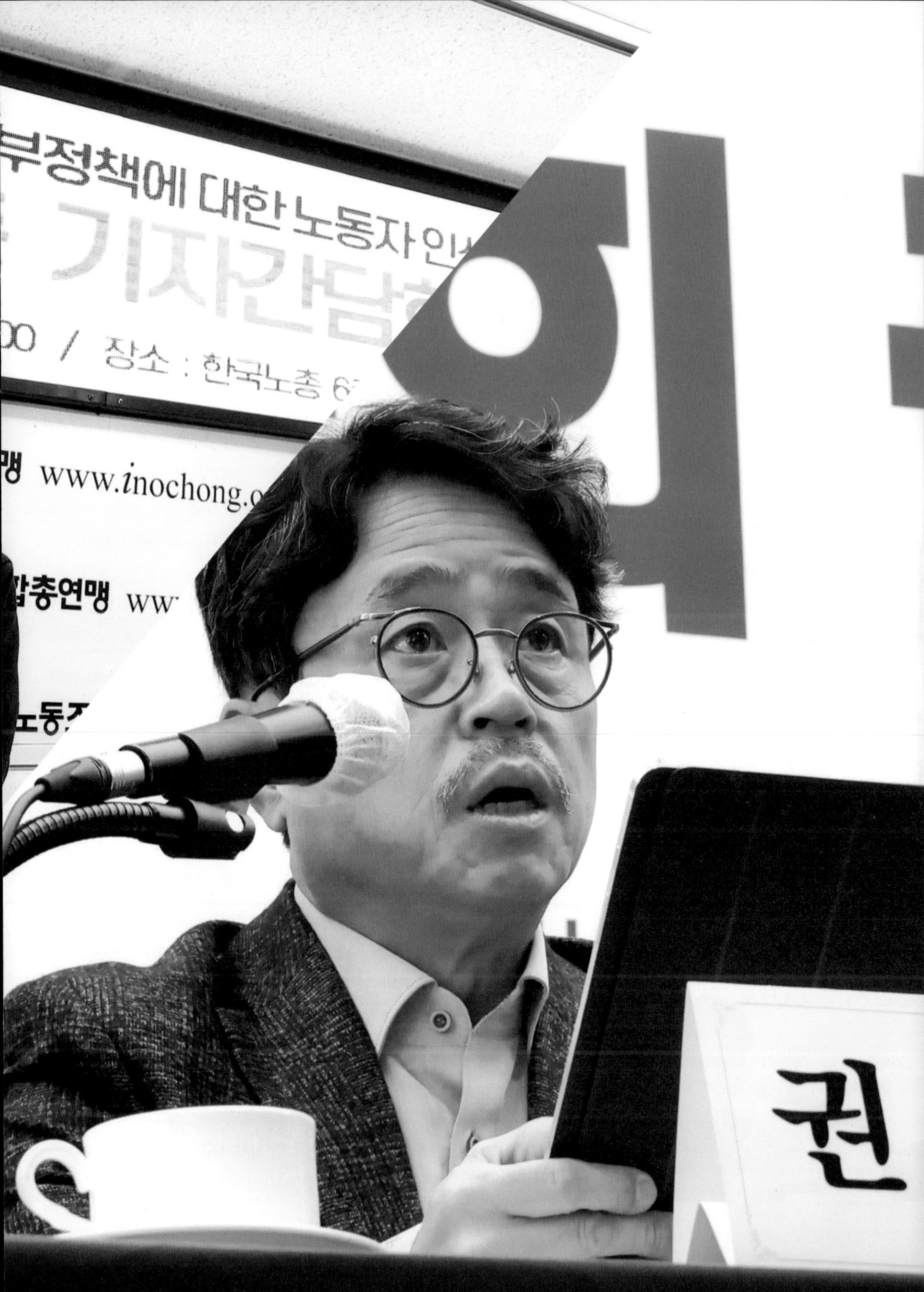
부정책에 대한 노동자인
기자간담
장소 : 한국노총
www.inochong.o
권

근로시간은 노사의 선택과 자율에 맡겨

2022년 7월 18일 출범한 미래노동시장연구회(연구회)가 약 5개월간 논의 끝에 내놓은 권고문 가운데 근로시간과 관련된 부분은 '자율과 선택을 통한 근로시간 단축'으로 요약된다. 근로시간에 대한 노사의 자율적 선택권 확대를 통해 일의 효율성을 높이고, 근로자들이 충분한 휴식을 누리도록 해 근로시간 총량을 줄이자는 것이다. 현행 '주 52시간제'는 기본 근로시간 40시간에 최대 연장근로시간이 12시간까지 허용되는 방식으로 운영된다.

연구회는 이 같은 '주' 단위 연장근로시간 관리단위를 '월, 분기, 반기, 연'으로 다양화해 노사의 선택권을 넓힐 수 있도록 하자고 제안했다. 이 경우 산술적으로 주당 69시간까지 일하는 게 가능해진다. 일각에서 우려하는 '장시간 근로'가 가능해지는 셈이다. 이에 대해 연구회 좌장인 권순원 숙명여대 교수는 "예외적이고 극단적인 상황이기 때문에 빈번하리라고 생각하지 않는다"고 선을 그었다. 아울러 연장근로시간 관리단위를 넓힐 경우 근로일 간 11시간 연속휴식을 부여하는 등 근로자 건강권 보호방안을 마련하자고 했다. 이와 함께 연구회는 근로자가 근로일·출퇴근시간 등을 자유롭게 선택할 수 있는 선택적 근로시간제 정산기간을 모든 업종에서 '3개월 이내'로 확대할 수 있도록 하자고 권고했다.

|일시| 2022년 12월 12일 (월

미래노동시장연구회 권순원 교수

임금체계는 호봉제에서 직무·성과급제로

연구회는 현행 임금체계에 대한 개편안도 내놓았다. 연공(여러 해 근무한 공로) 등을 토대로 정해지는 호봉제를 직무·성과급제로 전환하자는 것이 골자다. 아울러 연구회는 임금체계 자체가 없는 중소기업과 비정규직 근로자 등을 위한 공정한 임금체계를 구축하라고 정부에 권고했다. 연구회는 권고문에서 "정부는 직무·성과 평가기준과 절차 등에 관한 컨설팅을 확대하고 직무평가도구를 지속해서 개발·보급해 근로자가 공정하게 평가받고 보상받을 수 있도록 지원해야 한다"고 강조했다. 연구회는 특히 포괄임금* 오남용을 막기 위해 근로감독을 강화하라고 주문했다. 실근로시간을 고려하지 않는 포괄임금 약정이 오남용돼 장시간 근로, 공짜 노동문제가 야기되고 있다고 지적하면서다.

포괄임금제

근로·휴게 시간이 불규칙하거나 업무 특성상 근로시간 계산이 어려울 경우 실제 근로시간을 따지지 않고 기본급여에 제수당을 포함시키거나 일정금액을 제수당으로 정해 매월 지급하는 방식의 임금제도다.

이와 함께 최저임금, 주휴수당 등의 제도를 두루 개선하라는 내용도 포함됐다. 2022년 6월 최저임금위원회는 기획재정부, 한국은행, 한국개발연구원이 분석한 경제성장률과 물가상승률 전망치 등을 반영해 2023년 최저임금을 5.0% 올려 결정했다. 이는 세 기관의 경제성장률과 물가상승률 전망치 평균을 더하고 취업자 증가율 전망치를 뺀 수치여서 "이런 단순한 덧셈·뺄셈 방식을 활용하는 것이라면 위원회의 논의가 불필요하다"는 비판이 제기됐었다. 또 연구회는 주휴수당을 두고서도 "근로시간과 임금산정을 복잡하게 만들고, 사업자가 근로자에게 주휴수당을 주지 않기 위해 '일주일에 15시간미만 근로'의 쪼개기 계약을 하게 하는 원인"이라고 비판했다.

연구회는 이 밖의 '추가 주요과제'도 제시했다. 여기에는 ▲ 격차해소를 위한 법·제도 개선 ▲ 미래지향적 노동법제 마련 ▲ 자율과 책임의 노사관계 구축을 위한 법·제도 개선 ▲ 노동시장 활력제고를 위한 고용정책강화 등 크게 네 가지가 담겼다. 추가과제에는 파견제도를 전반적으로 개선하고, 파업 시 사업장점거를 제한하는 방향으로 법·제도를 개선하는 방안을 검토하라는 내용도 포함됐다. 특히 파업 시 사업장점거 제한은 경영계가 강하게 요구해온 내용이다.

노동개혁을 연금·교육개혁과 함께 '3대 개혁' 과제로 꼽아온 윤석열정부는 권고를 전폭적으로 수용하기로 했다. 이정식 고용노동부 장관은 이날 페이스북에 "권고문에 구체적으로 담겨 있는 내용들은 이른 시일 내 입법안을 마련하겠다"고 적었다. 이튿날 윤석열 대통령도 용산 대통령실에서 주재한 국무회의 모두발언에서 "권고를 토대로 조속히 정부입장을 정리하고 우리사회의 노동약자를 보호하기 위해 흔들림 없이 개혁을 추진하겠다"고 밝혔다. 그러면서 "공정하고 미래지향적인 노사문화 정착을 위해 개혁안을 논의해나갈 것"이라고 강조했다.

경제단체는 "방향성 공감", 노동계는 "재검토해야"

경제단체들은 연구회의 권고안에 대해 "노동시장 개혁의 토대를 마련한 건 긍정적으로 평가한다"며 "근로시간과 임금체계 개혁의 기본방향에 경제계도 공감한다"고 밝혔다. "다만 개혁과제가 실질적으로 추진되기 위해선 보완할 과제가 많다"며 "11시간 연속 휴식시간제 도입권고로 근로시간의 자율적 선택권 부여라는 개혁취지가 반감될까 우려된다"고 지적했다. 또 "노동시장 유연화 논의가 빠지고, 노조의 직장점거 금지와 사용자의 대체근로 허용이 추가과제 제안에 그친 점은 아쉽다", "연장근로시간 관리를

분기 단위 이상으로 설정할 경우 월 단위 대비 90∼70%로 감축한 점 등도 기업부담을 증가시켜 근로시간 유연화 취지를 감소시킬 수 있다"고 꼬집었다.

김동명 한국노총 위원장(좌), 양경수 민주노총 위원장

반면 양대 노총은 권고안을 강력히 비판했다. 한국노총은 "연장근로시간 총량관리, 선택적 근로시간제 확대 등이 양질의 일자리에 무슨 도움이 된다는 것이냐"며 "근로자가 사용자의 업무지시를 거절할 수 없는 현실에서 노동시간 자율선택권 확대가 무슨 의미가 있는가"라고 되물었다. 파견법 개정과 파업 시 사업장점거 금지 등을 언급한 데 대해서는 "파업 시 대체근로 전면 확대, 부당노동행위 형사처벌 제도 정비 등 사용자의 숙원과제를 담았다"며 "노동시장을 자율방임의 전근대시대로 되돌리는 발상"이라고 지적했다. 호봉제를 직무·성과급제로 전환하는 임금체계 개편안에 대해서도 "정부가 정해놓은 장시간 노동, 저임금체계라는 결론을 학자들의 논리로 장식한 것"이라며 "전면적 재검토"를 촉구했다. 또 '11시간 연속 휴식시간제'에 관해 민주노총은 "이는 '24시간 내 휴식제'가 아니기 때문에 장시간 노동이 될 가능성이 여전하다"며 "휴가·휴식에 대한 언급은 구색 맞추기로 원론적인 언급만 했다"고 지적했다. 시대

HOT ISSUE

3위

2022 카타르 월드컵
16강으로 아쉬운 마무리

파울루 벤투(포르투갈) 감독이 이끈 우리나라 축구대표팀이 2022 국제축구연맹(FIFA) 카타르 월드컵 16강전에서 세계랭킹 1위 브라질 삼바축구의 벽을 넘지 못하고 아쉽게 '사상 첫 원정 월드컵 8강 진출' 꿈을 접었다. 조별리그 H조 최종전에서 포르투갈을 꺾는 '알라이얀의 기적'으로 12년 만에 16강 진출을 일궈냈지만, 세계최강으로 불리는 브라질을 상대로 전반에만 4골을 내주면서 결국 1-4로 대회를 마무리했다. 그러나 세계 강호들에 맞서 물러서지 않고 당당하게 싸우는 모습을 보여준 대표팀에 국민들은 비난이 아닌 격려와 박수를 보내며 다음 대회를 기약했다.

12년 만의 16강 진출 쾌거

축구대표팀은 이번 대회 조별리그 H조에서 1승 1무 1패를 거두고 포르투갈(2승 1패)에 이은 조 2위로 12년 만에 16강 진출에 성공했다. 우루과이와 0-0으로 비긴 뒤 가나에 2-3으로 져 탈락위기에 처했으나, 포르투갈과의 3차전에서 극적으로 2-1 역전승을 거두며 우루과이에 다득점으로 앞서 16강에 진출하는 이변을 일으켰다. 우리나라가 월드컵 16강에 오른 것은 2010년 남아프리카공화국 월드컵 이후 12년 만이자 4강신화를 쓴 2002 한일 월드컵을 포함해 통산 세 번째다.

16강 진출 확정 후 기념사진을 찍는 축구대표팀

대표팀은 기세를 몰아 원정대회 사상 첫 8강 진출을 노렸으나 월드컵 최다 우승국(5회)이자 FIFA 랭킹 1위 브라질의 벽은 높았다. 12월 6일 오전(한국시간) 카타르 도하의 974스타디움에서 열린 브라질과의 16강전에서 전반에만 4골을 내주고 경기 내내 브라질에 흐름을 뺏겼다. 후반 20분 황인범과 교체 투입돼 월드컵 데뷔전을 치른 백승호가 후반 31분 추격골을 터트린 뒤 상대를 몰아붙여 봤지만 이미 크게 기운 승부를 되돌리지는 못했다.

소속팀 경기에서 안와골절상을 당해 수술까지 받은 뒤 안면보호대를 쓰고 그라운드를 질주한 주장 손흥민을 비롯해 모든 선수들은 이번 대회에서 투혼을 펼치며 강호들과 맞서 싸웠다. 비록 16강전에서 브라질을 넘어서진 못했지만 대표팀은 손흥민을 필두로 한 선수들의 향상된 경기력과 끝까지 포기하지 않는 투지를 보여주며 의미 있는 결실을 남겼다.

벤투 감독과 함께한 4년, 가능성 확인

이전까지 한국 축구는 월드컵에서 무게중심을 '뒤'에 뒀다. 잔뜩 웅크린 채 역습을 노리는 게 강팀을 상대하는 당연한 전술처럼 여겨졌다. 대한축구협회가 벤투 감독을 선임한 것은 주도하지 않고 대응하기만 하는 소극적인 축구로는 월드컵 무대에서 더 좋은 성과를 낼 수 없다는 문제의식의 결과였다. 2018년 8월 지휘봉을 잡은 벤투 감독은 패스워크를 바탕으로 공 점유율을 높이며 경기를 주도하는 이른바 '빌드업 축구'를 대표팀에 이식하기 시작했다. 같은 해 9월 자신의 데뷔전인 코스타리카와의 평가전에서부터 뚜렷한 축구색깔을 보여줬고, 이러한 전술적 틀을 단 한 번도 바꾸지 않았다.

위기도 있었다. 2019년 아시안컵에서 카타르에 일격을 당해 8강에서 탈락하고, 같은 해 10~11월 북한과 레바논을 상대로 치른 월드컵 2차 예선경기에서 잇따라 0-0 무승부에 그치면서 벤투호에 악평이 쏟아졌다. 특히 2021년 3월 한일전에서 0-3 참패를 당한 것은 벤투 감독에게 치명타나 마찬가지였다. 선발명단에 거의 변화가 없고, 약팀을 상대로도 흔들리는 빌드업 축구가 과연 월드컵 본선무대에서 통할지 많은 사람들이 의심하기도 했다.

그러나 일관된 전술 속에서 '벤투표 축구'는 완성도를 높여갔다. 면면에 큰 변화가 없어 서로를 잘 아는 선수들의 패스플레이는 점점 더 유기적인 흐름을 보였다. 결국 벤투호는 준비한 모든 것을 카타르에서 마음껏 펼쳐 보이며 '월드컵에서는 선수비 후역습을 해야 한다'는 한국 축구의 고정관념을 보기 좋게 깨부쉈다. 다만 벤투 감독이 카타르 월드컵을 끝으로 감독 자리에서 물러나면서 '차기 사령탑' 선임이 최우선 과제로 떠올랐다. 축구협회는 2023년 3월로 예정된 A매치 준비를 위해 2월까지 신임 감독을 선임하겠다고 밝혔다.

역대급 이변 속출 … 강팀도 약팀도 없다

한편 이번 대회가 2000년대 들어 월드컵 본선에서 가장 이변이 많이 나온 대회라는 진단이 나왔다. 영국 시사주간지 이코노미스트는 12월 12일 전 세계 주요 스포츠베팅 업체 정보를 한데 모아 제공하는 웹사이트 '오즈포털'에서 2002년 한일 월드컵부터 2022년 카타르 월드컵까지 총 6회의 베팅자료를 분석해 이변의 정도와 횟수를 집계했다. 조사결과에 따르면 지금까지 발생한 10대 이변 중 5개가 카타르 월드컵에서 나왔다. 이번 월드컵 본선의 최대 이변은 대회 3일째였던 11월 22일 조별리그 C조 1차전에서 사우디아라비아가 아르헨티나에 2-1로 이긴 '루사일의 기적'이었다. 해당 경기에서 사우디의 승리확률은 4%가 채 되지 않았다. 이는 2000년대 열린 역대 월드컵 경기 가운데 가장 낮은 수치였다.

일본이 11월 23일 조별리그 E조 1차전에서 독일에 2-1로 승리하고, 3차전에서 조 1위 후보였던 '무적함대' 스페인을 2-1로 꺾으며 조 1위로 16강에 진출한 것 역시 이번 대회 최대 이변 중 하나로 꼽힌다. 또 호주가 12월 1일 조별리그 D조 3차전에서 덴마크를 1-0으로 따돌리고 16년 만에 16강에 진출한 것도 이목을 끌었다. 가장 최근에 터진 이변은 모로코의 4강 진출이다. 모로코는 12월 11일 열린 포르투갈과의 8강전에서 승리확률이 16%로 점쳐졌지만, 모로코가 포르투갈에 승리를 거두면서 아프리카 최초로 4강행 티켓을 거머쥐었다.

이코노미스트는 이처럼 카타르 월드컵에서 유난히 이변이 많이 나온 이유로 약팀들이 지나치게 저평가된 점을 들었다. 예를 들어 사우디아라비아 축구대표팀은 세계무대에서 잘 알려지지 않은 자국 리그 선수들로 구성된 탓에 베팅에 참여한 축구팬들이 이들의 잠재력을 제대로 평가하지 못했다. 축구경기에서 국경의 의미가 무색해진 것도 또다른 원인으로 꼽혔다. 일본 등 아시아 국가는 물론 전 세계에서 유망주로 평가받는 선수들이 유럽 명문클럽에서 뛰면서 보다 나은 훈련기회를 얻었다는 것이다.

그러나 이코노미스트는 결국 '축구의 본질'이 대이변의 가장 주요한 원인이라고 설명했다. 축구에서는 '공은 둥글다'는 말이 불변의 진리로 통할 만큼 경기력의 우위가 승리로 이어지지 않는 특성 탓에 언더독*(약팀)의 반란이 빈번하게 터진다는 것이다. 일례로 '전차군단' 독일은 이번 월드컵 조별리그 E조에서 나머지 3개팀보다 기대득점이 가장 높았지만 번번이 골결정력 부족에 고배를 들었다. 이코노미스트는 축구의 매력은 한순간에 경기의 분위기가 바뀔 수 있다는 점이며, 이것이 약팀 팬들이 경기를 지켜보게 하는 동력이라고 설명했다.

언더독

스포츠에서 이길 확률이 적은 팀이나 선수를 의미한다. 경쟁에서 열세에 있는 약자를 응원하고 지지하는 심리현상을 '언더독 효과'라고 하는데, 정치권에서는 약세후보가 유권자들을 동정을 받아 지지도가 올라가는 경향을 의미하기도 한다. 개싸움에서 아래에 깔린 개(언더독)를 응원한다는 뜻에서 유래했다. 언더독 효과는 1948년 미국 대선 당시 사전 여론조사에서 뒤지던 해리 트루먼이 4.4%포인트 차이로 공화당의 토머스 듀이 후보를 제치고 당선되면서 널리 사용됐다.

한편 12월 19일 치러진 결승전에서는 아르헨티나가 승부차기 끝에 프랑스를 꺾고 36년 만에 우승을 차지했다. 시대

세계는 반도체전쟁 중 ···
밀려나는 한국

전 세계가 반도체를 '무기'로 삼는 기술안보시대에 접어들었다. 미국과 중국의 경쟁구조 속에서 코로나19로 인한 글로벌 공급망 위기로 반도체산업은 경제뿐 아니라 국가안보에 있어 핵심자산으로 떠올랐다. 반도체가 안보에 직결되는 '실리콘 실드(반도체 방패)' 개념이 재조명되고 있는 것이다. 이런 가운데 2021년 차량용 반도체 수급난으로 공급망 리스크가 부각되면서 미국과 유럽연합(EU), 일본 등 주요 경쟁자들은 공급망을 재정비하는 등 자국 반도체산업 육성에 팔을 걷어붙이고 나서고 있다.

SK실트론 미국공장을 방문한 조 바이든 미국 대통령

미국 중심 칩4동맹에 맞서는 중국의 굴기

미국은 중국을 견제하고 자국의 반도체제조 기반을 강화하기 위해 강한 드라이브를 걸고 있다. 조 바이든 미국 대통령은 8월 자국 반도체산업 육성을 위해 만든 '반도체 칩과 과학법(반도체법)'에 서명했다. 반도체법은 미국의 반도체산업 발전과 기술적 우위 유지를 위해 2,800억달러(366조원)를 투자하는 내용을 담고 있다. 미국 내 반도체시설 건립 지원과 연

구 등 반도체산업에 520억달러(72조 4,000억원)를 지원하고 미국에 반도체공장을 짓는 기업에는 25%의 세액공제를 적용해준다. 미국은 2022년 3월 한국·일본·대만 정부에 반도체 공급망 협의체인 '칩(Chip)4동맹' 결성을 제안하는 등 중국을 배제한 반도체 공급망 구축을 시도하고 있다.

중국의 '반도체 굴기'도 만만치 않다. 중국은 2030년까지 반도체 자급률 70%를 목표로 삼아 '반도체 항모'로 불리는 칭화유니를 비롯해 중국 최대 파운드리업체인 SMIC(중신궈지)와 2위 파운드리업체 화홍반도체에 힘을 실어주고 있다. 파운드리 분야 세계 1위 업체인 TSMC를 보유한 대만은 현재의 반도체제조 경쟁력 우위를 유지하기 위해 첨단산업을 위주로 **리쇼어링***(Reshoring, 해외진출기업의 복귀) 지원을 추진 중이다. 반도체 보조금 투입 등 자국 내 산업 강화정책도 수립했다.

리쇼어링

기업들이 인건비 등 각종 비용을 절감하기 위해 해외로 생산기지를 옮기는 것을 오프쇼어링(Offshoring)이라고 하는데, 오프쇼어링한 기업들이 진출한 국가의 임금상승 등으로 인한 비용절감 효과가 줄어들거나 본국의 장기화되는 경기침체와 급증하는 실업난을 해결하기 위해 다시 국내로 돌아오는 현상을 리쇼어링이라고 한다. 기업이 자발적으로 선택한 오프쇼어링과 달리 리쇼어링의 경우 국가경쟁력 향상을 위해 국가정책으로 시행되는 경우가 많다.

반도체산업 부활을 꿈꾸는 일본은 2021년 11월 반도체공장의 자국 내 입지지원을 포함한 '반도체산업 기반 긴급강화패키지'를 발표하고 TSMC 등 해외 반도체기업 시설의 자국유치를 앞장서 추진 중이다. EU도 2022년 2월 '유럽 반도체법'을 발의, 2030년까지 민관투자를 통해 430억유로 규모의 펀드를 조성하고 세계 첨단반도체 생산에서 EU 비중을 현재 9%에서 최소 20% 수준으로 높인다는 계획이다.

메모리 위주 K반도체 … 시스템 부문은 최하위권

이런 가운데 메모리반도체 1위 국가인 우리나라의 위상이 흔들릴 수 있다는 우려가 나오고 있다. 산업연구원(KIET)의 보고서에 따르면 2021년 반도체산업의 종합경쟁력을 분석한 결과 미국(96)이 가장 높고 대만(79), 일본(78), 중국(74), 한국(71), EU(66) 순으로 나타났다. 우리나라는 메모리반도체(87)에서는 높은 경쟁력을 평가받았으나 시스템반도체(63)는 비교 대상국 중 최하위로 평가되면서 종합평가에서 6개 조사대상국 중 5위에 그친 것이다. 말 그대로 'K반도체'의 위기다.

대만과의 파운드리 경쟁도 힘겹다. 대만의 TSMC는 사상 처음으로 2022년 3분기 세계 반도체 매출에서 삼성전자를 추월하고 1위 자리에 올랐다. TSMC는 종합반도체(IDM)업체인 삼성전자보다 수익성이 우수하고 위탁생산이라는 측면에서 시황에 덜 민감하다. 메모리반도체가 수요를 예측하기 어려운 것과 대비되는 지점이다.

또한 메모리분야에 중국이 천문학적인 돈을 쏟아 붓고 인력을 빼가며 기술개발에 매진하고 있는 것도 위기감을 고조시킨다. 여기에 반도체산업 구조상 다수의 반도체 원천기술을 보유한 미국과 우리나라 반도체 수출액의 40%를 차지하는 중국 사이에서 어느 한쪽으로 노선을 정하기도 어려운 상황이다.

윤 대통령, 출근길문답 중단 … "MBC 조치 검토"

윤석열 대통령이 지난 2022년 11월 21일 출입기자단과 정례적으로 진행해온 출근길문답(**도어스테핑***, Doorstepping)을 잠정중단했다. MBC 출입기자가 출근길문답에서 '전용기 탑승 배제'를 문제 삼아 윤 대통령에게 항의성 질문을 하고 대통령실 비서관과 공개충돌한 사태의 여파다. 첫 도어스테핑(5월 11일) 이후 194일 만이다. 윤 대통령은 이날 용산 대통령실 청사 1층에 도착한 다음 대통령실 수석비서관회의 등 내부정례회의만 있음에도 평소와 달리 기자들을 만나지 않았다.

도어스테핑

> 공개된 장소에서 이루어지는 약식회견을 가리킨다. 본래 정치적 유세, 조사나 정보를 얻기 위해 집 앞에서 이야기하는 것으로 따로 섭외하여 인터뷰하기 힘든 인물의 집이나 기관 앞에서 기다리다가 예정에 없는 인터뷰를 진행하는, 다소 언짢은 인터뷰 요청의 의미를 포함한다. 우리나라에서는 대통령을 비롯한 정부 고위 관계자들이 업무를 위해 기관으로 들어올 때 기자들과 약식으로 인터뷰나 질의응답을 하는 것을 말한다.

출근길문답 중단 … 일방적 공지

대통령실 대변인실은 윤 대통령 출근 직전 언론공지를 통해 "21일부로 도어스테핑을 중단하기로 결정했다"며 "최근 발생한 불미스러운 사태와 관련해 근본적인 재발방지방안 마련 없이는 지속할 수 없다고 판단했다"고 밝혔다. '불미스러운 사태'란 11월 18일 윤 대통령의 출근길문답 당시 벌어진 상황으로 대통령실 핵심관계자는 "고성이 오가고 난동에 가까운 행위가 벌어진" 현장이었다며 "정당한 취재활동이라고 생각하지 않는다"고 비판했다. 또 이번 사태의 본질이 대통령실 비서관과의 공개설전이 아닌, 윤 대통령이 문답을 마치고 자리를 뜨는 도중에 질문한 것에 있음을 강조했다. 윤 대통령은 지난 7월 11일 코로나19 재확산 당시와 11월 31일부터 일주일간 '10·29 참사'에 따른 국가애도기간에 맞춰 출근길 문답을 일시중단한 적이 있지만, 언론과의 갈등으로 중단한 것은 이번이 처음이다.

용산 대통령실 청사로 출근하는 윤석열 대통령

대통령실, 해당 기자의 등록취소·출입정지 거론

앞서 대통령실은 윤 대통령의 첫 동남아 순방출국을 이틀 앞둔 11월 9일, MBC 출입기자들에게 '대통령 전용기' 탑승을 허용하지 않겠다고 통보했다. 또한 "전용기 탑승은 외교·안보 이슈와 관련해 취재 편의를 제공해오던 것으로 최근 MBC의 외교 관련 왜곡·편파 보도가 반복된 점을 고려했다"면서 "왜곡·편파 방송을 방지하기 위한 불가피한 조치"라고 부연했다. 대통령실은 지난 9월 말 뉴욕에서의 윤 대통령 발언을 MBC가 왜곡보도했다며 보도경위의 설명을 요구하는 공문을 보냈고, MBC는 이에 유감을 표한 바 있다.

전용기 탑승 불허통보 당시 MBC는 "언론취재를 명백히 제약하는 행위"라고 반발했다. 이후 윤 대통령이 11월 18일 출근길문답에서 MBC에 "국가안보의 핵심축인 동맹관계를 사실과 다른 가짜뉴스로 이간질하려는 악의적인 행태를 보였기 때문"이라고 비판

하자 MBC 기자는 발언을 마치고 이동하는 윤 대통령을 향해 "무엇을 악의적으로 했다는 건가"라고 항의했고, 이를 지켜보던 이기정 대통령실 홍보기획비서관과 언쟁을 벌여 문제가 됐다. 급기야 대통령실은 11월 19일 "해당 기자에 상응하는 조치를 검토 중에 있다"며 출입기자단 간사단에 운영위를 소집하고 출입기자 등록 취소, 대통령 기자실 출입정지, 출입기자 교체요구 등을 포함한 '상응조치'에 대한 의견제시를 요청했다.

기자들과 출근길문답하는 윤석열 대통령

한편 출근길문답을 중단한 것에 대해 한국기자협회는 "출입기자들 사이를 이간질하고 갈등을 유발하려는 시도를 당장 중단하라"며 "중단의 책임을 대통령실이 MBC에 떠넘기려는 태도"라고 비판했다. 또한 외신들도 비판대열에 합류했다. 영국 텔레그래프 아시아 주재 기자 니콜라 스미스는 "대통령실이 명확한 설명 없이 왜곡된 보도를 근거로 들었다"면서 "우려스러운 사항"이라고 꼬집었고, 미국의 북한 전문 매체 NK뉴스의 채드 오 캐롤 기자는 "북한이 자국에 방문하는 기자들에게 사용하는 논리를 살펴보라"고 지적했다. 한편 2022년 5월에 발표된 '세계언론자유지수'에서 우리나라는 2021년보다 한 단계 하락한 43위를 기록했다. 이에 국경없는기자회(RSF)는 "거대기업 집단 및 정부가 미디어에 대한 지배력을 확대하고 있다"며 "이러한 지배력은 언론인과 편집국의 자기검열을 부추긴다"고 비판했다.

'뜨거운 감자'된 실내마스크 …
의무해제 당겨질까?

사실상 마지막 남은 코로나19 방역조치인 **실내마스크 착용의무**를 둘러싼 논란이 점화됐다. 대전광역시가 지방자치단체 중 처음으로 실내마스크 의무 자체해제를 예고한 데 따른 것이다. 방역당국은 '단일 방역망'을 강조한 데 이어 방역조치완화는 중앙사고수습본부(중수본)와 중앙재난안전대책본부(중대본)를 거쳐야 한다는 원칙을 강조했다. 다만 주춤해진 겨울 재유행과 맞물려 방역당국에서도 의무화 해제방침을 검토하고 있는 것으로 알려졌다.

자체 해제하겠다는 대전시에 정부는 "불가능"

2022년 12월 4일 방역당국 등에 따르면 대전시는 최근 '12월 15일까지 정부 차원에서 실내마스크 착용 의무화조치를 해제하지 않으면 자체 **행정명령***을 발동해 시행하겠다'는 내용의 공문을 중대본에 전달했다. 지자체가 마스크 의무화에 대해 정부와 다른 입장을 공식적으로 표한 것은 이번이 처음이다. 이에 중앙방역대책본부(방대본)는 "실내마스크 착용의무 해제는 중대본 결정을 통해 시행할 예정"이라며 "단일의 방역망 가동이 중요한 만큼 중대본 조치계획에 함께하도록 대전시와 긴밀히 협의해나갈 계획"이라고 말했다. 이어 "2021년 10월 29일 총리주재 중대본 정례회의에서 마스크를 포함한 사회적 거리두기 조치에 있어 지자체가 강화된 방역조치는 시행할 수 있으나, 완화된 조치는 중수본 사전협의 및 중대본 사전보고 등을 거쳐 조정가능하다고 결정한 바 있다"고 밝혀 지자체가 단독으로 방역완화조치를 할수 없음을 명확히 했다.

행정명령

행정기관에 의해 정립되는 일반적 명령으로 직무명령이라고도 한다. 넓은 의미의 행정명령은 법규의 성질을 지닌 법규명령을 포괄하는 의미로 사용되지만, 일반적으로는 법규성이 없는 훈령·지시·명령과 같이 행정기관 내부에서만 적용되는 행정규칙(행정주체가 제정한 법규의 성질을 가지지 않은 일반적인 규정)의 의미로 사용된다.

전문가 "중앙정부 차원 방역이 바람직"

전문가들은 중앙정부 차원의 일관된 방역대응이 바람직하다고 말한다. 엄중식 가천대 길병원 감염내과 교수는 "중대한 방역결정은 지자체가 단독으로 하기보다는 중앙정부, 다른 지자체와 보조를 맞추는 것이 합리적"이라며 "질병부담이 커지는 상황을 감당해야 할 지역 의료기관과도 어느 정도 의견교환이 됐는지 궁금하다"고 말했다. 정재훈 가천대 예방의학과 교수도 "지자체 단위의 개별적 접근보다는 일관성 있는 것이 바람직하다"고 말했다.

정례브리핑하는 백경란 전 질병관리청장

다만 대전시에 대한 평가와 별개로 실내마스크 의무에 대한 찬반은 계속 분분한 상황이어서 이를 계기로 관련 논의가 다시 탄력을 받을 가능성도 제기됐다. 정 교수는 "(실내마스크 착용 등) 방역정책이 법적의무화에서 권고로 넘어가는 것은 바람직하다고 본다"고 했다. 현재 세계 주요국가 중 실내마스크 전면의무화를 유지하고 있는 나라는 거의 없다. 물론 의료시설이나 대중교통 등 특정 장소에만 착용의무가 남아 있는 곳들은 있다.

실내마스크 의무화와 관련해 우리 방역당국도 조정을 검토하기 시작했다. 이상민 행정안전부 장관은 12월 7일 정부서울청사에서 중대본 회의를 주재하며 "실내마스크 착용의무화에 대한 조정방향을 논의해 12월 말까지 최종 조정방안을 마련하겠다"고 밝혔다. 같은 날 백경란 전 중대본부장(질병관리청장)은 착용의무 조정시점을 유행상황 등에 대한 기준이 충족될 경우를 전제로 해제시점을 이르면 2023년 1월, 늦어도 3월로 제시했다. 백 전 본부장은 "마스크 착용은 확산을 방지하고 의료체계부담을 줄일 수 있는 가장 기본적인 조치"라며 "다만 마스크 착용에는 일상생활의 불편함이 따르는 것도 사실이고, 또 조정을 검토할 시기인 것도 맞다"고 말했다.

을 영업자 중심의 유통기한(Sell-by Date)에서 소비자 중심의 소비기한(Use-by Date)으로 바꿔 표기하도록 했다. 유통기한은 통상 품질안전 한계기간의 60~70%로, 소비기한은 80~90%로 설정된다. 유통기한이 소비기한으로 바뀌면서 표기되는 기간이 길어지는 셈이다.

소비기한

식품이 제조 및 유통되어 소비자에게 전달된 후 소비자가 해당 식품을 먹었을 때 건강이나 안전에 이상 없을 것으로 인정되는 소비 최종시한으로 소비자가 실제 식품을 섭취할 수 있는 기한이다. 식품의 맛·품질 등이 급격하게 변하는 시점을 실험으로 산출한 품질안전 한계기간의 80~90%로 설정한다. 2021년 7월 국회에서 통과된 '식품 등의 표시·광고에 관한 법률' 개정안에 따라 기존의 유통기한 표시제를 소비기한 표시제로 변경하게 됐다.

시행 한 달 앞두고 '참고값' 제시

식약처는 시행을 한 달 앞두고 업체들이 활용할 수 있도록 품목별 '참고값'을 제시했다. 앞서 12월 1일 식약처는 23개 식품유형 80개 품목의 소비기한 참고값을 수록한 '식품유형별 소비기한 설정 보고서'를 발표했다. 참고값은 식약처가 제시하는 잠정적인 소비기한이다. 각 업체는 이 참고값보다 짧게 소비기한을 정하면 된다. 업체는 원칙적으로 소비기한을 설정할 때 자체적인 실험을 거쳐야 하지만, 참

7위

2023년부터 유통기한 대신 소비기한으로 표시

식품에 기존의 유통기한 대신 **소비기한***을 표기하는 '소비기한 표기제'가 2023년 1월 1일부터 시행된다. 식품의약품안전처(식약처)는 2023년 1월부터 식품 등에 표시하는 '섭취해도 안전에 이상이 없는 기한'

고값을 활용하면 자체실험을 하지 않아도 된다. 식품 등의 표시·광고에 관한 법률개정으로 식품업체는 2023년 1월 1일부터 식품(우유는 2031년 적용)의 날짜표시에 기존의 유통기한 대신 소비기한을 적어야 한다.

유통기한이 소비자에게 유통·판매가 허용되는 기간이라면 소비기한은 소비자가 보관조건을 준수했을 경우 식품을 먹어도 안전에 이상이 없다고 판단되는 기간이다. 통상 소비기한이 유통기한보다 긴 만큼 업체는 식품폐기량을 줄일 수 있게 된다. 단 기존 포장지 폐기에 따른 자원낭비 등에 대한 우려로 2023년 1년은 계도기간이 운영된다.

'유통기한 → 소비기한' 식품 표기제 시행

식품유형	품목 수	유통기한	소비기한
가공유	1개	평균 16일	24일
간편조리세트	5개	6일	8일
과자	1개	45일	81일
과채음료	3개	11일	20일
과채주스	1개	20일	35일
농후발효유	7개	20일	24일
두부	4개	17일	23일
묵류	4개	16일	19일
발효유	6개	18일	32일
베이컨류	1개	25일	28일
빵류	4개	20일	31일
생면	3개	35일	42일
소시지	4개	39일	56일
신선편의식품	3개	6일	8일

※ 23개 식품유형 80개 품목 중 일부, 2023년 1월 1일 시행

자료 / 식품의약품안전처

식약처가 이날 공개한 보고서에 따르면 두부의 참고값은 23일로 설정됐다. 유통기한이 17일이었던 것보다 6일이 늘었다. 과자의 소비기한 참고값은 81일

로 유통기한의 45일보다 길어졌다. 또 과채주스는 20일에서 35일로, 빵류는 20일에서 31일로, 소시지는 39일에서 56일로 각각 늘었다. 식약처는 안전하게 섭취할 수 있는 최대기간인 '품질안전한계기간'에 예상치 못한 품질변화를 고려할 수 있도록 '안전계수'를 곱해 참고값을 정했다. 식약처는 12월 말까지 50개 식품유형 430개 품목에 대해 소비기한 참고값 등 실험결과를 공개하고 이후 공개대상을 확대할 방침이다.

기업들 "기한 늘리는 대신 식품안전 담보돼야"

소비기한의 반영은 유통기한이 섭취가능 기한으로 인식돼 유통기한이 지난 제품을 섭취해도 될지에 대한 혼란이 있고, 이에 따라 불필요하게 폐기되는 식품도 많다는 점이 고려됐다. 또 유럽, 미국, 일본, 호주 등 대부분의 경제협력개발기구(OECD) 국가들이 소비기한을 사용하는 국제적 추세도 반영했다. 하지만 보관기간이 길어지는 만큼 식품안전성에 대한 우려도 나온다. 이런 상황에서 업계는 소비기한 표기제 시행 후에도 한동안은 기간표시에 기존 '유통기한'의 기간을 유지할 것으로 예상된다.

소비기한 연구센터 개소식에 참석한 오유경 식약처장

식약처는 제조·가공업자가 제품의 소비기한을 직접 설정하도록 했는데, 업체로서는 제품마다 소비기한을 확인하기 위한 각종 실험이 필요한 상황이다.

관계자는 "소비자가 소비기한으로 표기한다는 것을 인식할 수 있도록 명칭을 바꾸고, 각종 실험을 통해 단계적으로 제품별 실제 소비기한을 표기할 계획"이라고 했다.

8위

검찰, 서해 피격 공무원, 자진월북 아닌 '실족'에 무게?

'서해 공무원 피격사건'을 수사하는 검찰이 해양수산부 공무원 고(故) 이대준 씨가 사건 당시 실족해 바다에 빠져 북측으로 표류했다고 가닥을 잡은 것으로 알려졌다. 법조계에 따르면 검찰은 12월 2일 서훈 전 국가안보실장의 구속 전 피의자 심문(영장실질심사)에서 지난 9월 실시한 현장검증 내용을 토대로 사건 당시 해상상황 등을 설명하는 데 상당한 시간을 할애한 것으로 전해졌다.

"캄캄하고 조류 강해 실족" vs "구조요청 없어"

앞서 검찰은 이씨가 실종됐을 당시의 상황을 확인하기 위해 직접 해상으로 나가 현장조사를 진행했다. 이씨가 바다에 빠진 시기는 초가을인 2020년 9월

21일 오전 1시 51분께로 추정된다. 비슷한 계절·시간대에 사건발생장소를 조사한 결과 검찰은 당시 해상이 매우 어둡고 조류도 강했을 것으로 추정했다. 이를 토대로 이씨가 실족해 바다에 빠진 뒤 거센 조류에 휩쓸려 구조요청을 하지 못한 채 표류했을 가능성을 법원에 주장한 것으로 알려졌다.

반면 변호인 측은 이씨가 수영을 잘했고, 당시 배 옆에는 줄사다리가 내려져 있었으며, 동시간대 근무한 동료도 구조요청을 듣지 못했다는 점을 들며 실족 가능성은 적다고 반박했다. 또한 당시 정부의 수사 결과는 정보와 시간이 제한된 상황에서 각 분야 전문가들이 논의를 거쳐 내린 최선의 판단이었으며 의도적인 사건축소나 왜곡은 없었다고 강조한 것으로 전해졌다. 영장심사를 담당한 김정민 영장전담 부장판사 역시 서 전 실장을 직접 심문하며 당시 정부의 의사결정과정과 근거를 상세히 확인했다.

검찰은 심사에서 이씨 사망 전후로 청와대 내에서 생산된 문서 중 대통령기록관*에 이관되지 않은 문서가 여럿 있다는 점도 부각했다. 이씨가 북측에서 발견된 직후 이뤄진 대통령 서면보고를 포함한 다수의 문건이 기록관에 남아 있지 않은 점을 언급하며 당시 정부 관계자들이 문제가 될 수 있는 기록을 선별해 삭제했을 가능성을 주장한 것이다. 이에 변호인은 청와대에서 생산한 모든 문서가 기록관에 이관되는 것은 아니며 특정문건을 의도적으로 삭제하거나 누락한 사실도 없다고 반박했다.

대통령기록관

대한민국 역대 대통령이 남긴 문서와 사진, 사무집기 등 대통령의 국정운영 기록을 수집, 관리하는 곳이다. 2007년 11월 30일 발족했다. 국민에게 국정운영 기록을 적극적으로 제공해 역사교육의 현장으로 활용하고, 국정운영의 투명성과 책임성을 확보하며 민주주의 발전에 기여하기 위해 설립됐다.

서훈 전 실장 구속 후 첫 수사, 구속적부심 전망

해당 사건과 관련해 당시 청와대 컨트롤타워로 지목 돼 12월 3일 검찰에 구속된 서 전 실장은 12월 5일 서울중앙지검 청사에서 첫 조사를 받았다. 피격사실 이 언론을 통해 의도치 않게 알려지자 이씨가 '자진 월북'한 것으로 속단해 국방부·국가정보원·해양 경찰청 등 관계기관의 보고서나 보도자료에 허위내 용을 쓰게 한 혐의(허위공문서 작성 및 행사)를 받는 다. 검찰은 구속 전 피의자 심문과정에서 혐의를 전 면 부인한 서 전 실장을 상대로 첩보수집부터 자진 월북을 발표한 해경의 중간수사발표까지의 전 과정 을 면밀히 추궁할 방침이다.

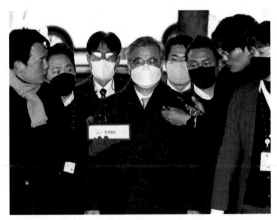

영장심사에 출석하는 서훈 전 국가안보실장

서 전 실장 측은 앞선 구속영장 발부에도 방어권 차 원에서 불구속수사가 필요하다고 주장했다. 그의 변 호인은 검찰의 조사내용과 서 전 실장의 의사를 종 합적으로 검토한 뒤 구속적부심을 청구해 법원에 재 판단을 구할 것으로 전망됐다. 한편 12월 14일 검찰 은 다른 주요 결정권자인 박지원 전 국가정보원장도 불러 국가안보실 지시에 관련 첩보 등을 무단으로 삭제·수정하고, 자진월북정황을 부각하기 위한 보 고서 작성을 지시한 혐의 등을 조사했다.

'편향성 논란' TBS 서울시 예산지원 2024년부터 중단

미디어재단 티비에스(TBS)에 대한 서울시 예산지원 을 중단하는 **조례***가 12월 2일 공포됐다. 1년의 유 예기간을 거쳐 조례가 시행되면 TBS는 2024년 1월 1일부터 전체예산의 70%에 달하는 서울시 출연금 지원을 받지 못하게 된다.

> **조례**
>
> 지방자치단체의 의회에서 법령의 범위 안에서 제정하는 자치 법규로 그 범위는 지방자치단체의 권한에 속하는 사무 전체 를 포함한다. 조례안이 의회에서 의결되면 의장은 의결된 날 로부터 5일 이내에 해당 지방자치단체 장에게 이를 이송해야 하며, 자치단체의 장은 15일 이내에 이를 공포해야 한다. 특 별한 규정이 없는 경우 공포된 날로부터 20일 경과 후 효력 이 발생된다.

민주당 "언론탄압" vs 오 시장 "재의요구 안 해"

서울시는 이날 발행한 서울시보를 통해 '서울특별시 TBS 설립 및 운영에 관한 조례 폐지조례'를 공포했 다. 이 조례는 11월 15일 시의회 본회의를 통과했 고, 시는 11월 29일 조례·규칙심의회를 열어 조례 를 통과시켰다. 조례·규칙심의회 의장은 오세훈 서 울시장이다. 조례안은 시의회 국민의힘 의원 76명 전원이 공동발의해 11월 15일 본회의를 통해 가결 됐다. 재석의원 73명 가운데 72명이 찬성했고 반대 는 0명, 기권은 1명이었다. 더불어민주당은 조례안 처리에 반발해 표결에 참여하지 않고 퇴장했다.

그동안 국민의힘은 TBS의 간판 프로그램인 '김어 준의 뉴스공장'을 비롯해 TBS의 상당수 프로그램 이 정치 편향적이고 공정성을 상실했다며 예산지원을 중단하는 조례를 추진했다. 지원조례 폐지를 통해 TBS가 방송의 공정성을 회복하고 민간재단으로서 독립경영의 길을 걸을 수 있다고 주장했다.

TBS 관련 질의에 답변하는 오세훈 서울시장

반면 민주당과 TBS 측은 언론자유와 구성원의 생존권을 침해하는 행위라고 반발하고 오 시장에게 시의회에 재의를 요구할 것을 촉구했으나, 시는 그대로 공포절차를 진행했다. 시장이 시의회에 재의를 요구하면 공포절차가 중단돼 시행을 보류할 수 있다. 시는 조례폐지 이유에 대해 "정보통신기술 발전과 교통안내 수요변화는 물론 방송분야에 대한 시민의 다양한 요구에 부응하기 위해 조례를 폐지하고, 미디어재단 TBS를 서울시 출자·출연기관에서 제외해 TBS가 민간주도언론으로서 독립경영을 할 수 있도록 한다"고 설명했다.

출연금 지원 중단이 예정된 TBS

TBS, 연간 예산 중 70%는 출연금에 의존

서울시의 출연금 지원이 중단되면 TBS 운영에 차질이 불가피해진다. TBS는 연간예산 약 500억원 중 70% 이상을 서울시 출연금에 의존한다. 이런 상황에서 시 출연금 지원이 끊긴다면 정상적인 운영은 어렵다. 조례가 시행되는 2024년 1월까지로 정한 유예기간에는 출연금이 계속 지원되겠지만, 그 규모는 축소될 것으로 예상된다. 오 시장은 2020년 별도 재단성격으로 독립한 TBS가 재정적으로도 독립해야 한다면서 지원예산을 줄여 나가겠다는 입장을 여러 차례 밝혀왔다.

서울시와 시의회는 TBS에 자구노력을 촉구하며 유예기간에 TBS가 자체적인 혁신안을 마련하면 조례 개정을 추진해 지원을 계속할 수 있다는 여지를 남겨뒀다. 오 시장은 11월 18일 시의회 시정질문 답변을 통해 "이제는 TBS 임직원 몫이다. 스스로 공영방송으로서 위상과 역할에 충실했는지 돌아보고 그에 걸맞게 결단해야 한다"고 강조했다.

시의회 국민의힘도 조례안 통과 직후 낸 보도자료에서 "유예기간 중 서울시의원이나 서울시장이 TBS의 전면 개편방안 등에 대한 새로운 조례안을 제출하면 시민의 의사와 이해관계자의 의견을 토대로 숙고해 조례안을 심의할 예정"이라고 밝혔다.

'김어준의 뉴스공장' 진행자 김어준 씨

한편 편향성 논란에 휘말린 '김어준의 뉴스공장' 진행자 김어준 씨는 제작진에 하차의사를 전한 것으로 알려졌다. 김씨가 하차할 경우 프로그램 자체가 폐지될 가능성도 적지 않다.

추풍낙엽 경기에 물가·환율까지 … 급변하는 통화정책 전제

한국경제가 예상보다 빠른 속도로 경기침체 권역으로 접어들고 있다. 실물경기의 하강속도가 예상보다 빠르게 나타나는 가운데 물가·환율도 고점에서 속락하는 추세다. 경제계에선 '빅스텝(기준금리 0.50% 포인트 인상)'으로 상징되는 가파른 금리인상의 전제조건들이 급변하고 있다는 분석이 나온다.

수출 급감, 내수도 적신호

12월 5일 발표된 거시경제 지표들을 살펴보면 실물경기하강이 예상보다 훨씬 빠른 속도로 진행되고 있다. 2022년 10월 전(全)산업생산*(Index of All Industry Production, 계절조정·농림어업 제외)은 전월 대비 1.5% 감소해 2020년 4월(−1.8%) 이후 30개월 만에 가장 큰 폭으로 줄었다. 2020년 4월은 팬데믹이 앞으로 어떻게 전개될지 모르는 공포에 휩싸여 실물경기가 급락하던 시기다. 현재 실물경기 하강폭이 그때만큼 심각하다는 의미다.

전(全)산업생산지수

우리나라 경제 전체 모든 산업을 대상으로 재화와 용역에 대한 생산활동의 흐름과 변화를 월별지수로 나타낸 것이다. 이 지수는 모든 재화 및 용역의 생산수준을 한눈에 보는 종합지표로 산업별·산업 간의 생산동향을 시의성 있게 파악할 수 있으며, 업종별로 생산증감의 방향이 다를 때 전체 산업의 방향을 파악할 수 있다. 2015년을 100.0으로 하여 지수를 작성하며, 지수가 110일 경우 2015년 월평균보다 생산이 10% 증가한 것이다.

한국경제의 주 엔진인 수출은 지난 11월을 기준으로 1년 전 대비 14.0% 급감했다. 수출의 대표품목인 반도체 부문에서 실적이 30%가량 감소한 것이 결정적인 타격을 입혔다. 수출엔진이 약화된 후 우리 경제를 떠받쳤던 내수에도 10월을 기점으로 적신호가 들어오기 시작했다. 서비스업 생산이 0.8% 줄면서 2020년 12월(−1.0%) 이후 22개월 만에 가장 큰 폭으로 감소했고, 소비동향을 보여주는 소매판매액지수도 0.2% 하락했다. 10월 산업활동동향을 두고 기획재정부와 통계청은 "경기회복흐름이 약화하고 있다"고 표현했지만, 경제계 곳곳에선 한국경제가 예상보다 빠른 속도로 경기침체 국면으로 접어들고 있다는 해석이 나왔다.

무역수지 추이

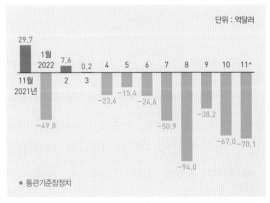

단위 : 억달러

* 통관기준잠정치

자료 / 산업통상자원부

물가상승률 한 달 만에 0.7%p↓

물가상승세도 빠른 속도로 둔화했다. 11월 소비자물가상승률은 5.0%를 기록, 한 달 전보다 0.7%포인트(p) 낮아졌다. 절대적으로 5.0%라는 물가상승률 수준을 낮다고 볼 수는 없으나, 지난 7월 외환위기 이후 최고치인 6.3%를 기록한 이후 10월 한 달을 제외하면 물가상승세는 점차 꺾이는 추세로 볼 수 있다. 한국은행(한은)과 통계청은 5% 안팎의 물가상승률 수준이 당분간은 이어진다는 입장이다.

11월 물가둔화의 직접적인 배경으로는 공급측면인 농축수산물 가격 안정세가 큰 영향을 미쳤지만, 개인서비스나 외식 등 물가도 소폭이나마 둔화 움직임을 보였다. 경기가 급속도로 둔화하면서 수요 측면의 물가상승 압력도 줄어드는 것 아니냐는 의문이 제기된 배경이다.

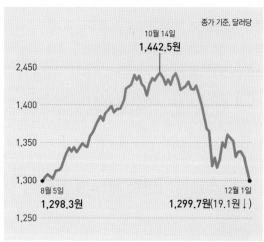

원/달러 환율 추이

종가 기준, 달러당

10월 14일
1,442.5원

8월 5일
1,298.3원

12월 1일
1,299.7원(19.1원↓)

자료 / 서울외환시장

미국의 물가상승률 둔화, 이에 따른 금리인상 속도 감속 기대감으로 원/달러 환율도 1,300원 선 아래(12월 2일 종가 1,299.9원)로 내려왔다. 10월 한때 1,444원까지 올랐던 환율이 1,300원 선 아래도 내려온 것은 8월 5일(종가 1,298.3원) 이후 약 4개월

만이다. 이런 측면에서 한은 통화정책의 기본 전제조건도 빠르게 변하는 것 아니냐는 분석이 나온다. 그동안 한은 금리인상의 배경이 됐던 미국의 금리인상 속도, 우리나라 물가, 원/달러 환율 등 주요변수가 줄줄이 바뀌고 있다는 것이다.

이창용 한은 총재도 최근 로이터통신과 인터뷰에서 부동산시장의 연착륙을 위해 연 3.5% 안팎에서 기준금리 인상을 마치기를 희망한다고 말했다. 국책연구원 관계자는 "최근 한은이 제시한 2023년 한국경제 성장률 전망치가 1.7%에 불과한 데다 기준금리 인상종료문제를 얘기하면서 부동산시장의 급락 이슈를 제기한 점에 주목하는 시각이 많다"면서 "한국도 금리인상 속도의 조절을 이야기할 시점으로 접어들고 있다"고 말했다.

야당 과방위, 방송법 단독처리…
핵심쟁점은?

국회 과학기술정보방송통신위원회(과방위)는 12월 2일 전체회의를 열어 공영방송의 지배구조를 변경하는 내용을 골자로 한 방송법 개정안(공영방송 지배구조 변경 3법) 등을 의결했다. 법안내용에 반발한 여당 측이 퇴장한 가운데 야당 단독으로 의결됐다. 이날 처리된 법안들은 KBS · EBS 이사회와 MBC 관리 · 감독 기구인 방송문화진흥회 이사회를 확대개편함으로써 이사회 구성에 있어 정치권, 특히 여권의 입김을 다소 축소하는 것이 핵심이다. 이 때문에 여당은 '방송을 장악한 민주노총이 불공정한 보도로 더불어민주당을 지원할 것'이라며 지속해서 법안처리에 반대해왔다.

국민의힘이 퇴장한 가운데 방송법 개정안 통과

이사 정원·외부영향력 늘리고 사장도 외부 추천

민주당이 단독의결한 방송법 개정안의 핵심은 공영방송 지배구조를 완전히 바꾸는 것이다. 현재는 국민이 선출한 정치권력에서 여야가 각각 정해진 비율로 이사회 구성에 관여하게 돼 있지만, 개정안은 그 권한을 정치권보다 시민사회와 각종 외부단체에 더 많이 부여했다. 방송법·방송문화진흥회법(방문진법)·한국교육방송공사법(교육방송법) 등 3법에 대한 개정안이다. 방송법은 한국방송공사(KBS), 방문진법은 문화방송(MBC), 교육방송법은 한국교육방송(EBS)의 지배구조를 각각 정한다. 3개 개정안은 공통으로 이들 3개 공영방송의 이사회 숫자를 급진적으로 확대하면서 외부단체가 추천하는 이사 점유율을 정치권 몫보다 압도적으로 늘리고, 사장후보를 일반시민이 추천한다는 내용이 골자다.

먼저 이들 개정안은 공영방송 이사회의 이사 수를 현행 9명(MBC·EBS) 또는 11명(KBS)에서 21명으로 증원하고, 이사추천권한을 방송 및 미디어 관련 학회, 시청자위원회 등 다양한 주체로 확대하도록 했다. 세부적으로는 국회 5인, 방송통신위원회 선정 방송·미디어 관련 학회 6인, 공사 정관으로 정하는 시청자위원회 4인, 방송기자연합회 등 직능대표 6인 추천으로 명시했다. 현재 KBS의 경우 이사 11명을 여야가 7대 4로, MBC와 EBS의 경우 이사 9명을 6대 3으로 추천한다. 개정안에서 성별, 연령, 지역 등을 고려해 100명이 참여하는 '사장후보 국민추천위원회'를 신설하는 조항도 주목된다. 개정안은 사장 임기만료 90일 전에 구성되는 이 추천위가 3인 이하 복수로 사장후보를 추천하도록 했다. 이사회는 이들 후보에 대해 표결을 실시, 재적 3분의 2 이상 찬성을 받는 후보가 사장으로 제청된다.

공영방송 지배구조를 사이에 둔 오래된 여야대치

공영방송 지배구조변경은 오랫동안 해묵은 논의다. 하지만 여야가 바뀔 때마다 입장이 전혀 달라지면서 소모적인 논쟁만 거듭되고 있다. 이날 개정안을 강행처리한 민주당은 정치권력의 방송장악을 막기 위해 지배구조변경이 시급하다고 주장하지만, 국민의힘은 민주당과 연대하는 민주노총 언론노조와 시민단체 등이 공영방송을 장악하는 법안이라고 주장한다. 다만 민주당은 야당이던 2016년 7월 지금과 비슷한 취지로 "여권의 방송장악을 막겠다"며 공영방송 지배구조변경 관련법 개정안 4개를 패키지로 제출했다가 2017년 여당이 된 이후에는 입장을 바꿔 개정안 처리 대신 현행을 유지해왔다.

방송법 개정안 반대 피켓시위를 하는 국민의힘 의원들

이날 과방위를 통과한 3법은 **법제사법위원회***와 본회의를 거쳐야 하지만, 민주당이 마음만 먹으면 역시 강행처리가 가능했다. 이에 따라 2023년 3월 사장 교체를 앞둔 MBC와 방송통신위원회(방통위) 등 이해관계자들은 긴장 속에서 국회 입법상황을 주시하고 있다. 한상혁 방통위원장은 이날 과방위 전체 회의에서 "소관 법률안을 심의 의결해줘 감사하다"면서 "지적해준 내용은 시행과정에서 그 취지를 충실히 반영하겠다"고 말했다.

HOT ISSUE

12위

봉쇄정책에 대해 항의 …
확산되는 중국 백지시위

경찰의 단속에도 수도 베이징과 상하이, 광저우 등 주요도시에서 방역정책에 반대하는 시위가 이어지자 강경대응으로 일관했던 중국정부가 끝내 고강도 '제로코로나' 정책의 한 축인 상시적 전수 유전자증폭(PCR) 검사를 사실상 폐지했다.

사실상 '위드코로나' 전환 선언

12월 7일 중국의 국무원 방역 메커니즘(국무원)은 10가지 '방역 추가 최적화 조치에 대한 통지'를 발표했다. 통지는 "행정구역을 기준으로 한 전원 PCR 검사를 하지 않고, PCR 검사범위를 더욱 좁히고 빈도를 줄일 것"이라며 "방역작업의 필요에 따라 항원 검사를 수행할 수 있다"고 밝혔다. 또 "고위험 직종 종사자 및 고위험 지역 종사자에 대해 관련 규정에 따라 PCR 검사를 실시하고, 그 외 사람은 원하는 경우 검사를 받는다"고 설명했다. 그동안 중국은 감염자를 저인망식으로 걸러내기 위해 특정도시나 구 주민 전체에 대해 상시로 PCR 검사를 받도록 했는데, 이를 사실상 폐지한 것이다. 또 양로원, 복지원(장애인·고아 등이 생활하는 사회보호시설), 의료기관, 보육기관, 초·중·고교 등 특별한 장소를 제외하고는 PCR 음성증명서를 제출하지 않아도 되도록 했으며, 건강코드검사도 하지 않기로 했다.

전철역 승객을 상대로 하는 코로나19 검사(상하이)

특히 5일 연속 신규 감염자가 나오지 않은 '고위험 지역'은 적시에 봉쇄를 해제토록 하기로 하고, 각종 방식으로 소방통로와 아파트 출입구 등을 봉쇄하는 것을 엄금하여 대중이 진료를 받고 긴급대피하는 데 사용할 외출통로가 막히지 않도록 해야 한다고 덧붙였다. 이는 11월 26일 시작된 전국적 고강도 방역 반대시위(일명 백지시위)를 부른 11월 24일의 신장 **우루무치 고층아파트 화재***(10명 사망)와 관련해 제기된 문제점들을 의식한 대책으로 해석된다.

고강도 방역정책에 대한 불만

상하이의 위구르인 거주지인 우루무치중루에 수천 명이 모인 것을 시작으로 백지시위는 수도 베이징을 비롯해 광저우, 난징 등 중국 16개 주요도시와 50여 개 대학가로 번져 중국 전역에서 동시다발적으로 열리고 있다. 공안이 시위대에 최루탄을 쏘고 무차별 구타를 가하자 이에 항의해 시민들은 아무것도 쓰여 있지 않은 백지를 들고 시위를 펼쳤다. 백지는 시민의 침묵항의를 상징한다. 또 공안은 아무것도 쓰여 있지 않은 종이를 든 시민을 체포할 수 없기 때문에 당국을 조롱하는 의미도 있다. SNS에는 '#백지혁명', '#A혁명' 등 해시태그도 퍼졌다.

우루무치 화재 희생자를 추모하는 백지시위대(베이징)

확산되는 시위에도 공안이 강경대응으로 맞서자 방역조치에 반대를 외치던 시위는 점차 반정부시위 양상으로 번지기에 이르렀다. 이 때문에 일각에서는 지난 1989년 6월 발생했던 톈안먼 사태를 연상케 하는 방향으로 전개될 수 있다는 분석을 내놓고 있다. 6·4항쟁이라고도 불리는 톈안먼 사태는 1989년 후야오방 사망 이후 톈안먼광장 등지에서 베이징대 학생들을 중심으로 한 시위대와 인민이 전개한 반정부 시위를 덩샤오핑정부가 유혈진압한 사건이다. 따라서 중국정부의 이번 방역조치 완화는 시위의 흐름을 끊고 김을 빼겠다는 의도로 분석됐다. 전국적 애도

기간에 시위를 대대적으로 추진하기 어려운 면이 있고, 정부발 방역완화 움직임은 부족하나마 시위대의 요구에 부응하는 측면이 있기 때문이다.

HOT ISSUE **13위**

전력 도매가격 떨어진다 …
도매가격 상한제 시행

한국전력(한전)이 발전사로부터 전력을 구매하는 도매가격인 계통한계가격(SMP)의 상한제가 2023년 1월부터 1개월 단위로 시행된다. 도매가격에 상한을 둬 한전 적자폭을 줄인다는 구상이다. 이를 위해 산업통상자원부(산자부)는 전력 긴급정산 상한가격 도입을 골자로 하는 전력거래가격 상한에 관한 고시·규칙을 개정해 상정했다.

이에 지난 11월 25일 **규제개혁위원회*** (규개위)는 이 고시 개정안을 일부 수정해 의결했으며, 11월 30일 이창양 산자부 장관이 이를 최종승인했다. 이에 따라 글로벌 에너지가격 상승세로 고공행진하던 전력 도매가격이 큰 폭으로 떨어질 전망이다. 2022년 누적 적자가 30조원을 훌쩍 넘을 것으로 예상되는 한전의 재무상황도 일부 숨통이 트일 것으로 보인다.

규제개혁위원회

세계화에 따라 과도한 정부규제가 무역마찰의 요인으로 작용하자 규제개혁에 대한 필요성이 대두되면서 정부의 규제정책을 심의·조정하고 규제의 심사·정비 등에 대해 종합적으로 추진하기 위해 1998년 4월 김대중정부에서 신설됐다. 불필요한 행정규제를 폐지하고 비효율적 행정규제 신설을 억제해 국가경쟁력을 향상시키기 위한 대통령 직속기구다. 국무총리를 포함, 20인 이상 25인 이하로 구성된다.

상한제 적용 시 가격 37.5% 하락

한전의 전력사업은 공공 또는 민간발전사로부터 SMP로 매긴 전기를 사서 가정과 기업에 공급하는 구조다. 개정안의 핵심내용은 직전 3개월간의 평균 SMP가 그 이전 120개월(10년)간 평균 SMP의 상위 10% 이상일 경우 1개월간 SMP에 상한을 두는 것이다. 가령 11월 SMP 상한제 적용 여부를 따진다고 가정하면 직전 3개월(8~10월)의 가중평균 SMP는 킬로와트시(kWh)당 227원이다. 직전 10년간 가중평균 SMP 상위 10% 가격은 kWh당 154원으로 최근 3개월 SMP(227원)가 더 높아 상한제 발동조건을 충족한다. 2022년 10월 SMP가 kWh당 253원인 점을 고려했을 때 상한제를 적용하게 되면 가격이 95원(37.5%)이나 떨어지는 셈이다.

개정안의 핵심내용은 그대로 규개위를 통과했다. 다만 규개위는 SMP 상한제가 3개월을 초과해 연속 적용할 수 없도록 명문화하고, 1년 뒤에는 상한제가 일몰될 수 있도록 제도수정을 권고했다. 이는 정부의 SMP 상한제 도입에 강하게 반발하는 민간발전사들의 저항을 의식한 결과로 풀이된다.

전력 도매가격(SMP·계통한계가격) 추이

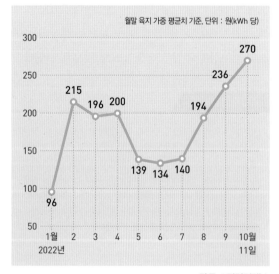

월말 육지 가중 평균치 기준, 단위 : 원(kWh 당)

자료 / 전력거래소

글로벌 에너지가격 폭등으로 2022년 한전은 연간 역대 최대적자를 이미 경신했지만, 한전에 전기를 만들어 파는 대기업 계열 발전기업들은 사상 최대 흑자를 기록하면서 전기요금 인상 압력이 계속 높아지고 있다. 에너지업계와 금융감독원 전자공시시스템(DART)에 따르면 SK(SK E&S, 파주에너지), GS(GS EPS, GS파워), 포스코(포스코에너지), 삼천리(에스파워) 등 4개 대기업 계열의 민간발전 6개사의 영업이익은 2022년 3분기까지 1조 4,781억원으로 2021년 같은 기간 영업이익(7,579억원)의 2배에 가까운 수준이었다.

이들 대기업 계열 민간발전사는 대부분 액화천연가스(LNG)로 전기를 생산하는데, 2022년 러시아-우크라이나 전쟁으로 2월부터 가격이 폭등하면서 한전이 이들 발전사로부터 구매하는 도매가격도 급등했다. 이에 한전은 2022년 1~3분기 영업적자가 21조 8,342억원으로 이미 2021년 연간 적자(5조 8,542억원)를 훌쩍 뛰어넘었다. 반면 대기업 계열 민간발전사는 천연가스 직수입으로 저렴한 가격에 연료를 공급받아 역대급 호황을 누렸다.

이런 구조 때문에 유럽에서는 이미 발전사업자에 대해 이익상한을 설정하거나 에너지가격 폭등으로 반사이익을 얻은 에너지기업에 '횡재세'를 부과하는 등

대책을 내놨다. 스페인과 포르투갈은 2022년 6월부터 2023년 5월까지 발전용 가스가격 상한제를 도입했다. 또 스페인은 2021년 9월부터 비(非)화석발전원의 초과이익을 환수하고 있다. 이탈리아는 2022년 3월 발전·석유·가스생산기업에, 영국은 5월 석유·가스생산기업에 횡재세 부과를 결정했다. 유럽연합(EU)도 12월부터 2023년 6월까지 신재생, 원자력, 갈탄 등 저원가 발전원에 1MWh(메가와트시)당 180유로로 이하로 가격상한을 설정했다.

14위

우크라 드론 첫 장거리공격 …
러시아 본토 타격

우크라이나가 러시아의 미사일공격에 대응해 드론을 날려 러시아 본토에 대한 첫 장거리공격을 단행했다. 이에 전쟁의 국면이 변화하거나 확전양상으로 치달을 가능성이 제기됐다.

국경 수백km 넘어 러시아 군사비행장 공습

AP통신 등에 따르면 12월 5일(현지시간) 러시아 서부 내륙의 비행장 2곳에서 폭발이 발생했다. 얼마 지나지 않아 이 폭발은 우크라이나의 드론 공습에 의한 것으로 드러났다. 러시아의 장거리 미사일 폭격에 전력시설 등이 파괴돼 힘든 겨울을 보내고 있는 우크라이나가 이번엔 거꾸로 러시아 내륙을 직접 타격한 것이다. 이에 러시아는 우크라이나 전역에 미사일 수십발을 발사했다.

우크라이나의 드론 공습은 러시아 랴잔주 랴잔시, 사라토프주 엥겔스시의 군사비행장 2곳을 표적으로 이뤄졌다. 러시아정부는 우크라이나가 구소련제 제트엔진 드론을 공습에 활용했다고 발표했고, 우크라이나 대통령실은 트위터를 통해 공습사실을 우회적으로 시인했다. 한 우크라이나 관리는 뉴욕타임스(NYT) 익명 인터뷰를 통해 드론이 우크라이나 영토에서 출발했다고 확인하기도 했다.

랴잔과 엥겔스는 우크라이나 동부국경에서 480∼720km 떨어진 러시아 서부도시다. 전쟁 발발 이후 러시아 내 접경지나 내륙에서 우크라이나 특수부대의 공작으로 보이는 시설물 폭발은 다수 있었으나 러시아 본토가 우크라이나에서 발사된 드론에 공격받은 것은 처음이다. 영국 가디언은 우크라이나가 공격거리 1,000km에 이르는 드론을 개발했다는 관측이 있다고 보도했다. 우크라이나의 드론 공습은 12월 6일에도 국경근처에 있는 러시아 시설에도 이어졌다.

러시아 군용비행장 2곳 폭발

결국 이번 기습은 그간 우크라이나 주요도시를 타격해온 러시아의 미사일 공세에 대응한 반격으로 관측된다. 앞서 러시아는 우크라이나 동부격전지에서 고전하자 10월부터 주요도시에 장거리 미사일을 퍼붓기 시작했다. 이는 전력공급시설을 망가뜨려 우크라이나 사회의 불안을 부추기고 한겨울 추위를 무기로 활용하려는 전략이다. 이번에 우크라이나 드론 공습을 받은 엥겔스 군사비행장도 이 같은 러시아군의 장거리 미사일공세를 뒷받침하는 시설로 지목되던 곳이다.

핵무기가 자국의 방어수단임을 강조하는 푸틴 대통령

이번 사건으로 확전의 위험도 다시 커지고 있다. 우크라이나는 그간 서방에 장거리타격 무기를 달라고 요구해왔으나, 서방은 확전우려를 들어 이를 거부해왔다. 서방은 이번 전쟁을 자국과 서방의 대결이라고 주장하는 러시아를 자극할 **레드라인***(Red Line)이 러시아 본토 타격에 있다고 봤기 때문이다. 전쟁 발발 이후 내내 러시아는 **우크라이나에 대한 서방의 첨단무기 지원을 문제 삼으며 핵무기 사용 가능성을 거론**해왔다.

레드라인

'용인하기 힘든 수준', 더 이상 허용할 수 없는 마지막 한계선을 의미한다. '레드라인을 넘었다'는 것은 극단적인 조치를 취할 수도 있음을 의미하며, 국제정치에선 보통 모든 수단과 방법을 동원할 수 있다는 뜻으로 해석한다. 한편 통상 대한민국·미국·북한의 관계상 대북정책에서의 레드라인은 '포용정책이 실패로 돌아갈 경우 봉쇄정책으로 전환하게 되는 기준선'을 뜻한다.

결국 드론 공습 이후인 7일 블라디미르 푸틴 러시아 대통령이 직접 나서 '핵무기 사용 가능성'을 거론하면서 그런 우려가 현실화하고 있는 모양새다. 푸틴 대통령은 TV로 방송된 인권이사회 연례회의에서 "핵전쟁 위기가 고조되고 있다"며 "러시아는 핵무기를 방어수단이자 잠재적 반격수단으로 간주한다"고 경고하고, 전쟁이 장기화할 수 있다고 밝혔다. 이에 미국은 우크라이나에 지원한 무기의 사용처 결정은 해당국의 몫이라는 입장을 밝히며 우크라이나의 주권적 결정에 대한 존중의 뜻과 함께 거리두기를 시도했다.

HOT ISSUE **15위**

의회 및 국가전복 노린 극우,
독일 정계·사회 충격

독일에서 의회에 무장공격을 준비하고 국가전복을 도모한 극우 반정부세력 관련자들이 무더기로 검거됐다. 이들이 무장 쿠데타를 일으키고 '새 지도자'를 세우기 위한 구체적인 준비를 해왔다는 정황이 알려지면서 독일정계는 물론 사회 전체에 적잖은 충격을 주고 있다.

국가전복을 도모한 극우 반정부세력 관련자

반테러작전에 관련자 25명 검거

독일 경찰은 7일(현지시간) 오전 독일 전체 16개주 가운데 11개주 내 130여 곳 일대에 3,000여 명을 투입, 반테러작전을 벌여 관련자 25명을 체포했다고 AFP, 로이터통신 등 외신이 보도했다. 이들 중 일부는 이탈리아, 오스트리아 등지에서도 검거됐다. 연방검찰에 따르면 용의자들은 2021년 11월께부터 독일의 국가질서를 전복할 목적으로 독일의회에 무장공격을 가하기 위한 구체적인 계획을 세운 혐의를 받고 있다.

용의자들은 현재 독일연방정부를 부정하고 1871년부터 제1차 세계대전 패전 직전까지 유지된 독일의 '제2제국'을 추구하는 '제국시민*(Reichsbuerger) 운동'과 연루된 것으로 보고 있다. 제국시민 극우파들은 최근 몇 년 사이 더 급진적으로 성향이 변하면서 독일 내 안보를 위협하는 요인으로 꼽힌다.

제국시민

'제1차 세계대전에서 패배하기 전(1871~1918)'까지 중부유럽에 존속했던 독일민족 주축 입헌군주제 국가인 '제2제국'을 모델로 자신들을 '망명정부인 독일제국'의 시민이라고 주장하는 등 네오나치를 신봉하는 극우성향의 반정부세력이다. 때문에 현재 독일의 연방공화국을 인정하지 않으며, 자신 소유의 개인토지를 국가라고 명하고 관청의 개입을 거부한다. 통일된 조직은 없으나, 현행 법체계를 무시하는 등 폭력행사를 해왔다.

낸시 패저 독일 내무장관은 "정부는 모든 법적 수단을 동원해 정부전복을 시도한 이들에 대응할 계획이며, 극단적 단체들의 쿠데타계획이 얼마나 구체적으로 진행됐는지 조사하겠다"고 밝혔다. 독일에는 현재 약 2만 1,000명의 제국시민운동 추종자가 있고, 이 중 5%는 극단주의성향을 나타내는 것으로 추산된다. 특히 검거된 25명 중에는 독일 중부지방을 수백년간 통치한 '로이스 가문'의 후손이자 자신을 '하

인리히 13세 왕자'라고 주장하는 71세 남성도 포함됐다. 경찰은 백발의 이 남성이 프랑크푸르트에서 마스크를 쓴 채 연행되는 장면을 공개했다.

러시아 연루설도 솔솔 … 러시아는 즉각 부인

용의자들은 국가전복 뒤 그를 새 지도자로 세우려 했으며, 독일연방정부를 전복한 뒤 '새 질서수립'을 위한 협상을 하기 위해 러시아 당국자들과 접촉을 시도했다는 의혹도 받고 있다. 실제로 검거된 용의자 중에는 러시아 측과 접촉을 시도한 러시아 여성도 있다. 여기에 특수부대소속인 현역군인 및 예비역도 포함됐다고 로이터는 현지 군 정보당국 관계자를 인용해 전했다. 다만 독일 검찰은 러시아가 접촉 요청에 긍정적으로 응답했다는 증거나 이들의 쿠데타계획을 지원했다고 믿을 근거가 없다고 밝혔다.

러시아도 연루설을 즉각 부인하고 나섰다. 드미트리 페스코프 러시아 크렘린궁 대변인은 기자들과 전화회의에서 이번 사건과 러시아와의 연관성을 묻는 말에 "이는 독일내부의 문제다. 러시아의 간섭은 전혀 없었다"고 밝혔다. 또한 "독일도 러시아의 간섭이 없었다고 밝혔다. 우리도 언론보도를 보고 사건

제국시민운동 깃발

을 알게 됐다"고 재차 강조했다. 베를린 주재 러시아 대사관도 성명을 통해 "독일 내 러시아 공관이 테러리스트 그룹 또는 다른 불법단체 대표와 연락을 유지하지 않는다는 사실에 주목한다"고 밝혔다.

한편 이번 작전을 반테러작전으로 규정한 마르코 부쉬만 독일 법무장관은 트위터에 이들이 정부기관에 대한 무장공격을 준비했다고 언급하면서 검거작전에 찬사를 보냈다. 또 독일당국이 민주주의를 지켜냈다고 평가했다.

일본, 군함도 과거사 두고 또 역사왜곡보고서 제출

12월 2일 정부 기관지 성격의 산케이신문은 일본정부가 하시마(일명 군함도)탄광 등 근대산업시설에서 이뤄진 조선인 강제노역에 대한 불충분한 설명을 보완하라는 유네스코 세계유산위원회의 요구에 다시 '조선인에 대한 차별은 없었다'는 취지의 보고서를 제출했다고 보도했다.

일본 나가사키현 소재 다카시마의 고지에서 바라본 군함도

일본, "징용은 모든 일본인에게 적용" 억지 주장

보도에 따르면 일본정부는 유네스코 세계유산위원회가 12월 1일까지 내도록 한 세계유산 '메이지 일본의 산업혁명유산' 보존상황보고서에서 "국가총동원법*에 근거한 국민징용령은 모든 일본국민에게 적용됐다"고 주장했다. 일제강점기에 일본인과 조선인이 같은 '일본'국민으로 대우를 받았고, 조선인에 대한 차별은 없었다는 기존의 역사왜곡을 되풀이한 것이다. 또 강제노역 역사를 정확히 설명하라는 지적에는 "성실하게 이행하고 있다"는 억지주장을 반복했다.

국가총동원법

일본은 1930년대 이후 대륙침략을 위해 한반도를 병참기지화하고 중일전쟁과 태평양전쟁을 일으켰다. 일제는 전쟁수행을 위해 인적·물적 자원을 통제할 목적으로 1938년 국가총동원법을 제정하여 양곡배급제와 미곡공출을 실시했고, 국민징용령·학도 지원병제도·징병제도 등을 실시하여 젊은이들을 전쟁터로 강제징집했으며, 여자정신대 근무령을 공포하여 젊은 여성들을 일본군 '위안부'로 삼는 만행을 저질렀다.

일본정부는 군함도가 독일나치의 수용소와 유사했다는 주장에 대해서는 해외 전문가 견해를 인용해 "나치와 비교하는 것은 무리가 있다"고 부정했다. 아울러 세계유산위원회가 2021년 7월 군함도 등을 다룬 도쿄 산업유산정보센터에 조선인 관련 설명이 미흡하다는 이유로 '강한 유감'을 표명한 것과 관련해서는 "진지하게 받아들이겠다"고 밝혔다.

산케이는 "일본정부가 출처가 명확한 자료와 증언에 기초해 군함도의 역사를 다음 세대에 계승하겠다는 생각을 나타냈다"며 "정부는 보고서내용에 따라 2023년 3월까지 산업유산정보센터 전시내용을 변경할 것"이라고 전했다. 일본정부는 약 500쪽 분량의 보고서에 조선인 노동자 설명 외에도 군함도 정비와 다른 유산들의 보존상황 등에 관한 내용을 담았다.

유네스코 세계유산위원회는 이 보고서를 공개하고, 2023년 회의에서 심의할 것으로 전망된다.

조처 약속해놓고 또다시 어겨

2015년 세계문화유산에 등재된 '메이지 일본의 산업혁명유산'은 나가사키현 군함도를 포함한 8개 광역지자체의 23개시설로 구성된다. 우리 정부는 등재 이전부터 군함도, 다카시마탄광 등지에서 조선인이 강제노역에 동원됐다는 사실을 국제사회에 적극적으로 알렸고, 일제강점기에 해저탄광이 있었던 군함도에서 조선인 노동자들이 심각한 인권침해를 당하며 강제로 일했다는 사실이 당사자 증언과 역사전문가 연구로 확인된 바 있다.

군함도의 세계유산 안내판

이에 일본정부 대표단은 등재가 확정되자 "1940년대에 일부시설에서 수많은 한국인과 여타 국민이 의사에 반해 동원돼 가혹한 조건에서 노역을 당했다"고 말했고, 피해자를 기리는 적절한 조처를 하겠다고 약속했다. 하지만 일본은 군함도의 역사를 알리기 위해 조선인에 대한 차별이나 인권침해가 있었다는 사실을 부각하지 않아 적잖은 논란을 키웠다. 세계유산위원회는 2021년 회의에서 일본정부에 개선을 촉구하는 결정문을 채택했고, 2022년 12월 1일까지 이와 관련된 내용을 정리한 보고서를 제출하도록 했다.

한편 일본정부는 조선인이 강제노역에 동원된 또 다른 장소인 니가타현 '사도광산'의 세계유산등재도 추진하고 있다. 사도광산은 에도시대에 금광으로 유명했으나 태평양전쟁이 본격화한 후 구리, 철, 아연 등 전쟁물자를 확보하는 광산으로 주로 이용됐다. 광산노동은 위험하고 힘들어 기피대상이었기 때문에 일제는 조선인을 사도광산에 대거 동원해 강제노역을 시켰다. 일본정부는 사도광산 추천서에서 대상기간을 16~19세기 중반으로 한정, 일제강점기 조선인 강제노동을 사실상 배제해 유산의 '전체역사'를 외면하는 꼼수를 부렸다는 비판을 받고 있다.

대마에 빠진 재벌가 3세들 ··· 9명 무더기 기소

남양유업·효성그룹 창업주 손자 등 재벌가 3세는 물론 유학생, 연예인들이 어울리며 상습적으로 마약을 유통하고 투약해온 사실이 검찰에 적발됐다. 서울중앙지검 강력부(신준호 부장검사)는 홍모(40) 씨 등 총 9명을 마약류 관리에 관한 법률 위반(대마) 혐의로 재판에 넘겼다고 12월 2일 밝혔다.

재벌가 3세, 가수 등 총 9명 검찰 수사선상

남양유업 창업주 고(故) 홍두영 명예회장 차남의 자제인 홍씨는 2022년 10월 대마를 유통하고 직접 소지·흡연한 혐의로 11월 중순 구속기소됐다. 그는 액상대마도 소지한 것으로 조사됐다. 홍씨는 대마초의 '투약자'에 그치지 않고 친한 지인, 유학생들에게 자신의 대마초를 나눠준 뒤 함께 피운 혐의를 받는다. 홍씨는 상습 필로폰투약으로 물의를 빚은 황하나 씨와 사촌지간이다. 범 효성가 3세인 조모(39)

씨는 2022년 1~11월 4차례에 걸쳐 대마를 산 뒤 흡연한 혐의 등으로 이날 불구속기소됐다. 3인조 그룹 멤버인 미국국적 안모(40) 씨는 2022년 3~10월 대마를 매수·흡연한 것은 물론 미성년 자녀와 함께 사는 집안에서 대마를 재배해온 사실까지 적발돼 구속기소됐다.

검찰은 적발된 이들 대부분이 해외유학 시절 처음 대마를 접한 뒤 귀국 후에도 끊지 못하고 수년간 지속해서 흡연한 것으로 보고 있다. 검찰은 아직 드러나지 않은 재벌가 자제들의 마약혐의가 더 있을 것으로 보고 수사망을 넓힐 계획이라고 밝혔다.

대마를 집 안에서 불법으로 재배한 현장

송치사건 단서로 줄줄이 적발

이번 사건의 전모는 2022년 9월 경찰이 대마재배 등 혐의로 무직 A씨를 구속 송치*한 사건을 검찰이 보완수사하면서 드러났다. 1차 수사를 맡은 경찰은 A씨 주거지에서 대마재배텐트 등 장비를 발견하고도 압수하지 않은 채 사건을 검찰에 넘겼다. 이에 검찰은 A씨 주거지를 압수수색하고 송금내역, 국제우편물 등을 추적한 끝에 홍씨 등 4명을 적발해 구속했다. 조씨는 홍씨 등으로부터 대마를 매수했다가 꼬리가 잡혔다. 검찰은 홍씨가 갖고 있던 액상대마를 추적해 미국국적 사업가 B씨도 붙잡았다. 검찰은 B씨가 홍씨 등에게 대마를 제공한 공급선으로 보고 있다. B씨는 국내에 시판되는 빈 액상담배 카트리지에 주사기로 액상대마를 주입하는 방식으로 제조해 판매한 것으로 드러났다.

송치(送致)

'서류나 물건 따위를 보내어 정해진 곳에 이르게 하다'라는 의미로 주로 형사소송 시 경찰에서 검찰로 사건이 넘어가는 것을 뜻한다. 우리나라는 국가기관만이 형사소송을 제기할 수 있는 기소독점주의가 시행되고 있어 국가기관, 즉 검찰이 기소권을 독점하고 있다. 따라서 경찰은 사건을 직접 처벌하지 않고 해당 사건에 대한 의견서를 첨부하여 검찰로 송치하고, 이후 검찰이 해당 건 조사 후 피의자에 대한 기소·불기소 처분을 결정한다.

검찰은 이번 수사성과를 2022년 9월 시행령 개정으로 검사의 직접수사 개시범위가 확대됐기 때문이라고 설명했다. 마약류 유통범행은 2021년 수사권조정 땐 검사의 직접수사대상에서 제외됐다. 검찰은 "마약수사에 있어 검찰의 직접수사가 존재해야 충실하고 빈틈없는 수사가 이루어질 수 있음을 실증한 사례"라며 "소위 '입문마약'이라는 대마유통사범을 철저히 수사해 국내 대마 유입 및 유통 차단에 만전을 기할 것"이라고 했다.

남양유업 창업주 외손녀 황하나

한편 홍씨의 마약사건으로 남양유업 창업주 일가는 필로폰 투약으로 물의를 빚은 외손녀 황씨에 이어 또 한 번 '3세 마약 리스크'에 직면하게 됐다. 황씨는 2015~2018년 전 연인 등 지인들과 함께 필로폰을 여러 차례 투약한 혐의로 2019년 항소심에서 징역 1년에 집행유예 2년을 선고받았다. 그는 집행유예기간이던 2020년 또다시 마약을 투약한 사실이 적발됐고, 2022년 2월 대법원에서 징역 1년 8개월을 확정받았다.

페루 대통령 결국 탄핵 … 첫 여성 대통령 탄생

페드로 카스티요 페루 대통령에 대한 **탄핵***소추안이 의회에서 가결처리되면서 디나 볼루아르테 부통령이 대통령 취임선서를 하고 새 정부출범을 알렸다. 이로써 볼루아르테 대통령은 페루 역사상 첫 여성 대통령이 됐다.

페루의 대통령 탄핵

탄핵은 일반적인 절차에 따른 파면이 곤란하거나 검찰기관에 의한 소추가 사실상 어려운 대통령, 법관 등 고위공무원을 국회에서 소추하여 파면하거나 처벌하는 행위 혹은 제도다. 우리나라는 국회에서 소추 및 의결을 하며, 헌법재판소에서의 탄핵심판으로 그 가부가 결정된다. 그러나 페루에서는 대통령 탄핵소추권과 심판권이 모두 의회에 있어서 탄핵 발의와 가결을 위한 정족수 이상을 확보하기만 하면 사실상 의회를 견제하는 게 불가능하다.

탄핵찬성에 여당까지 가세 … 이유는 '정치적 무능'

12월 7일(현지시간) 페루의회가 본회의를 열고 대통령 탄핵소추안을 강행처리했다. 호세 윌리엄스 사파타 의장은 "카스티요 대통령이 의회를 해산하고 위헌적인 방식으로 그 기능을 방해하려 했다"며 '정치적 무능'을 대통령 탄핵사유로 설명했다. 탄핵안은 재적의원(130명) 3분의 2가 넘는 87명 이상이 찬성하면 가결되는데, 의결정족수를 훨씬 넘긴 101명 의원이 찬성표를 던졌다. 여당 50석과 야당 80석으로 구성된 의회 의석분포를 고려하면 여당의원도 20명 이상이나 대통령 탄핵에 가세한 것으로 분석된다.

페드로 카스티요 전 페루 대통령

이에 2021년 7월 취임 이후 3번째 탄핵위기에 몰렸던 카스티요 대통령은 곧바로 대통령 자리에서 물러났다. 앞서 의회가 대통령 탄핵을 추진하자 카스티요 전 대통령은 '비상정부'수립을 선언한 뒤 의회해산이라는 카드로 맞섰으나, 결국 우파 정치경쟁자를 가까스로 따돌리고 정권을 잡은 지 16개월 여 만에 '탄핵의 멍에'를 쓰고 말았다.

카스티요 전 대통령은 정계, 재계 등 엘리트 출신이 아닌 페루 첫 대통령으로 취임사에서 "부패 없는 나라와 새 헌법을 페루국민에 맹세한다"고 약속했다. 그러나 연이은 인사참사에 정국불안이 커지면서 취임 8개월도 안 된 상황에서 2차례 탄핵위기를 맞았다. 또한 각종 부정부패 의혹에 시달리며 검찰 수사 대상에까지 이름을 올렸다. 국가사업을 특정 업체에 밀어주는 데 관여했다는 의혹으로 검찰 예비조사를 받은 것을 비롯해 논문표절 등 모두 6건의 범죄가능성이 제기된 것이다.

페루 첫 여성 대통령 탄생 … 사회는 양극으로 갈려

탄핵 가결 후 페루정부는 규정에 따라 디나 볼루아르테 부통령이 곧바로 대통령직을 이어받았다고 밝혔다. 7일 오후 4시께 취임선서를 한 볼루아르테 신임 대통령은 카스티요 전 대통령 나머지 임기(2026년 7월) 동안 정부를 이끌게 된다. 페루 역사상 첫 여성 대통령이다. 볼루아르테 대통령은 "우리나라가

처한 위기를 극복하기 위해 정치적 휴전을 요구한다"며 "정파를 떠나 민심을 추스를 수 있는 새로운 내각이 구성될 것"이라고 말했다.

대통령 탄핵가결 후 시민들은 찬반집회를 개최하는 등 극심한 혼란양상을 보였다. 이런 상황 속에서 페루 경찰은 이날 오후 "페드로 카스티요를 구금했다"는 트윗을 올렸다. 구체적인 경위는 확인되지 않았지만, 경찰은 국가기관 중 처음으로 카스티요를 '전 대통령'으로 언급하며 의회 해산시도에 대한 혐의점을 잡고 조사할 방침인 것으로 전해졌다.

한편 현직 대통령에 대한 페루의회의 탄핵소추안이 통과된 것은 이번이 7번째다. 특히 2000년 11월 탄핵으로 면직된 알베르토 후지모리 전 대통령을 제외한 6건은 최근 5년 사이에 벌어졌다. 2016년에 취임한 페드로 파블로 쿠친스키 전 대통령은 2018년 3월 탄핵안 가결 하루 전 스스로 사임했다. 당시 부통령으로서 직을 승계한 마르틴 비스카라 전 대통령은 2020년 11월 의회에서 탄핵안이 의결돼 면직됐으며, 이를 계기로 페루는 닷새 동안 3명의 대통령을 맞는 혼란을 겪었다.

디나 볼루아르테 신임 페루 대통령

19위

중소기업 비정규직 40% 상회 … 대기업과 격차 통계작성 이래 최대

중소기업 근로자 중 비정규직 비중이 40%를 웃도는 것으로 나타났다. 대기업과의 비정규직 비중격차는 관련 통계작성 이후 최대로 벌어졌다. 최근 10년 동안 중소기업의 비정규직 비중 증가폭은 대기업을 크게 앞질렀다.

10년 동안 중소기업 비정규직 비중 5.5%p↑

12월 5일 통계청이 발표한 **경제활동인구*** 근로형태별 부가조사를 보면 종사자 300인 미만 중소기업의 2022년(매해 8월 기준) 비정규직 근로자는 767만 9,000명으로 중소기업 전체근로자의 41.1%에 달했다. 이 비중은 비정규직 통계가 작성되기 시작한 2003년 이후 40% 선을 줄곧 밑돌다가 2021년(41.7%)에 처음으로 40% 선을 돌파했고, 2022년에도 40% 선을 웃돌고 있다. 2021년에는 코로나19 여파로 정규직이 전년 대비 12만 7,000명 줄어든 대신 비정규직은 58만 6,000명 늘어 비정규직 비중이 커졌다. 2022년에는 정규직 37만 1,000명, 비정규직 9만명이 각각 늘며 비중이 다소 작아졌다.

경제활동인구

총인구 중 경제활동이 가능한 만 15세 이상의 인구를 노동가능인구로 보았을 때 그중 노동을 제공할 의사와 능력이 있어 경제활동에 기여할 수 있는 인구를 경제활동인구라 한다. 이미 취업한 취업자와 취업할 의사가 있는 실업자를 모두 포함한다. 반면 육아, 가사, 교육, 연로, 심신장애 등으로 경제활동을 할 수 없는 인구를 비경제활동인구라고 한다.

이에 반해 2022년 종사자 300인 이상 대기업의 비정규직 근로자는 47만 8,000명으로 대기업 전체 근로자의 15.6%에 그쳤다. 이 비중은 2019년 15.8%, 2020년 15.7%에서 2021년 코로나19 여파로 17.1%

로 커졌다가 2022년 15.6%로 다시 줄었다. 2022년 중소기업과 대기업의 비정규직 비중격차는 25.5%포인트(p)로 관련 통계가 작성된 2003년 이후 가장 컸다. 격차는 2019년 23.7%p, 2020년 23.8%p, 2021년 24.6%p에 이어 2022년 더 커졌다.

중소기업·대기업 비정규직 비중 격차 계속↑

중소기업 비정규직 비중은 2012년 35.7%에서 2022년 41.1%로 5.5%p 상승했고 같은 기간에 대기업 비정규직 비중은 14.5%에서 15.6%로 1.1%p 올랐다. 2022년 중소기업 비정규직 비중을 10년 전과 비교하면 중소기업 증가폭은 대기업의 5배에 달한다. 2022년 중소기업 비정규직 근로자는 10년 전 대비 203만 2,000명(36.0%) 증가했지만, 정규직 근로자는 80만 3,000명(7.9%) 증가에 그쳤다. 대기업은 정규직이 77만 7,000명(43.1%) 늘었고, 비정규직은 17만 1,000명(55.7%) 증가했다.

대기업·중소기업 비정규직 비중 추이

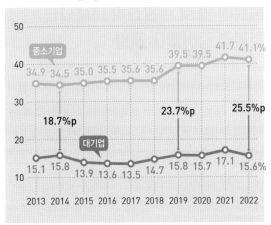

자료 / 통계청

중소기업이 대기업과 비교해 비정규직 비중이 크고 그 격차도 계속 벌어지는 것은 중소기업의 경영 불확실성에 대한 우려와 임금부담 등이 적지 않기 때문으로 보인다. 물가, 고환율, 고금리 등을 버티지 못한 중소기업들이 노동시장 악화와 맞물려 경기침체 권역으로 예상보다 빠르게 접어드는 시장환경 속에서 임금지급에 부담을 느끼고 비정규직을 채용하고 있는 것이다. 노민선 중소벤처기업연구원 연구위원은 "중소기업도 인력수요는 계속 생기지만 불확실성으로 경영이 지속가능할 것인가에 대한 불안감이 있다 보니 정규직 채용으로 체계적으로 대응하기보다 비정규직을 채용하는 상황이 생기는 것 같다"고 설명했다.

한편 2021년 고용형태별 근로실태조사 결과를 보면 중소기업 노동자 임금은 월평균 245만원으로 대기업 노동자 월평균 소득 515만원의 56.3% 수준이었으며, 비정규직 노동자 임금은 정규직 노동자 임금의 72.4%였다.

음료에 안 젖고 완전히 분해되는 친환경 종이빨대 개발

한국화학연구원(화학연) 오동엽·곽호정 박사팀과 서강대 박제영 교수팀은 음료에 젖지 않아 쉽게 눅눅해지지 않으면서 토양·해양에서 완전히 생분해되는 친환경 종이빨대를 개발했다고 12월 6일 밝혔다. 새로 개발된 친환경 종이빨대는 대량으로 생산하기도 쉬워 향후 플라스틱빨대 규제에 발 빠르게 대응할 수 있을 전망이다.

종이와 같은 성분으로 만든 코팅물질 적용

현재 사용되는 100% 종이성분인 종이빨대의 경우 액체에 닿아 눅눅해지기 때문에 폴리에틸렌(PE)이나 아크릴수지로 표면을 코팅한다. 폴리에틸렌(PE)은 비닐봉투나 접착제와 같은 물질이다. 이 때문에

분해되지 않고 작은 입자로 떨어져 나와 미세플라스틱을 생성시킬 수 있다는 보고가 있다. 또한 폴리에틸렌으로 종이빨대를 코팅하는 경우 종이에 플라스틱이 코팅된 상태이므로 종이와 플라스틱 모두 재활용이 어렵다. 게다가 사용 시에도 음료에 오래 담가두면 눅눅해지며, 종이빨대 표면의 특성 때문에 탄산음료를 마실 때 거품이 많이 발생한다.

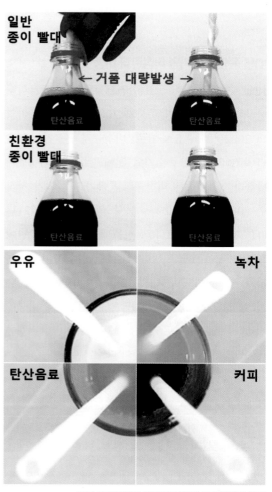

기존 종이빨대와 개선된 친환경 종이빨대의 비교

연구팀은 대표적 생분해 플라스틱인 폴리부틸렌 숙시네이트를 합성한 후 여기에 셀룰로스 나노크리스탈을 소량첨가해 새로운 코팅물질을 만들었다. 주성분*이 종이와 같은 셀룰로스 나노크리스탈은 종이빨대를 코팅할 때 종이 표면과 생분해 플라스틱을

단단히 붙여주는 역할을 한다. 기존 종이빨대의 경우 코팅 시 플라스틱을 단단히 붙여주는 역할을 하는 물질이 없었기 때문에 플라스틱이 표면에 균일하게 코팅되지 않아 빨대가 음료에 닿으면 쉽게 눅눅해지고, 탄산음료에 넣으면 거품이 쉽게 일어났다. 이는 코팅 플라스틱 부분은 물을 밀어내는 반면 코팅되지 않은 종이 부분은 물과 쉽게 결합하여 종이빨대의 불균일한 표면이 탄산음료에 부딪치기 때문이다. 그런데 연구팀이 새로 개발한 종이빨대는 코팅물질과 종이의 성분이 같아 코팅물질이 균일하고, 단단하게 붙어 쉽게 눅눅해지지 않으며, 탄산음료와 만났을 때 거품도 많이 일으키지 않는다. 무엇보다도 코팅물질 자체가 종이와 생분해 플라스틱이기 때문에 100% 썩어 없어진다.

코팅물질 주 성분

- **폴리부틸렌 숙시네이트**
  PBS(Poly Butylene Succinate)라고도 하며, 석유계 폴리프로필렌과 유사한 물성을 보이는 폴리에스터 계열의 생분해성 바이오플라스틱이다.

- **셀룰로오스 나노크리스탈**
  자연계에서 가장 많은 고분자(하나의 길이나 무게가 물 분자의 수십·수백배 되는 거대한 분자)인 셀룰로오스를 직경 10~20nm, 길이 200nm인 나노입자로 만들어서 표면적을 넓힌 소재다.

잘 구부러지지 않고, 폐기 후 분해도 잘 돼

연구팀은 새로 개발된 종이빨대가 뜨거운 음료 속에서도 일정한 성능을 유지하는 것을 확인했으며, 물·차·우유·탄산음료 등 다양한 음료에 넣어 오랫동안 사용해도 눅눅해지거나 구부러지지 않는 것을 확인했다. 눅눅해진 정도를 실험한 결과 기존의 종이빨대는 찬물(5도)에 1분간 담갔다 꺼낸 후 약 25g 무게 추를 걸었을 때 심하게 구부러졌지만, 새로 개발된 종이빨대는 같은 조건에서 50g 이상의 추를 올려도 잘 구부러지지 않았다.

이 빨대는 바다에서도 분해가 잘 되는 것으로 나타났다. 보통 바다는 온도가 낮으며 염도가 있어 미생물 증식이 어렵다. 이 때문에 토양에서보다 플라스틱이나 종이의 분해가 훨씬 느리다. 연구팀은 빨대 샘플을 수심 1.5~2m 깊이에 담가 해양환경에서 얼마나 빨리 분해되는지 실험했는데, 60일 동안 담가두자 무게가 50% 이상 감소하고, 120일 후에는 완전히 사라졌다. 기존 일반 종이빨대는 120일 후에도 형체를 보존했고 무게도 5%만 줄었다.

잘 구부러지지 않는 친환경 종이빨대

오동엽 박사는 "본 기술은 플라스틱시대에 사는 우리가 나아가야 할 방향을 제시한 작은 사례"라며 "자주 사용하는 플라스틱빨대를 종이빨대로 바꾼다고 그 효과가 즉각 나타나진 않겠지만 시간이 지나면 그 차이는 클 것"이라고 말했다. 더불어 "사용하기 편한 일회용 플라스틱부터 다양한 친환경 소재로 차근차근 바꾸면 미래 환경은 훨씬 나아질 것"이라고 했다. 이번 연구결과는 2022년 11월 21일 국제학술지 '어드밴스드 사이언스(Advanced Science)'에 게재됐다. ᄉ대

한 달 동안 화제의 뉴스를 간단하게!
간추린 뉴스

2023년 6월부터 '만 나이' 사용한다

2023년 6월부터 사법과 행정 분야에서 '만 나이' 사용이 통일된다. 현재 법령상 나이는 민법에 따라 만 나이로 계산하는 것이 원칙이지만, 일상생활에서는 출생한 날부터 바로 한 살로 여겨 매해 한 살씩 증가하는 이른바 '세는 나이'를 사용하고 있다. 또한 일부 법률에선 현재연도에서 출생연도를 뺀 '연 나이'를 기준으로 하고 있다. 그간 이런 나이계산과 표시방식의 차이로 인해 사회복지 · 의료 등 행정서비스 제공 시 혼선이 빚어질 수 있다는 지적이 많았다. 해당 민법 · 행정기본법률 개정안에서는 나이계산 시 출생일을 포함하고, 만 나이로 표시할 것을 명시했다.

한동훈 법무부 장관, "상호주의 없는 외국인 투표권, 민의 왜곡돼"

한동훈 법무부 장관이 2022년 12월 1일 영주자격이 있는 외국인에게도 지방선거 투표권을 주는 현행 선거제도 개편의사를 밝혔다. 한 장관은 "우리 국민은 영주권을 가져도 해당국 투표권이 없는데 상대 국민은 우리나라에서 투표권을 갖는다"며 "상호주의 원칙 고려가 없는 외국인 투표권은 민의를 왜곡할 수 있다"고 지적했다. 이어 "의무거주조건이 없어 영주권을 딴 외국인이 자국으로 돌아가도 투표권을 갖게 되는 불합리를 해소하기 위한 방안을 검토 중"이라 밝혔다. 권성동 국민의힘 의원은 국내 거주 외국인에 대한 투표권 제한을 담은 '공직선거법 개정안'을 발의했다.

지난 2018년 지방선거에서 투표하는 외국인

애플페이, 금감원 약관심사 완료 ··· 2023년 초 출시될 듯

애플사의 비접촉식 간편결제시스템인 애플페이가 2023년초께 대형 유통 카드가맹점을 중심으로 국내에 도입될 전망이다. 2022년 12월 5일 금융당국과 카드업계의 발표에 따르면 금융감독원(금감원)은 이날 애플페이의 약관심사를 완료했다. 금감원 관계자는 "약관상 문제가 없어 수리를 완료했다"며 "다만 약관 외 추가로 검토할 사항이 있어 당장 서비스 출시가 가능한 상황은 아니다"라고 말했다. 금융당국은 애플페이서비스에 필요한 근접무선통신(NFC) 호환 신용카드 단말기의 보급 관련 이슈를 추가로 들여다보고 있는 것으로 전해졌다.

빈 살만 사우디 왕세자 방한 ··· 제2의 중동특수 기대

빈 살만 왕세자와 환담하는 윤석열 대통령

2022년 11월 17일 무함마드 빈 살만 사우디아라비아 왕세자가 방한했다. 윤석열 대통령은 빈 살만 왕세자와 대통령 관저에서 회담과 오찬을 하며 에너지·방위산업·인프라·건설 분야에서 양국협력을 강화하기로 했다. 또 '전략파트너십 위원회'를 신설하고 양국 간 협력사업을 추진하기로 했다. 사우디는 원자력발전, 방위산업 등에서도 협력을 희망하고 있어 '제2의 중동특수'가 기대된다. 왕세자 방한을 계기로 한국기업은 사우디정부·기업·기관과 26개 프로젝트와 관련된 계약 및 업무협약(MOU)을 맺었다. 총 사업 규모는 300억달러(40조원)로 추산된다.

금융취약층에게 중도상환수수료 면제키로 ··· 최저 4%대 금리 보금자리론

정부와 여당이 취약계층의 금융부담을 덜어주기 위해 5대 시중은행 등 은행대출에 대해 중도상환수수료 한시 면제를 추진한다. 또한 최저 4%대 금리의 '특례보금자리론'을 2023년부터 1년간 한시 공급한다. 성일종 국민의힘 정책위의장은 "싼 금리로 바꾸려해도 중도상환수수료율이 높기 때문에 바꿀 수 없는 경우가 많다"며 "금융취약계층에 한정해서라도 중도상환수수료를 면제할 수 있도록 5대 시중은행을 비롯한 은행권에 정중하게 요청한다"고 밝혔다. 또 코로나19로 어려움을 겪은 소상공인에게도 수수료 면제를 적용토록 은행권에 요청했다고 전했다.

농식품부, 동물복지 강화 위한 '동물복지법' 만든다

정부가 동물의 복지수준을 높이기 위한 법적기반을 마련하기 위해 현행 동물보호법을 '동물복지법'으로 바꾼다. 동물복지법을 마련해 동물을 기르는 사람의 돌봄의무를 강화하고 동물학대를 막을 수 있도록 선진국 수준으로 제도를 정비한다는 방침이다. 현재 미국, 영국, 독일 등이 동물복지법 체계를 갖추고 있다. 농림축산식품부는 2023년 관련연구를 진행하고 2024년에는 법안을 발의할 계획이다. 기존 동물보호 국민의식조사도 2023년 '동물복지 국민의식조사'로 개편하고, 2024년까지 동물복지 관련 정보를 통합·관리할 수 있는 국가동물보호정보시스템도 구축한다.

2022년 교원평가 논란에 교육부, "개선하겠으나 폐지계획은 없어"

교원평가 폐지를 촉구하는 전국 교직원노동조합

지난 2022년 12월 4일 세종시의 한 고등학생이 교원능력개발평가(교원평가) 문항에 교사의 신체부위를 비하하는 문구를 써 논란이 됐다. 교육부는 다음 날 "부적절한 답변으로 교원들이 피해를 본 사건에 깊은 유감을 표한다"며 "서술형문항 필터링시스템 전반을 개선해 재발방지에 노력하겠다"고 밝혔다. 교원평가는 매년 11월 교사의 학습·생활지도에 대한 학생과 학부모의 만족도를 점검표와 자유서술형으로 평가하는 방식이다. 교원노조는 교원평가가 실효성이 없고 '합법적 악플'을 조장한다며 폐지를 촉구했으나, 교육부는 교원평가 폐지에는 선을 그었다.

연간 365회 넘게 병원 찾은 2,550명 … "건보료 멍들어"

12월 7일 건강보험당국의 외래이용 현황통계를 보면 2022년 외래의료 이용횟수가 연간 365회를 넘는 사람이 2,550명이나 됐다. 병원을 말 그대로 '제집 드나들 듯' 방문한 사람이 이렇게 많은 것인데, 건강보험 재정이 타격을 입는 셈이어서 대책 마련이 시급하다. 이들에 대해 국민건강보험공단 재정에서 급여비로 투입한 액수는 251억 4,500만원에 달했다. 이들의 1인당 연간 급여비는 평균 986만 1,000원 수준이다. 이처럼 과도하게 의료기관을 이용하는 사람이 많은 것은 병·의원에 다니며 '의료쇼핑'하는 사람들이 그만큼 만연해 있다는 의미다.

정부, "2050년에 유인 우주수송 목표 달성할 것"

정부가 2032년 달 착륙, 2045년 화성 무인착륙 목표를 밝힌 데
이어 2050년에 유인 우주수송을 달성하겠다고 포부를 밝혔다.
2035년부터는 선진 강대국들의 달기지 건설에도 참여해 우주강
국으로서 어깨를 나란히 한다는 목표도 세웠다. 과학기술정보통
신부는 2022년 11월 30일 우주개발 기본계획 초안을 발표하며,
우주탐사확대, 우주수송완성, 우주산업창출, 우주안보확립, 우
주과학확장이라는 5대임무달성을 목표로 내세웠다. 이를 위해
2022년 7,340억원이던 우주개발예산을 2027년 1조 5,000억원,
2030년대에는 2조 1,000억원 이상으로 꾸준히 늘리기로 했다.

2022년 7월 누리호 연구진과 만나 대화하는 윤석열 대통령

'김장문화'를 '파오차이문화'로 번역하는 구글

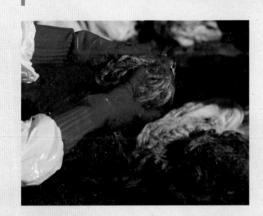

서경덕 성신여대 교수는 12월 5일 소셜미디어에서 "구글 번역기
와 네이버 파파고에서 '김장문화'라는 단어를 넣으면 중국어로 '泡
菜文化(파오차이)'라는 결과가 나온다"고 밝혔다. 파오차이는 중
국 쓰촨성 지역의 채소절임식품을 일컫는다. 서 교수는 "김치와
파오차이는 엄연히 다른 음식이지만, 중국은 최근 우리의 문화적
아이콘인 김치를 파오차이에서 유래했다고 계속 알리고 있다"며
"이럴수록 우리는 기본적인 김치의 표기와 번역부터 올바르게 고
치는 것이 중요하다"고 강조했다. 문화체육관광부는 2021년 '김
치'의 올바른 중국어 표기를 '辛奇(신치)'로 명시한 바 있다.

2022년의 사자성어 '과이불개' … "잘못하고도 고치지 않는다"

교수신문이 2022년 한 해 한국사회를 표현한 사자성어를 주제
로 전국 대학교수 935명에게 설문조사를 진행한 결과 '과이불개
(過而不改)'가 득표율 1위를 차지했다고 12월 11일 밝혔다. '잘못
하고도 고치지 않는다'는 뜻이다. 논어의 '위령공편'에서 처음 등
장하는데, 공자는 '과이불개 시위과의(是謂過矣) ; 잘못하고도 고
치지 않는 것, 이것을 잘못이라 한다'라고 했다. 선정이유에 대해
한 교수는 "우리 지도층 인사들의 정형화된 언행을 잘 보여주는
말"이라며 "여당·야당 막론하고 잘못이 드러나면 '전 정부는 더
잘못했다'고 말하고 도무지 고칠 생각을 하지 않는다"고 밝혔다.

過而不改

2023학년도 수능
시험부터 성적 배부까지

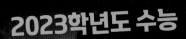

2022년 11월 17일 2023학년도 대학수학능력시험이 전국 84개 시험지구 1,370여 개 시험장에서 일제히 시작됐다.

수능을 마친 수험생들은 대체로 국어 영역이 쉬웠고, 수학 영역은 다소 어려웠다고 입을 모았다. 영어 영역의 경우 체감 난이도는 엇갈렸다.

핵심 브리핑

11월 17일 치러진 대학수학능력시험의 통지표가 12월 9일 전국 수험생들에게 배부됐다. 교육부와 한국교육과정평가원은 "2022학년도보다 국어가 쉬웠고 수학은 비슷한 수준에서 어렵게 출제됐다"고 전했다. 이에 따라 수학 점수가 당락을 결정할 것이라는 평가가 나왔다. 한편 이번 수능 만점자는 3명이며 모두 이과에서 나온 것으로 알려졌다. 시대

수능이 끝이 아니었다. 시험 이튿날 수시전형에 응시한 수험생들은 논술고사를 치르기 위해 지원대학에 모여들었다.

학부모들은 지원전략을 듣기 위해 입시학원 설명회에 참석했다. 2023년도 수능에서도 이과 학생들에게 유리한 구조가 재현됐다는 평가가 나왔다.

12월 9일 수능 성적표가 배부됐다. 수시 합격여부통보는 12월 15일까지 진행됐으며, 정시 원서접수는 12월 29일부터 시작됐다.

주요 입시학원에 따르면 최상위권은 변환 표준점수를 꼭 확인하고, 중상위권의 경우 교차지원을 염두에 두어야 한다고 조언했다.

미국·영국에서는 주소지 없어도
사회보장급여 신청할 수 있다?

What?

생활고에 시달리던 취약계층이 국가지원을 받지 못한 채 세상을 떠나는 사건이 잇따르면서 '복지사각지대'에 대한 관심이 커지고 있다. 정성철 빈곤사회연대 사무국장은 "우리나라는 주소지를 기반으로 사회보장제도를 신청하게 돼 있어 미국·영국과 같이 주소지가 없더라도 신청할 수 있도록 변화가 필요하다"고 지적했다.

세 모녀를 죽음으로 몬 복지사각지대

지난 2022년 8월 투병생활과 생활고에 시달리면서도 국가지원을 받지 못하고 세상을 떠난 '수원 세 모녀 사건'이 발생하면서 사회보장시스템을 전반적으로 개선할 필요성이 제기됐다. 정부는 11월 24일 '복지사각지대 발굴·지원체계 개선대책'을 발표하며 위기가구를 더욱 정확하게 찾아내기 위해 발굴기준을 개인단위에서 세대단위로 바꾸고 생애주기, 지역 특성도 반영하기로 했다.

이를 두고 일각에서는 미국이나 영국과 같이 주소지가 없더라도 사회보장제도를 신청할 수 있도록 제도의 변화가 필요하다는 의견도 제기됐다. 그렇다면 실제 해외에선 거주지주소를 등록하지 않고도 생활보조금 같은 사회복지혜택을 받을 수 있을까?

거주지 불명해도 우리나라도 지원받을 수는 있어

먼저 우리나라의 현 제도를 살펴보자. 생활이 어려운 사람의 최저생활 보장을 지원하기 위해 제정돼 2000년 10월 1일 시행된 우리나라 '국민기초생활보장법' 19조에는 생계, 주거, 의료 등 기초생활급여를 지급하는 보장기관은 수급자가 실제 거주하는 지역의 지방자치단체로 돼 있다. 이 조항대로라면 생계급여 수급권자는 거주지에서 급여를 신청해야 받을 수 있다. 이때 거주지는 주민등록상 주소지와 일치해야 한다.

다만 제도상으론 실거주지와 등록된 주소지가 다르거나, 일정한 거주지가 없는 사람도 기초생활급여를 신청할 수 있는 길이 없는 건 아니다. 거주불명 등록이 됐거나 주소확인이 불가능한 사람, 주민등록지와 실제거주지가 다른 사람, 비닐하우스·쪽방 등에 거주하는 사람, 노숙인 등을 위한 별도의 지원절차가 마련돼 있다. 이러한 경우 최소 1개월 이상 생활한 사실을 확인받아야 기초생활급여를 신청할 자격이 생긴다. 다만 주민등록이 된 사실이 확인돼야 하는데, 확인이 불가능한 경우 사회복지전산번호를 부여해 관리한다.

그러나 주거가 일정치 않은 취약계층에게 등록된 주소지부터 요구하는 운영방식이 현실에서는 도움이 필요한 사람들을 복지사각지대로 밀어내는 결과를 낳는다는 지적이 나온다. 당장 주소지가 없거나 주소지를 밝히지 못하는 사람은 복지혜택을 받을 수 없기 때문이다. 또한 주거지가 없는 노숙자의 경우 임시거처를 구하기 어려운 현실은 제쳐둔 채, 1개월 이상 거주해야 기초생활급여를 지급하는 현 제도에는 물음표가 붙을 수밖에 없다.

미·영은 주소지 없이도 혜택받아

반면 영국과 미국에서는 취약계층이 등록된 주소지가 없어도 사회보장급여를 신청해 국가지원을 받을 수 있는 것으로 파악됐다. 영국은 2014년부터 기존의 복잡한 복지제도를 개선해 6개 복지수당과 다양한 공제제도를 하나로 합친 '통합수당(유니버설 크레딧)' 제도를 도입해 운영하고 있다. 영국정부 웹사이트에 게시된 안내문에 따르면 통합수당 신청자에게 일정한 주소가 없는 경우 가족이나 지인, 호스텔, 직업안내소의 주소를 임시주소로 활용할 수 있도록 했다.

미국은 65세 이상이거나 장애를 가진 저소득층에게 일정액을 지원하는 생활보조금(SSI)제도와 장애인들의 생활비를 보조하는 사회보장장애보험(SSDI) 제도를 운영한다. 미국 연방사회보장국은 웹사이트에 이 두 제도에 따른 급여를 신청할 때 노숙인도 노숙인이 아닌 사람과 동등한 권리를 갖는다고 명시해 놨다. 또 생활보조금을 받는 데 주소나 주거지는 필요 없고, 신청인에게 서류를 전달하기 위한 우편물 배달지를 보호기관으로 설정할 수 있다는 설명도 덧붙였다.

우리나라 제도문턱을 낮추는 것이 필요해

올리비에 드 슈터 국제연합(UN) 극빈·인권특별보고관은 사회보장제도를 빈곤층이 처한 다면적인 현실에 맞게 개선하기 위한 방안을 언급하면서 "노숙인이나 사회보호시설 거주자에게 주민등록과 주소를 요구하는 것은 문제가 있다"고 지적했다. 해외사례와 비교했을 때 현행대책만으로는 복지사각지대를 없애는 데 한계가 있음을 시사한다. 정부와 지방자치단체는 건강보험료나 공과금연체 정보 등을 바탕으로 거주불명상태의 취약계층을 더 철저히 찾겠다는 입장이다. 그러나 도움이 필요한 당사자들 스스로 어려움 없이 지원을 요청할 수 있도록 제도의 문턱을 낮추기 위한 노력이 보다 필요해 보인다. 시대

Fact!

미국과 영국에서는 취약계층이나 주거가 불분명한 저소득층이 별도의 주소지 등록 없이도 임시주소를 사용해 지원을 받을 수 있도록 하고 있다.

이제 만 나이로!
한국식 나이 역사 속으로

법무부와 법제처는 2022년 12월 8일 민법 일부개정법률안과 행정기본법 일부개정법률안이 국회 본회의를 통과했다고 밝혔다. 하루 전인 7일 열렸던 국회 법제사법위원회(법사위) 전체회의에서 의결했던 사항이다. 이번 민법 개정안에는 '만 나이' 표현을 명시하고, 출생일을 포함해 나이를 계산하되 출생 후 만 1년이 지나기 전에만 개월 수로 표시하도록 했다. 행정기본법 개정안에도 행정 관련 나이계산을 만 나이로 통일하는 내용이 담겼다. 이로써 태어나자마자 먹었던 나이만큼 1~2살 젊어지게 됐다.

우리나라는 지금껏 '세는 나이'와 '만 나이', '연 나이' 방식을 혼용해 사용해왔다. 세는 나이는 출생일로부터 1살이 되고 다음 1월 1일이 되면 1살씩 증가시키는 방법으로 일상에서 통용돼왔다. 반면 만 나이는 대부분 국가에서 통용되는 나이계산법으로 출생 직후 0살에서 시작해 생년월일을 기점으로 1년이 지날 때마다 1살씩 늘어나는 방법이고, 연 나이는 현재연도에서 출생연도를 뺀 나이로 '0살'부터 출발해 해가 바뀌면 1살씩 올라가는 방식이다. 이를 적용하면 우리나라에서 2000년 10월 10일에 태어난 사람은 2023년 1월 1일을 기준으로 했을 때 세는 나이로는 24살, 연 나이로는 23살, 만 나이로는 22살이 된다.

우리나라 나이 계산법

세는 나이	태어날 때 1살. 새해마다 +1
만 나이	태어날 때 0살. 생일마다 +1
연 나이	현재연도 – 태어난 연도

2021년 5월생의 나이(2023년 1월 기준)

세는 나이	만 나이	연 나이
세 살	**한 살**	**두 살**

문제는 현행법에서 사용되는 나이계산법이 다르다는 것이다. 우리나라는 1962년부터 민법상 공식적으로 만 나이를 쓰고 있으나 일부 법률에서는 현재연도에서 출생연도를 뺀 연 나이를 적용해 일부 혼란의 여지가 있었다. 세금·의료·복지의 기준으로는 만 나이를 적용하고, 청소년보호법이나 병역법 등에서는 연 나이를 기준으로 법률을 적용해온 것이다. 특히 코로나19 상황에서 방역패스는 연 나이가 기준인 반면 백신접종은 만 나이를 적용해 혼란이 빚어지기도 했다. 노사 단체협약상 임금피크제 적용 연령으로 적혀 있는 '56세'를 어느 나이로 해석할 것

인지를 놓고 벌어진 법적 분쟁이 대법원까지 간 사례도 있다.

하지만 이번 개정안으로 모든 행정에 관한 나이계산은 다른 법령에 따른 특별규정이 있는 경우를 제외하면 만 나이 적용으로 통일하게 됐다. 이로써 개정안이 시행되는 오는 6월부터는 현재 통용되는 '세는 나이'보다 최대 2살까지 어려진다. 이것은 지난 4월 11일 새 정부 출범 한 달을 앞두고 대통령직인수위원회(인수위)가 "윤석열 대통령 당선인 공약에 따라 사회적 나이계산법을 '만 나이' 기준으로 통일하는 방안을 추진하겠다"고 밝힌 것의 후속조치다.

국제표준인 '만 나이'로 나이셈법을 통일시켜 행정적·사회적 혼란을 줄이겠다는 취지로 인수위는 2023년 초까지 관련 법 정비를 마치겠다고 했고, 다만 1월 1일 기준으로 연 나이가 적용되는 청소년보호법(술, 담배 관련)과 병역의무자를 규정한 병역법은 현행 규정을 유지하되 개정 필요성을 면밀히 검토하겠다고 덧붙인 바 있다. 이 때문에 과연 '한국식 나이 셈법'이 사라지게 될지에 세간의 관심이 쏠렸다. 일각에서는 우리나라 고유의 문화와 관습의 영역을 정부가 바꾸면 혼란만 커진다는 우려도 제기됐지만, '만 나이 통일' 공약에 대한 국민의 공감대가 크고 제도변경에 따른 사회·경제적 효율성도 높을 것으로 전망되면서 예상보다 이르게 시행하게 됐다.

법마다 다른 나이 … 이제는 하나로 통일

❖ 한 사람에게는 하나의 나이만
❖ 제도적·법적 혼란 사전 차단
❖ 국제사회에 발맞춘 합리적 선택

'만 나이 통일'의 공감대 형성에는 코로나19 영향이 크다. 2021년 12월 초 정부는 "오는 2022년 2월부

터 코로나19 예방접종을 한 12세에서 17세 청소년은 학원 등에 출입이 가능하도록 하는 방역패스를 적용하겠다"고 발표했다. 이때 정부가 지칭한 적용대상은 만 12세였지만, 일상에서 흔히 사용하는 세는 나이 12세, 즉 만 10세에서 만 11세 사이의 자녀를 둔 부모들 사이에서 혼선이 발생하면서 공공기관에 문의가 쏟아졌다.

또한 18세 이하는 백신 접종증명이나 음성확인서(백신패스)가 없어도 시설 이용이 가능하도록 한 데 있어서도 방역패스는 연 나이를, 백신접종 연령은 만 나이를 적용해 혼란을 야기했다. 이처럼 나이에 따른 백신 접종대상과 진료, 치료방법, 정부의 지원 등이 다른 가운데 일상에서 관습적으로 사용하는 세는 나이와 정부공문서 등에서 사용하는 만 나이, 혹은 연 나이의 혼선이 정부의 코로나19 정책 발표 때마다 빈번히 발생했던 것이다.

이런 혼란은 한때 여론조사에서 성인 남녀 70% 이상이 '만 나이'로 통일하는 것에 찬성하는 데 큰 영향을 줬다. 한국리서치가 2021년 12월 24일부터 27일까지 성인 1,000명을 대상으로 진행한 여론조사에서 10명 중 7명이 한국식 나이를 폐지하고 '만 나이'를 사용하는 것에 찬성하는 것으로 나타났다.

소위 출생년도 앞에 '이른' 또는 '빠른'을 붙이게 된 것도 여러 나이가 혼재하기 때문에 생긴 혼란이었다. 2009년 초·중등교육법이 개정되기 전 입학시점이 3월 기준이었을 때 만 나이가 같은 3~12월생과 이듬해 1, 2월생이 같은 학년이 됐는데, 이 때문에 '동갑' 개념에 혼란이 발생했다. 즉, 사회적으로는 세는 나이를 기준으로 출생연도가 같은 이들을 동갑으로 취급했기 때문에 발생한 일이었다.

나이계산법 관련 법적 분쟁 및 불편 사례

노사단체 협약	임금피크제 적용연령으로 규정된 56세를 원심법원은 '만 56세'로 해석했지만, 대법원은 '만 55세'로 해석
자동차보험 계약	연령한정 운전특약 적용연령은 약관상 '만 나이'로 계산하지만, 별도 설명 없이 '세는 나이'로 해석하고 계약해 실제 사고 시 보상금 받지 못함
코로나19 백신접종	아스트라제네카 백신접종을 권장하지 않는 '30세(연 나이) 미만'의 해석을 두고 병원현장에서는 연 나이와 만 나이로 혼동

사회적으로 큰 반향을 일으킨 사건도 있었다. 남양유업의 경우 임금피크제 적용 나이 56세가 한국식 세는 나이인지 만 나이인지를 두고 노사가 6년 넘게 법적 공방을 이어간 것이다. 결과적으로 1심과 2심의 판단은 엇갈렸으나, 지난 3월 대법원은 이를 만 55세로 해석했다. 그 외에도 또 외국인과의 소통에서 정보전달의 혼선이 생기고, 12월 출산을 기피하는 등 부작용이 발생해왔다.

오래된 우리만의 문화 … 꼭 없애야 할까

❖ 태아를 하나의 인간으로 보는 우리만의 미덕
❖ 오래된 관습·규정의 변화는 오랜 시간 필요
❖ 세는 나이는 '틀린 것'이 아니라 '다른 것'

개정안 통과로 6월 시행을 앞두게 됐지만, 과정이 순탄했던 것은 아니다. 2018년 6월과 2019년 1월,

'만 나이' 통일 여론조사

조사기간 : 2021.12.24.~27.

71%
15%
14%

● 찬성(매우+그런 편)
● 반대 (매우+그런 편)
● 모르겠다

자료 / 한국리서치

공문서에 만 나이 기재를 의무화하는 등의 내용이 담긴 '연령 계산 및 표시에 관한 법률안'이 국회 행정안전위원회에 각각 발의됐지만 결국 국회를 통과하지 못했다. "일상생활에 미치는 영향이 큰 사안인 만큼 사회적 합의가 우선될 필요가 있다"는 것이 이유였다. 공문서는 이미 만 나이를 사용하고 있어 굳이 표준화할 필요가 없다는 지적도 있었다. '표준화'가 오히려 사회적 혼란을 가중시킨다는 이유에서였다.

전통을 파괴한다는 목소리도 컸다. 우리는 예로부터 설날 떡국을 먹고 '떡국 먹었다'는 말로 '한 살 더 먹었다'는 의미를 표현했듯 세는 나이는 그 자체로 오랜 우리 문화 중 하나고, 지금껏 큰 불편 없이 사용해왔다는 것이 이유다. 단지 다른 나라가 우리와 다르게 계산한다는 이유만으로 하루아침에 없애는 것은 지나친 조치라는 비판도 나왔다. 2014년 시행된 도로명 주소가 8년 여가 흐른 지금도 완전히 정착하지 못했다. 오랜 세월 정착된 것을 바꾸는 데는 그만큼 유예기간이 필요하다는 주장이다. 주소처럼 근현대에 와서 생겨난 새로운 체계가 아니라 훨씬 이전부터 전통으로 굳어진 세는 나이를 바꾸는 데는 꼭 그만큼의 고민과 시간이 요구되는 일이라는 것이다.

무엇보다 세는 나이는 '인간의 생명을 언제부터 인정하느냐'는 철학적인 문제와 직결돼 있다. 세상에 나오자마자 1살이 되는 것은 '어머니 배 속에서 있는 10달 동안의 태아를 인간으로 인정'하기 때문이다. 따라서 설사 외국인들이 한국인의 나이에 대해 어려워하더라도 이는 문화적 차이 때문에 생기는 혼선이므로 그것이 꼭 나쁘다 좋다 또는 사회적 비용이 지나치게 많다는 식으로 보는 것은 옳지 않다.

과거 동아시아 문화권에서는 대부분 세는 나이를 사용했다. 현재는 우리나라가 유일하다. 지난 1962년 만 나이를 공식나이로 발표했지만, 일상에서는 여전히 세는 나이를 쓰고 있는 것이다. 반면 일본은 1902년 만 나이를 공식적으로 적용하고 1950년 세는 나이를 법으로 사용할 수 없게 만들었다. 중국은 1970년대 문화대혁명 이후 세는 나이를 쓰지 않고 있으며, 북한도 1980년대 이후부터 만 나이만을 사용하고 있다. '법률적용 및 행정처리에서 오는 혼란을 줄이기 위해서' 외에 '국제기준에 맞추기 위해서'가 만 나이 통일의 이유 1순위로 손꼽히는 이유다.

한편 국회는 8일 열린 본회의에서 '만 나이' 통일 관련 법안을 포함해 법률안 93건을 포함 총 107건의 안건을 의결했다. 특히 어린이보호구역 내 굴착기 등 건설기계 운전자의 교통범죄도 가중처벌하는 특가법 개정안 등이 의결됐다. 그동안 가중처벌이 되는 자동차 및 원동기장치자전거에 굴착기가 포함되지 않아 법의 사각지대가 있다는 지적이 있었다. 중소·벤처기업계의 14년 숙원과제인 '납품단가연동제' 법안도 통과됐다. 위탁기업이 수탁기업에 물품 등의 제조를 위탁할 때 주요 연동에 관한 사항을 약정서에 기재하도록 의무화하는 것이 골자다. 〔시대〕

12월 8일 국회 본회의 통과 주요 법안

구분	내용
'만 나이' 통일	민법 일부개정안, 행정기본법 일부개정안 • 사법·행정 분야에서 '만 나이'로 표시방식 통일
카카오 먹통 방지법	개정 방송통신발전기본법, 개정 정보통신법 • 카카오 등 부가통신사업자도 재난관리 기본계획 수립 • 재난으로 정보통신서비스 제공 중단 시 현황 및 조치 내용 과기부 장관에 보고
납품단가 연동제 (상생법)	대·중소기업 상생협력촉진법 • 원청업체와 하청업체 간 거래에서 원자재가격 상승분 납품단가에 반영
'민식이법' 개정법	특정범죄 가중처벌 등에 관한 법률 일부개정안 • 굴착기 등 건설기계 운전자도 교통범죄 시 가중처벌

2022년 마지막 기준금리 인상,
경제성장률은 낮춘 한은

2023년 한국 경제성장 1%대 그칠 듯

한국은행(한은)이 2023년 우리 경제성장률 전망치를 기존 2.1%에서 1.7%로 대폭 내려 잡았다. 국내외 주요기관들도 비슷한 전망을 하고 있다. 김웅 한은 조사국장은 "글로벌 경기둔화, 국내금리상승 등으로 수출과 투자가 부진하고 소비회복세도 점차 완만해질 것으로 예상된다"며 "시장에서 보는 한은의 기준금리 인상경로도 반영한 결과"라고 설명했다.

2022.11.24. 연합뉴스

2022년 마지막 금리인상 단행한 한국은행

한국은행 금융통화위원회(한은 금통위)가 2022년 11월 24일 연 3.00%인 기준금리를 3.25%로 0.25% 포인트(p) 올리는 베이비스텝을 밟았다. 금통위는 "높은 수준의 물가오름세가 지속되고 있어 물가안정을 위한 정책대응을 이어갈 필요가 있다고 판단했다"며 "인상폭은 경기둔화 정도가 2022년 8월 전망치에 비해 커질 것으로 예상되는 가운데 외환부문의 리스크가 완화되고 단기금융시장이 위축된 점을 종합적으로 고려할 때 0.25%p가 적절하다고 판단했다"고 밝혔다. 그러나 금통위는 "국내경제성장률이 낮아지겠지만 물가는 높은 오름세가 예상되는 만큼 당분간 금리인상기조를 이어갈 필요가 있다"고 설명했다.

금융통화위원회의 정책방향을 설명하는 이창용 한국은행 총재

예상된 베이비스텝, 낮은 성장률 전망은 뼈아파

여전히 높은 수준에 머물러 있는 소비자물가지수 때문에 당초 금리인상은 더 이뤄질 것으로 전망됐다. 다만 미국 물가상승률이 정점을 지난 것 아니냐는 관측이 나오면서 미국 당국의 긴축강도가 완화할 것이라는 기대가 확산해 빅스텝(0.50%p 인상) 가능성은 다소 낮아진 상태였다. 여기에 달러 대비 원화환율이 1,300원대 초중반까지 떨어지고, 채권시장 등의 자금·신용경색 상황이 아직 유지되고 있으며, 경기둔화기조 등이 복합적으로 작용해 베이비스텝 정도의 인상이 예상됐다.

이날 채권시장은 이번 조치를 긍정적으로 받아들이는 모습을 보였다. 그러나 가계부채와 대출을 받은 소상공인, 기업들의 대출이자부담은 앞으로 더욱 커지게 됐다. 특히 한은은 2023년 우리 경제성장률 전망치를 대폭 하향조정했다. 금통위는 "2022년 성장률은 지난 2022년 8월 전망치(2.6%)에 부합하겠지만, 2023년은 지난 전망치(2.1%)를 상당폭 밑도는 1.7%로 전망된다"고 했다.

2%에 미치지 못하는 성장률은 코로나19가 확산한 2020년(-0.7%), 금융위기 때인 2009년(0.8%), 국제통화기금(IMF) 외환위기 당시인 1998년(-5.1%) 및 2차 오일쇼크 때인 1980년(-1.6%) 등을 제외하고는 기록한 적이 없다고 한다. 그만큼 2023년 우리 경제가 어려운 상황에 놓이게 된다는 의미다.

한은의 전망치는 우리 경제의 엔진인 수출이 둔화하는 대신 수입이 늘어 무역수지가 적자를 이루고, 경기침체 등 내수전망도 밝지 않은 점 등이 투영된 것으로 보인다. 한은은 다만 2024년 성장률 전망치를 2.3%로 제시해 잠재성장률 수준인 2%대를 회복할 것으로 내다봤다. 그러나 경제협력개발기구(OECD)는 우리나라의 2023년 경제성장률을 1.8%, 2024년에는 1.9%로 예상했고, 이에 반해 세계의 경제성장률은 2023년 2.2%, 2024년에는 2.7%로 예측했다.

정부는 무역전쟁에서 반드시 승리해야

이런 가운데 정부는 11월 23일 윤석열 대통령 주재로 제1차 수출전략회의를 열어 중동과 중남미, 유럽연합(EU)을 3대 전략시장으로 설정하고 방산·원전·인프라 등 전략 수출분야 협력을 강화하기로 하는 등 수출활성화방안을 논의했다. 정부는 작금의 어려운 상황에서 무엇보다도 무역수지적자를 최소화하는 대신 수출을 최대한 늘리도록 총력전을 기울여야 한다. 더욱이 OECD의 성장률 예측도 마음에 걸리는 상황에서 정부는 창의적이고 적극적인 노력을 기울여 '총성 없는 전쟁'이라 불리는 무역전쟁에서 승리를 거머쥐어야 한다. 이와 함께 금리인상에 따른 부담에 허덕이는 가계, 소상공인 및 기업에 대한 구제책도 빠뜨려서는 안 될 것이다. ⚊

상원 가져간 미국 민주당,
인플레감축법 개정될까?

2022년 8월 인플레이션 감축법 서명 전 연설하는 조 바이든 미국 대통령

미국 민주당이 12월 6일(현지시간) 조지아주 상원 결선투표 승리로 상원에서 실질적인 다수당 지위를 확보하면서 2023년 1월 시작되는 새 의회에서는 더 원활하게 상원을 운영할 수 있게 됐다. 또 재선에 성공한 라파엘 워녹 상원의원이 중간선거를 앞두고 현대차도 전기차 보조금을 받을 수 있도록 하는 '인플레이션 감축법(IRA)' 개정안을 제출했다는 점에서 향후 상원에서 법개정 논의가 주목된다.

과반인 민주당, 입법 조건 유리하지만 걸림돌 있어

조지아주 연방상원의원 결선투표에서 워녹 의원이 승리하면서 미국 연방상원의 의석 구조는 민주당과 공화당이 각각 50석씩 정확하게 반분했던 것에서 2023년 1월 3일부터 '51석 대 49석'으로 바뀌게 됐다. 미국 상원에서는 부통령이 당연직 의장으로 주요안건에 캐스팅보트를 행사할 수 있기 때문에 여당인 민주당의 경우 50석이나 51석이나 다수당이라는 점에서 기술적인 차이는 없다. 그러나 51석 이상을 확보해서 확실한 다수당이 되면 모든 상임위에서 다수 의석을 차지할 수 있게 된다. 이 때문에 대법관, 대사, 장관 등 주요 공직자의 인준을 상원에서 진전시키는 것이 더 용이해질 수 있다는 분석이 나온다. 또 입법절차도 좀 더 빠르게 진행될 수 있다.

이런 점에서 차기 의회의 인플레이션 감축법(IRA) 개정가능성도 관심이다. IRA 자체가 애초 입법 때 예산조정절차를 활용해서 상원을 넘은 데다가 워녹 의원이 개정안까지 발의했다는 점에서다. 워녹 의원은 2022년 10월 현대자동차 등 미국 내에서 전기차 생산을 준비하고 있는 업체에 대해 IRA의 보조금 지급관련조항 적용을 오는 2026년까지 유예하도록 하는 개정안을 냈다. 다만 2023년부터 하원 다수당의 지위가 공화당으로 넘어간 것은 바이든정부와 민주당에 부담이다. 공화당이 주도하는 하원이 협조를 안하면 입법이 어렵기 때문이다. 또 상원에서도 일반법안의 경우에는 필리버스터가 가능하며 이 경우 60표가 있어야 법안을 처리할 수 있다. 이 때문에 민주당 전원에 공화당 의원 9명이 추가 찬성하지 않을 경우 쟁점법안 처리는 여전히 불가능하다.

관련국 반발에 IRA 수정 가능성 시사한 바이든

바이든 대통령은 12월 1일(현지시간) 워싱턴에서 에마뉘엘 마크롱 프랑스 대통령과 정상회담을 한 뒤 IRA와 관련해 "조정이 필요한 작은 결함들이 있다"고 언급했다. 대폭적인 수정을 기대하기는 어렵겠지만 적어도 불합리한 요소들에 대해서는 문제를 해소하겠다는 의지를 보인 것이다. 2022년 8월 시행된 IRA는 북미에서 최종조립된 전기차에만 최대 7,500달러(약 1,000만원)의 보조금을 지급하고 있다. 이에 대해 한국과 일본, 유럽연합(EU) 등 관련국들은 미국 측에 수정을 직접 요구하거나 세계무역기구(WTO) 제소를 검토하는 등 강하게 반발하고 있다. IRA가 이들 국가기업의 심각한 영업차질로 귀결될 게 뻔하기 때문이다. 미국은 최근 이들 국가들과 안보·가치·공급망 확대를 모색하고 있는데 IRA가 이런 분위기에 찬물을 끼얹은 것이다.

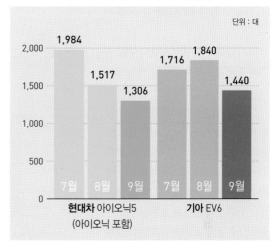

현대차그룹 미국 전기차 판매현황

단위 : 대

자료 / 현대차 미국판매법인(HMA)

가능성 보이는 IRA 개정, 우리도 총력으로 가야

정부·국회 대표단 일원으로 미국을 방문한 안덕근 산업통상자원부 통상교섭본부장은 12월 6일(현지시간) IRA 문제와 관련해 "미국은 우리나라와 EU 등의 여러 제안을 취합하고 있는 상황"이라고 밝혔다. 그는 "지금 차별문제가 글로벌하게 부각되고 있기 때문에 미국이 어느 특정국가에 해결책을 낼 수 있는 상황이 아니며, 미국 재무부도 지금 시행세칙과 관련해 각국의 입장을 최대한 수렴하는 상황"이라고 설명했다. 이렇듯 동맹국의 반발이 거세지면서 어려워 보였던 IRA 개정논의도 조금씩 이뤄질 조짐이 보이는 듯하다. IRA 개정안을 발의한 워녹의 상원 승차도 반가운 대목이다. 그러나 안심할 수는 없다. 이미 미국 내 한국산 전기차의 판매량은 급감하기 시작했다. 상황이 더 악화될 가능성이 큰 만큼 우리 정부는 규정시행 유예라도 얻기 위해 총력으로 뛰어야 한다. ▣

"교권회복 vs 학생위협"

교육적 효과 극대화하는 차원

정부가 대대적인 교권 보호대책을 고민해야 할 정도로 초·중·고교 현장에서의 교권추락과 교실붕괴는 현실화된 지 오래다. 학생이 교사에게 언어적·신체적 폭력을 가하거나 교사를 몰래 촬영하다 들켜 교권보호위원회에 불려가는 일이 코로나 시기를 제외하면 매년 2,500건이 넘을 정도다. 수업 중에 교단 위에 드러눕는 등 소란을 피우는 경우도 흔하다. 교권뿐만 아니라 다른 학생들의 학습권까지 침해하는 행위지만 학생의 인권을 중시하는 분위기여서 엄격히 제재하기가 어렵다.

학교현장에서의 교권침해 발생 시 학교교권보호위원회를 통해 사후처리를 하고 있지만, 당장의 수업방해나 욕설을 즉시 제지할 수 없는 게 현실이다. 이 때문에 다른 학생들의 학습권이 침해되고, 교사인권 또한 무너지고 있다. 이런 일이 반복되면 교사가 문제행동 학생의 지도를 외면해버리는 경우도 발생한다.

낙인효과나 교원과 학생 간 소송증가 같은 문제가 없을 거라고 말하긴 어렵다. 그러나 학생부 기재를 피하기 위해 학생과 학부모가 (교권침해 행위를) 조심하며 얻어지는 효과들이 (부작용보다) 클 것이다. 무엇보다 학교폭력 행위도 학생부에 기재되는 만큼 갈수록 심각해지는 교권침해를 그냥 두는 것은 형평성에 어긋난다.

교육활동(교권) 침해 발생건수

단위 : 건

2,662

2020년은 주로 비대면수업 실시

1,197

2,269

2019 2020 2021년

자료 / 교육부

교육부는 11월 30일 공청회를 열고 '교육활동(교권) 침해 예방 및 대응 강화 방안'에 대한 공청회를 열어 교권침해 대응방안을 논의했다. 교육부가 공개한 시안에는 교원지위법 제18조를 신설해 교권침해 학생에 대한 '중대한 침해 조치사항'을 학교생활기록부(학생부)에 기록하는 방안이 담겼다. 학생부는 대입 전형 자료로 활용되기 때문에 기록이 남는 학생은 입시에서 불이익을 받을 수 있다. 또한 교권침해 행위를 인지한 경우 침해학생을 피해교사와 즉시 분리하고, 학생 선도가 긴급할 경우 학교봉사, 출석정지 등의 조치를 시행할 수 있게 한다. 12월 중순에 확정된 법안이 국회에서 본회의를 통과하면, 이르면 2023년 2학기부터 학교현장에서 적용될 수 있다.

앞서 교육부는 9월 발표한 초안에서 교권침해 조치내용을 학생부에 기재하는 방안을 발표하려 했지만 보류한 바 있다. 학생에 대한 '낙인효과'가 생기고 교사와 학생 간의 소송이 발생하는 등 부작용에 대한 우려가 컸기 때문이었다. 하지만 교육부는 두 달 만에 입장을 바꿨다. 교권침해에 대한 경각심을 높이기 위해 징계조치의 학생부 기재가 필요하다고 판단한 것이다.

교권침해 학생부 기재 논란

다만 모든 조치사항을 적는 것은 학생에 대한 낙인소지가 있고 교사와 학생 사이에서 소송 등 갈등이 발생할 수 있어 중대한 침해 조치사항만 기재하는 방안을 검토 중이다. 때문에 이번에 공개된 시안에서는 '대통령령으로 정하는 중대한 침해사항만 작성한다'고만 돼 있을 뿐 어떤 교권침해 행위를 학생부에 기재할지는 구체적으로 명시하지 않았다. 현재 교권침해 행위를 한 학생이 받을 수 있는 징계조치는 교내봉사, 사회봉사, 특별교육, 출석정지, 학급교체, 전학, 퇴학순이다.

교육부 관계자는 "전학이나 퇴학 조치를 받을 정도면 중대한 사항으로 봐야 한다는 의견이 많았다"고 전했다. 2020년부터 2022년 1학기까지 교권침해로 징계받은 학생 4,654명 중 510명(11.0%)이 전학이나 퇴학조치를 받았다. 한편 교육현장에서 학생·학부모에 의한 교권침해가 반복되면서 교사들은 수업에 어려움을 호소하는 것은 물론이고, 교직생활에 대한 회의감까지 드러내는 실정이다. 한국교원단체총연합회의 2022년 7월 설문조사에서는 교사 응답자의 77%가 학생의 교권침해 행위를 학생부에 기재하는 데 찬성했다. 교육부가 지난 10월 실시한 학부모 대상 설문조사에서도 찬성비율이 94%에 달했다. 시대

"학교인권이 가해자들에게 더 유리하게 변해버려"
"교권이 없으면 교육은 실현될 수 없다"

"잘못이 있으면 고치는 게 참교육이다"
"학생 장래가 걸린 문제다"

반대

예방보다 갈등만 유발시킬 것

학생부는 초·중·고교 생활 전반에 관한 기록이다. 이 때문에 당장 진학은 물론이고 성인이 된 이후의 삶에도 결정적인 영향을 준다. 여기에 한때 치기 어린 어린 시절의 잘못을 장래의 걸림돌로 남겨두어서는 안 된다. 그것은 당장 어렵다고 배움과 성장의 가능성을 외면하는 비교육적 낙인찍기일 뿐이다.

학생부 기재가 교권침해를 예방할 수 있을지도 의문이다. 학교폭력 이력을 학생부에 기재토록 한 후로도 학교폭력은 오히려 늘고 있기 때문이다. 교권 보호를 위한 다른 방법이 없는 것도 아니다. 이미 국회에는 교사의 생활지도권을 명시한 '초중등교육법' 개정안이 계류 중인데, 통과되면 문제학생을 교실에서 퇴장시키는 등 좀 더 적극적인 조치를 취할 수 있게 된다. 학생의 인권 침해 소지가 적은 방법부터 적용해가는 것이 맞는 순서다.

학생이나 학부모가 (입시에 반영되는) 학생부 기재를 막기 위해 교원을 상대로 행정소송을 내거나 학교와 시도교육청에 민원을 제기하는 일이 늘어날 것이다. 학교현장이 지나치게 사법화될 위험이 있는 것이다. 대학에 가기 위해서는 교권을 침해해서는 안 된다는 것은 위협이자 협박이다. 또한 이러한 단선적인 정책은 도리어 학생을 위축시키거나 '교육받을 권리'를 침해할 수 있으므로 신중하게 접근해야 한다.

"공간의 활용 vs 생존의 문제"

찬성

비어 있는 구역 적극적 활용

승용차가 늘어나면서 대도시 지역에서는 주차장 부족문제가 더 심각해졌다. 이웃 간 주차갈등은 일상이고 폭행과 고소도 늘었다. 주차와 관련된 민원이 10년 새 10배로 늘었다는 집계도 있다. 국내 차량은 현재 가구당 1.16대에 달하고, 도시에서는 1가구 2차량 시대에 접어들었다. 반면 주차장은 가구당 1개도 되지 않는다. 대형 아파트단지는 그나마 사정이 나은 편이지만 빌라, 원룸, 단독주택 쪽으로 가면 주차장은 턱없이 부족하다. 주택선호가 아파트에 몰리는 이유이기도 하다.

이런 상황에서도 장애인 전용 주차공간은 이용자가 별로 없는 체육시설이나 아파트에까지 빠짐없이 존재한다. 서울시의 경우 주차대수 규모가 50대 이상이면 전체의 3% 이상을 장애인 전용으로 설치하도록 하고 있다. 하지만 이중주차까지 하는 다른 구역과 달리 장애인 전용공간은 비어 있는 경우가 많다. 장소의 사정이나 사용시간에 맞춰 유동적으로 조정하거나 가변으로 융통성 있게 운영하는 게 합리적이다.

인구 2.07명당 자동차 1대꼴인 상황에서 사용자도 없는 장애인 주차공간을 방치하는 것은 오히려 비장애인을 차별하는 것이다. 장애인 전용 주차공간을 아예 없애자는 게 아니다. 상황에 맞고 신축성 있게 제도를 운영하자는 것이다.

매년 장애인 전용 주차구역의 민원신고가 급증하고 있다. 2012년 3만 9,334건에서 2017년 33만 359건으로 6년간 29만 1,025건, 7.4배가 증가했다. 이와 더불어 장애인 전용 주차구역 위반으로 인한 과태료 부과액 또한 2012년부터 2017년까지 11배 증가했다. 이는 실제로 위반사례가 늘어난 것도 있지만, 그보다는 매년 보건복지부와 지방자치단체, 한국지체장애인협회 합동단속으로 인한 증가와 함께 행정안전부에서 만든 스마트폰 생활불편신고 어플 등으로 신고할 수 있는 기술의 발전에 따라 누구나 간단하고 쉽게 신고가 가능해졌기 때문이다.

그러나 신고급증에 따른 부작용도 심각하다. 장애인 전용 주차구역에 위반주차한 것으로 신고된 차량주인이 과태료를 부과받자 장애인 전용 주차구역에 제보자를 찾아 보복하겠다는 내용의 자필로 쓴 종이를 붙여 제보자를 위협하는 것을 비롯해 실제로 신고제보자에게 보복을 하는 경우도 늘어나고 있다. 장애인 전용 주차구역 위반을 제보하기 위해 사진을 찍는 제보자의 모습을 목격한 위반차량 차주가 제보자에게 언어폭력과 위해를 가한 경우도 있다.

장애인 주차공간 축소 논란

장애인 전용 주차구역에 주차를 하는 이유는 입출입로에서 가깝다는 편의성 외에도 부족한 주차공간 때문인 경우가 많다. 자동차가 늘어나면서 주차공간이 부족한 도시지역에서 '주차분쟁'도 함께 증가하고 있는 만큼 항상 비어 있는 것으로 보이는 장애인 전용 주차구역에 대한 불만도 큰 것이 사실이다. 이 때문에 평소 이용자가 적은 체육시설이나 공동주택 주차장의 장애인 전용구역을 줄여 주차난을 해소하자는 국민청원까지 있었다. 획일적인 장애인 전용 주차공간을 융통성 있게 해서 자동차가 많은 지역의 주차난에 숨통이 트이게 하자는 주장이다.

'장애인·노인·임산부 등의 편의증진 보장에 관한 법률'에 따르면 아파트 등 공동주택은 부설주차장에 주차 대수의 2~4%를 장애인 전용 주차구역으로 설치해야 한다. 그 설치위치는 장애인 등의 출입이 가능한 건축물의 출입구와 장애인용 승강설비에 가장 가까운 장소에 설치하도록 했다. 장애인 편의시설 설치의 기본원칙이 되는 최단거리 설치원칙에 입각하여 규정하고 있다. 장애인 전용 주차구역의 바닥크기는 주차공간 1대에 대하여 폭이 3.3m 이상, 길이는 5m 이상으로 설치한다. 평행주차형식인 경우는 폭 2m 이상, 길이 6m 이상으로 하고 있다. 시대

"맨날 비어 있는데 사용하는 게 합리적"
"개인 땅에 법으로 강제하는 건 재산권 침해"

"장애인을 위한 최소한의 배려"
"보행장애자만 사용하게 하는 게 문제"

일상을 위한 생존의 문제

장애인 주차구역은 주차장의 일정 비율을 장애인에 우선 배려하는 것이다. 당장은 비어 있더라도 장애인이 해당 시설을 이용할 경우 언제든지 수월하게 이용가능하도록 준비해놓는 성격이 강하다. 비어 있다고 늘 비어 있는 채로 방치하는 게 아니라 이용자를 맞기 위한 준비상태라고 이해해야 한다. 전체 주차장이 부족한 것은 사실이지만, 장애인 차량도 함께 증가하고 있다.

항상 비어 있다고 일반인과 함께 이용하도록 하는 것은 적절치 않다. 이미 주차된 차량을 빼달라고 연락하는 과정의 번거로움이나 제때 응답이 없을 경우가 많기 때문이다. 주차공간 부족이 문제라면 주차타워 등 주차 전용시설을 더 많이 건설하는 게 정공법이다.

비장애인에게 주차난은 단지 골치 아프고 불편한 일에 불과하다. 하지만 장애인에게 전용 주차공간은 삶의 기본권을 지킬 수 있는 생존에 관한 문제다. 인간으로서 가야 할 곳이나 가고 싶은 곳에 마음 놓고 가는 것이 기본적인 인권이기 때문이다. 장애인도 한 사회의 구성원으로써 일상생활을 위해서는 목적지까지 이동하고 여러 시설을 이용할 수 있어야 한다. 장애인이 사회적 활동에 지장이 없도록 사각지대를 없애는 것의 시작이 바로 장애인 전용 주차공간이다. 배려가 아니다. 모두를 위한 최소한의 제도다.

01 지난 11월 24일 화물연대가 총파업에 돌입하자 정부는 사상 초유의 (   )을/를 발동하고 고강도 압박에 나섰다.

02 12월 12일 발표된 노동시장 개편 권고문에 따라 연장근로시간 관리단위가 조정돼 주당 (   )시간까지 일하는 것이 가능해졌다.

03 파울루 벤투 감독은 패스워크를 바탕으로 공 점유율을 높이며 경기를 주도하는 (   )을/를 한국 축구에 도입했다.

04 최근 대만은 현재의 반도체제조 경쟁력 우위를 유지하기 위해 첨단산업 위주로 (   ) 지원을 추진 중이다.

05 윤석열 대통령이 비속어 논란 이후 지속됐던 MBC와의 갈등 여파로 출입기자단과 정례적으로 진행해온 (   )을/를 중단했다.

06 대전광역시가 실내마스크 의무 자체해제를 예고하자 방역당국은 (   )을/를 강조하며 반대 의사를 밝혔다.

07 2021년 7월 국회를 통과한 '식품 등의 표시·광고에 관한 법률' 개정안에 따라 2023년 1월 1일부터 (   ) 표기제가 시행됐다.

08 (   )은/는 국정운영의 투명성과 책임성을 확보하고 민주주의 발전에 기여하기 위해 설립됐다.

09 TBS에 대한 서울시의 출연금 지원이 중단되면 연간예산의 (   )%를 출연금에 의존하는 TBS는 정상적인 운영이 어려울 전망이다.

10 (   )은/는 한국경제 전체 모든 산업을 대상으로 재화와 용역에 대한 생산활동의 흐름과 변화를 월별지수로 나타낸 것이다.

11 국회 과방위는 지난 12월 12일 (   )의 지배구조를 변경하는 내용을 골자로 한 방송법 개정안을 의결했다.

12 중국정부가 고강도 방역정책에 대한 불만으로 시작된 (   )에 대해 강경대응에 나서자 점차 반정부시위 양상으로 번지고 있다.

13 전 세계적으로 에너지가격이 폭등하자 유럽은 에너지가격 폭등으로 반사이익을 얻은 에너지기업에 (   )를 부과했다.

14 (   )은/는 더 이상 허용할 수 없는 마지막 한계선을 의미하며. 이를 넘으면 극단적인 조취를 취할 수도 있다.

15 독일에서 국가전복을 도모하다 체포된 극우 반정부세력 중 자신들을 (   )(이)라고 주장하는 이들이 포함된 것으로 알려졌다.

16 일본정부는 일제강점기 당시 조선인이 강제노역에 동원된 것으로 알려진 (   )의 세계유산등재를 추진하고 있다.

17 (   )은/는 '서류나 물건 따위를 보내 정해진 곳에 이르게 하다'라는 의미로 형사소송 시 검찰로 사건이 넘어가는 것을 뜻한다.

18 페루는 대통령 탄핵소추권과 (   )이/가 모두 의회에 있어서 발의와 가결을 위한 정족수만 확보되면 의회 견제가 불가능해진다.

19 (   ) 중 노동을 제공할 의사와 능력이 있어 경제활동에 기여할 수 있는 인구를 경제활동인구라고 한다.

20 (   )은/는 자연에서 분해되지 않고 작은 입자로 떨어져 나와 미세플라스틱을 생성할 수 있다는 보고가 있다. 시대

---

01 업무개시명령   **02** 69   **03** 빌드업 축구   **04** 리쇼어링   **05** 출근길문답(도어스테핑)   **06** 단일 방역망   **07** 소비기한   **08** 대통령기록관   **09** 70   **10** 전(全)산업생산지수   **11** 공영방송   **12** 백지시위   **13** 횡재세   **14** 레드라인   **15** 제국시민   **16** 사도광산   **17** 송치   **18** 심판권   **19** 노동가능인구   **20** 폴리에틸렌

필수
시사상식

시사용어브리핑   74

시사상식 기출문제   80

시사상식 예상문제   86

내일은 TV퀴즈왕   92

한 달 동안 화제의 용어를 한자리에!
시사용어브리핑

흑해곡물수출협정 우크라이나의 곡물수출 재개를 위해 체결된 협정

▶ 국제·외교

러시아-우크라이나 전쟁으로 중단된 우크라이나의 곡물수출을 재개하기 위해 2022년 7월 체결한 협정을 말한다. 당시 러시아와 우크라이나는 국제연합(UN)과 튀르키예의 중재하에 4개월(120일)간 흑해항로를 통해 곡물과 비료를 안전하게 수출할 수 있도록 한다는 내용의 협정을 맺었다. 우크라이나는 밀과 옥수수, 콩, 해바라기유 등의 세계 최대 수출국 중 하나지만, 러시아 침공 이후 흑해가 봉쇄되면서 연간 6,000만~8,000만톤에 달했던 곡물수출이 모두 중단된 바 있다.

왜 이슈지?

흑해곡물수출협정 만료를 앞두고 세계적인 식량난이 우려된 가운데 2022년 11월 17일 열린 회의에서 우크라이나와 러시아, UN, 튀르키예는 11월 18일부터 120일간 기존 협정을 원안 그대로 연장하는 방안에 합의했다.

프라이빗 블록체인 소유자에게 허가를 받은 사람만 권한을 갖는 폐쇄형 블록체인

▶ 경제·경영

미리 정해진 조직이나 개인들만 참여할 수 있는 형태로 참여자가 제한된 폐쇄형 블록체인을 뜻한다. 블록체인 소유자에게 허가를 받은 사람에 한해 읽고 쓰는 권한이 주어지며, 불특정 다수가 참여하는 퍼블릭 블록체인의 반대개념이다. 일반적으로 같은 목적 혹은 목표를 지닌 허가된 주체가 블록체인을 통해 장부를 관리하는 경우에 적합한 방식이다. 퍼블릭 블록체인에 비해 단시간에 많은 거래량을 처리할 수 있어 효율성이 높으며, 소수의 사람만 데이터 열람이 가능해 프라이버시가 보장된다. 그러나 소수에게만 권한이 부여되기 때문에 탈중앙화가 약하다는 단점이 있다.

왜 이슈지?

유럽투자은행(EIB)이 11월 29일(현지시간) **프라이빗 블록체인**을 기반으로 한 유로화 디지털채권을 발행했다고 밝혔다.

원 러브(One Love) 차별에 반대하고 다양성을 존중한다는 의미로 시작된 캠페인

▶ 사회·노동·교육

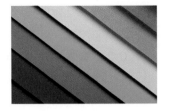

성소수자를 비롯한 모든 차별에 반대하고 다양성과 포용을 촉진하기 위한 의미로 축구선수들이 무지개 완장을 차고 경기를 치르는 방식의 캠페인이다. 2020년 네덜란드 축구협회가 시작했으며, 같은 해 유럽축구선수권대회에서 처음 선보였다. 해당 완장은 영문으로 '원 러브(One Love)'가 적혀 있고, 가운데에는 무지개색 하트 문양 속에 숫자 1이 적혀 있다. 2022 카타르 월드컵에서 유럽 7개팀이 착용할 계획을 밝혔으나, FIFA가 완장 착용 시 제재를 부과한다고 밝히면서 무산됐다.

왜 이슈지?

2022 카타르 월드컵에 참여한 잉글랜드, 웨일즈, 독일, 네덜란드, 벨기에, 스위스, 덴마크 등 유럽 7개팀 주장은 '**원 러브**' 완장을 착용하고 경기에 나설 계획이었으나, FIFA가 옐로카드를 부과할 수 있다는 경고를 하면서 결국 계획을 철회했다.

등대기업 3대 혁신 분야에서 뛰어난 성과를 거둔 중견기업

▶ 경제·경영

사업다각화, 해외시장 진출, 디지털전환 등 3대 혁신 분야에서 뛰어난 성과를 거둔 중견기업을 일컫는 말이다. 산업통산자원부는 2024년까지 100대 등대기업을 선정해 이들 기업을 지원하겠다고 밝혔다. 사업다각화 분야에서는 미래차, 차세대 디스플레이 등 유망업종을 중심으로 사업재편 수요를 선제적으로 발굴해 신사업 진출을 유도하고, 해외시장 진출 분야에서는 내수 중심 기업과 초기기업들이 수출기업으로 성장할 수 있도록 해외시장 발굴 및 마케팅 등을 전방위적으로 지원한다. 또 디지털전환 분야에서는 최고경영자와 임원 등을 대상으로 디지털전환의 중요성을 인식시키고 전문인력 등을 양성할 계획이다.

왜 이슈지?

산업통산자원부는 11월 17일 중견기업 주간을 맞아 한국산업기술진흥원과 함께 '중견기업 혁신 컨퍼런스'를 개최하고 3대 혁신 분야에서 우수한 성과를 거둔 10개 중견기업을 대상으로 '**등대기업**' 선정패를 수여했다.

도덕경찰 이란에서 여성들의 복장을 단속하기 위해 설립된 조직

▶ 국제·외교

이란에서 여성들의 히잡을 비롯한 복장 착용 등 이슬람 풍속을 단속하기 위해 2006년 설립된 조직이다. 이란 여성인권 탄압의 상징으로 인식되고 있다. 이란은 1979년 이슬람혁명을 통해 신정국가를 세운 뒤 히잡법을 제정해 공공장소에서 만 9세 이상 여성의 히잡 착용을 강제하고 여성들의 대외활동까지 제한했다. 1983년에는 공공장소에서 머리를 가리지 않은 여성에 대한 처벌수위를 강화했으며, 강경파인 아마디네자드 대통령의 집권 이후 세워진 도덕경찰 조직이 단속에 앞장섰다. 이들은 사실상 무제한 체포 및 구금 권한을 가지고 있으며, 마구잡이식 단속으로 악명을 떨치고 있다.

왜 이슈지?

2022년 9월 마흐사 아미니가 **도덕경찰**에 의해 구금된 이후 사망에 이르면서 촉발된 히잡시위가 격화함에 따라 이란정부는 국제사회의 비난에도 불구하고 시위대를 강경진압하고 사형을 집행하는 등의 조치를 이어가고 있다.

카페브러리(Cafebrary) 도서관의 성격이 더해진 카페

카페(Cafe)와 도서관(Library)의 합성어로 도서관의 성격이 더해진 카페를 말한다. 책과 잡지가 구비돼 있고, 1인용 칸막이 책상이나 스탠드 조명 등의 시설을 갖추고 있으며, 커피 외에 식사도 가능하다. 커피전문점이 급증하면서 카페 역시 다양한 형태로 변하고 있는 가운데 카페에서 공부를 하는 카공족과 카페에서 업무를 보는 코피스족이 증가하면서 등장했다. 초기에는 장시간 자리를 차지해 논란이 되기도 했으나, 점차 매출에 미치는 영향이 커져 이들을 타깃으로 한 카페가 증가했다.

왜 이슈지?

카페에서 공부를 하거나 업무를 처리하는 사람들이 늘어나면서 매장의 매출증대에도 영향을 미치자 도서관의 성격이 더해진 **카페브러리**처럼 이들을 겨냥한 새로운 형태의 카페들이 증가하고 있다.

인제뉴어티 NASA의 화성탐사 드론

2021년 2월 화성탐사 로버 '퍼서비어런스'와 함께 화성에 착륙한 미국 항공우주국(NASA)의 화성탐사 드론이다. 바퀴로 오를 수 없는 지역을 주로 비행하면서 퍼서비어런스를 돕는 임무를 맡았으며 2022년 4월 첫 비행을 했다. NASA는 퍼서비어런스가 채취한 암석시료를 지구로 반환하는 임무에 인제뉴어티를 투입하기 위해 비행테스트를 진행하고 있다. 인제뉴어티에 탑재된 두 개의 카메라 중 하나는 바닥에 장착된 흑백 카메라로 지상에서의 위치를 확인해 경로를 탐색하고, 다른 하나는 정면에 장착돼 주변 전경을 고화질 사진으로 찍어 NASA로 사진을 전송하는 역할을 한다.

왜 이슈지?

대기밀도가 지구의 1%에 불과해 비행을 시도하는 것조차 쉽지 않은 화성에서 **인제뉴어티**는 2022년 12월 3일 35번째 비행에 성공했으며, 최고 고도 14m를 달성하기도 했다.

열대우림 OPEC 브라질, 인도네시아, 콩고민주공화국이 열대우림 보존을 위해 체결한 협약

2022년 11월 14일 세계 최대 열대우림을 보유한 브라질과 인도네시아, 콩고민주공화국이 열대우림을 보존하기 위해 체결한 협약이다. 석유생산량과 가격을 관리하는 석유수출국기구(OPEC)에 빗대 '열대우림 OPEC'이라는 명칭이 붙었다. 이들 3개국의 열대우림 면적을 합하면 전 세계 숲의 47%에 달할 정도로 광활한데, 농장 개관과 벌목으로 훼손위기에 직면해 있다. 11월 14일 열린 G20 정상회의에서 이들 3개국은 열대우림 보존 협력을 위한 공동성명과 협약체결 사실을 발표했다.

왜 이슈지?

삼림 벌채를 줄이고 숲을 유지할 목적으로 출범한 **열대우림 OPEC**은 지난 10월 브라질 대선에서 루이스 이나시우 룰라 다시우바 전 대통령이 당선된 이후 협상에 급진전이 있었던 것으로 전해졌다.

FTX 사태 FTX의 재무건전성에 의문이 제기된 이후 파산신청으로 이어진 사태

세계 3위 코인거래소 FTX가 자체발행한 코인 FTT로 자산을 부풀리고 경영진이 고객의 자산을 부당하게 유용한 사실이 드러나면서 파산으로 이어진 사태를 말한다. FTX는 11월 11일 트위터 성명을 통해 미국 델라웨어주 법원에 파산보호를 신청했다고 밝혔다. FTX의 신고에 따르면 해당 파산보호 신청 대상에는 130여 개 계열사가 포함됐으며, 총부채는 최소 100억달러에서 최대 500억달러에 이르고 채권자는 10만명이 넘는 것으로 알려졌다. 특히 이번 파산신청으로 기관과 개인투자자들의 피해가 상당할 것이라는 우려가 높다. 현재 가상자산은 제도적 보호장치가 없어 투자금 회수가 어렵기 때문이다.

왜 이슈지?

재닛 옐런 미국 재무장관은 11월 30일 뉴욕타임스 주최 행사 연설에서 2008년 리먼 브라더스 파산을 언급하면서 **FTX 사태**를 "가상화폐 시장 안에서 발생한 리먼 사태"라고 평가하고 가상화폐 업계에 대한 규제의 필요성을 강조했다.

비바마젠타 팬톤이 2023년 올해의 컬러로 선정한 레드계열 색

미국의 색채연구소이자 색상회사인 팬톤(Pantone)이 2022년 12월 발표한 '2023년 올해의 컬러'로 레드계열(팬톤 색상번호 18−1750)의 색이다. 비바마젠타는 천연염료 계열에 속하는 가장 귀중한 염료 가운데 하나이자 전 세계에서 가장 강하고 밝은 염료인 코치닐의 레드에서 영감을 받은 것으로 알려졌다. 팬톤은 '비바마젠타가 따뜻함과 차가움 사이의 균형을 제시하며, 용감하고 두려움 없는 활기 넘치는 색상으로써 낙관과 즐거움을 불러일으킨다'고 설명했다.

왜 이슈지?

로리 프레스먼 팬톤 연구소 부회장은 **비바마젠타**에 대해 "코로나19 팬데믹이 휩쓴 불확실성을 거쳐 세계가 다시 일어서려는 가운데 안심과 신뢰, 연결을 나타낸다"고 밝혔다.

코스닥 글로벌 세그먼트 한국거래소가 코스닥시장의 블루칩 기업 51개사를 선정해 출범시킨 시장

11월 21일 한국거래소가 코스닥시장의 블루칩 기업 51개사를 선정해 출범시킨 시장을 말한다. 코스닥시장 내 재무실적과 시장평가, 기업지배구조, 기업건전성 등이 우수한 기업을 선별해 지정하는 제도로 코스닥 디스카운트를 해소하고 질적 성장을 도모하기 위해 도입했다. 분야별로는 반도체 15개사, 서비스·콘텐츠 14개사, 제약·바이오 11개사, 제조업 11개사 등으로 고르게 분포됐다. 편입기업들의 시가총액 합계는 총 78조원으로 코스닥 전체 시가총액(336조원)의 23%를 차지하는 것으로 알려졌다. 매년 4월 초 지정요건을 충족하는 기업들이 신규 지정을 신청하면 거래소 심사를 거쳐 확정된다.

왜 이슈지?

한국거래소는 **코스닥 글로벌 세그먼트** 출범과 함께 편입기업들을 대상으로 시가총액이 큰 종목일수록 지수에서 차지하는 비중이 크게 잡히는 코스닥 글로벌 주가지수를 산출·공표하기로 했다.

고블린모드 사회규범을 거부하며 뻔뻔하고 제멋대로 구는 태도

▸ 문화·미디어

도깨비를 뜻하는 '고블린(goblin)'에서 비롯된 용어로 일반적인 사회적 규범이나 기대를 거부하며, 뻔뻔하고, 게으르고, 제멋대로 구는 태도 및 행동을 뜻하는 영어권 신조어다. 지나치게 높아진 미적 기준이나 SNS에 전시되는 생활상을 쫓아가지 않고 저항하는 태도를 의미하기도 한다. 2009년 온라인에 처음 등장했으며, 2022년 2월 트위터 가짜뉴스에 등장하면서 사용이 빈번해졌다. 당시 배우 줄리아 폭스가 전 남자친구인 래퍼 예(카니예 웨스트)와 헤어진 이유에 대해 "그가 내 고블린모드를 좋아하지 않았기 때문"이라고 토로했다는 내용이 트위터상에 퍼졌으나 해당 내용은 사실이 아닌 것으로 드러났다.

왜 이슈지?

12월 5일 영국 옥스퍼드 영어사전(OED)은 2022년 올해의 단어로 **고블린모드**를 선정했는데, OED는 고블린모드가 코로나19 방역규제 완화 이후 일상회귀를 원치 않는 사람들을 표현하는 데 주로 사용됐다고 설명했다.

그린허싱(Green Hushing) 기업이 친환경 정책이나 논란에 대해 침묵으로 일관하는 것

▸ 경제·경영

친환경을 뜻하는 '그린(green)'과 침묵하다는 뜻의 '허시(hush)'의 합성어로 기업이 친환경 정책이나 논란에 대해 침묵으로 일관하거나 이와 관련된 구체적인 정책을 더이상 제시하지 않는 것을 말한다. 비슷한 용어로 기업들이 자사의 노력이나 성과에 대해 정보공개나 주장을 거의 하지 않는 '그린뮤팅(Green muting)'이 있다. 이러한 용어들은 기업들이 실제로는 친환경적이지 않지만  마치 친환경적인 것처럼 홍보하는 '그린워싱(Green washing)'으로 비판받는 것을 두려워해 등장했다.

왜 이슈지?

최근 샤넬, 코카콜라, H&M 등 유명 기업들이 친환경 정책이나 환경 관련 논란에 휩싸이자 과거 친환경으로 홍보했던 내용을 감추거나 더는 관련 정책을 발표하지 않고 입을 다무는 **그린허싱**을 택하면서 비판을 받고 있다.

미성년자 빚 대물림 방지법 미성년자가 사망한 부모의 빚을 떠안는 상황을 막기 위한 민법 개정안

▸ 사회·노동·교육

미성년 상속자의 특별 한정승인, 즉 상속재산 범위 내에서만 피상속인의 빚을 갚는 것을 규정한 것이다. 미성년자가 사망한 부모의 빚을 떠안는 상황을 막기 위해 개정된 법안으로 2022년 11월 24일 국회를 통과했다. 개정안에 따르면 미성년자인 상속인이 성년이 된 뒤 물려받은 빚이 상속받은 재산보다 많다는 사실을 알게 된 경우 사실을 알게 된 날로부터 3개월 이내에 한정승인이 가능하도록 했다. 현행 민법에서는 부모가 사망한 뒤 3개월 내에 의사표시를 하지 않으면 부모의 빚을 모두 떠안는 '단순승인'으로 간주돼 막대한 빚을 떠안는 경우가 생겼으나, 개정안이 시행되면 이러한 상황을 막을 수 있을 것으로 기대된다.

왜 이슈지?

미성년자 빚 대물림 방지법이 국회를 통과함에 따라 그동안 법정대리인의 동의 없이 상속방식을 결정할 수 없어 사각지대에 놓였던 미성년자들의 경제적 악순환을 막을 수 있을지 귀추가 주목됐다.

디저트 노마드족 맛있고 예쁜 디저트를 찾아다니는 사람들을 가리키는 신조어

거리나 위치와 상관없이 맛있고 예쁜 디저트를 찾아다니는 사람을 가리키는 용어로 '디저트(dessert)'와 유목민을 뜻하는 '노마드(nomad)'의 합성어다. 이들은 디저트를 맛보는 것에 그치지 않고 SNS에 후기를 올리거나 인증샷을 남겨 정보를 공유한다. 이는 제품이나 서비스의 가격보다 소비를 통해 얻는 만족에 초점을 맞춘 소비행태인 '나심비(나의 심리적인 만족의 비율)'를 중시하  는 소비자가 증가한 것과 관련이 깊으며, 관련업계도 이들을 겨냥한 제품을 출시하고 있다.

왜 이슈지?

식품·유통업계는 **디저트 노마드족**을 새로운 소비자층으로 유입시키기 위해 시각적 효과를 위한 데커레이션과 용기에까지 심혈을 기울이고 있다.

지속가능연계채권(SLB) 기업이 제시한 지속가능성과목표를 달성하면 금리 인센티브를 부여하는 채권

기업의 지속가능성 전략에 맞는 지속가능성과목표(SPT)를 제시하고 이를 달성하면 금리 인센티브를 받는 채권이다. 채권 발행기관이 발행에 앞서 ESG(환경·사회·지배구조) 관련 이슈에 대한 목표인 SPT를 제시하고 목표달성 여부에 따라 이자지급 조건이 달라진다. 즉, SPT를 달성하면 낮은 이자율이 유지되고, 달성하지 못하면 이자율이 높아지는 구조다. 목표만 명확하게 설정한다면 필요한 자금을 비교적 수월하게 확보할 수 있지만, 사후보고에서 설정한 목표를 달성했는지 엄격하게 심사한다. 또 SPT 달성 여부에 따라 금리가 변동된다는 점은 채권 투자자들에게는 불확실성으로 여겨지기도 한다.

왜 이슈지?

최근 글로벌 채권시장이 침체기를 맞은 가운데 그린워싱 논란을 잠재울 **지속가능연계채권(SLB)**의 수요가 꾸준히 증가하는 추세다.

데이터 패브릭(Data Fabric) 방대한 데이터를 섬유를 조직하듯 정리해 관리하는 전략

데이터를 모으는 데 주력했던 과거와 달리 섬유로 직물을 짜듯 방대한 양의 데이터를 정리하여 원하는 데이터에 쉽게 접근할 수 있도록 한 전략을 말한다. 직물처럼 교차되어 엮어진 연결망의 특성에서 따온 명칭이다. 방대하고 다양한 데이터를 하나의 확장 가능한 플랫폼으로 통합해 데이터관리를 단순  화하고 접근을 간소화한 것이다. 이를 통해 효율적으로 데이터를 공급하고 보다 수월하게 데이터를 관리할 수 있으며, 저장용량 및 비용 역시 줄일 수 있다.

왜 이슈지?

최근 산업의 분야나 규모와 관계없이 기업들이 관리해야 하는 데이터의 양이 지속적으로 증가할 것으로 예측됨에 따라 이에 효과적으로 대처하기 위한 방안으로 **데이터 패브릭**이 떠오르고 있다.

시사상식 기출문제

01 사건에 대한 판결이 확정되면 그 사건에 대한 소송 재판은 다시 하지 않는다는 원칙은?

[2022년 조선일보]

① 일사부재리의 원칙
② 일사부재의의 원칙
③ 법률불소급의 원칙
④ 법률유보의 원칙

해설

일사부재리의 원칙은 어떤 사건에 대해 일단 판결이 확정되면 그 사건을 소송으로 다시 심리·재판하지 않는다는 원칙이다. 형사소송법상 어떤 사건에 대하여 유죄 또는 무죄의 실체적 판결 또는 면소의 판결이 확정됐을 때 구속력을 갖는 판결의 기판력의 효과이다. 같은 사건에 대해 또다시 공소의 제기를 하지 않는 것을 말한다.

02 가명정보에 대한 설명으로 옳은 것은?

[2022년 아주경제]

① 데이터 3법 개정시행으로 도입됐다.
② 개인정보의 남용을 방지할 수 있다.
③ 이름과 성별, 나이를 비롯한 모든 개인정보를 가린 것이다.
④ 익명정보와 동일한 개념이다.

해설

가명정보는 데이터 3법 개정시행으로 도입됐으며, 추가정보 없이는 특정한 개인을 알 수 없도록 조치한 것이다. 가령 성, 이름, 나이, 성별, 전화번호에서 이름과 전화번호만 가려 개인을 명확히 알아볼 수 없도록 한다. 완전익명의 중간단계라 할 수 있다. 이러한 가명정보를 4차산업과 첨단서비스 개발에 이용할 수 있다는 점이 각광받고 있지만, 한편으로 개인정보의 남용이 우려된다는 목소리도 있다.

03 다음 중 미국 인플레이션 감축법에 대한 설명으로 틀린 것은?

[2022년 연합인포맥스]

① 2022년 미국 중간선거를 앞두고 통과됐다.
② 전기차에 대한 세제혜택을 골자로 한다.
③ 중국산 배터리를 사용한 자동차는 세제혜택을 받는다.
④ 수입 자동차는 새액공제 대상에서 제외된다.

해설

2022년 8월 미국에서 통과된 기후변화 대응과 대기업 증세 등을 담은 법률이다. 전기차 보급확대를 위해 세액공제를 해주는 내용이 포함됐다. 이 법률에 따르면 중국산 핵심광물과 배터리를 사용한 전기차는 세제혜택 대상에서 빠졌다.

04 달러 등 명목화폐에 고정된 가치로 발행되는 가상화폐는?

[2022년 SBS]

① 리브라
② 스테이블코인
③ NFT
④ 테라코인

해설

스테이블코인(Stable Coin)은 가격변동이 최소화되도록 기존의 미국 달러나 유로화 등 명목화폐와 1대 1로 가치가 고정되어 발행되는 가상화폐다. 2019년 1월에 달러를 담보화폐로 둔 세계 최초의 스테이블코인인 KRWb가 출시된다는 소식이 들려오면서 관심도가 높아졌다.

05 다음 중 반의사불벌죄가 아닌 것은?

[2022년 뉴시스]

① 존속폭행죄
② 협박죄
③ 명예훼손죄
④ 모욕죄

해설

반의사불벌죄는 처벌을 원하는 피해자의 의사표시 없이도 공소할 수 있다는 점에서 고소 · 고발이 있어야만 공소를 제기할 수 있는 친고죄(親告罪)와 구별된다. 폭행죄, 협박죄, 명예훼손죄, 과실치상죄 등이 이에 해당한다. 모욕죄는 친고죄이다.

07 유동화 전문회사가 매출채권, 부동산 등을 담보로 발행하는 기업어음은?

[2022년 머니투데이]

① ABS
② CP
③ ABCP
④ MBS

해설

자산담보부기업어음(ABCP)은 자사담보부증권의 일종으로 유동화 전문회사인 SPC가 매출채권, 부동산 등의 자산을 담보로 발행하는 기업어음이다. 기업은 비교적 만기가 짧은 자산을 담보로 잡기 때문에 자금조달비용을 줄일 수 있다.

06 사우디아라비아의 사막에 건설되는 미래형 신도시 프로젝트의 이름은?

[2022년 세계일보]

① 옥사곤시티
② 레드씨시티
③ 뉴시티
④ 네옴시티

해설

네옴시티(Neom City)는 사우디아라비아의 무함마드 빈 살만 왕세자가 추진하는 프로젝트다. 홍해 인근 사막에 최첨단의 미래형 신도시를 건설한다는 프로젝트로, 사우디의 석유 개발 · 수출의존 경제를 제조업 중심으로 바꾼다는 계획이다. 2022년 11월 우리나라를 방문한 빈 살만 왕세자는 기업 총수들과 면담하며 프로젝트와 관련한 수주에 대해 논의한 것으로 알려졌다.

08 투자를 위해 모금이 이뤄졌으나 투자 집행이 진행되지 않은 자금을 뜻하는 용어는?

[2022년 이데일리]

① 드라이파우더
② 세컨더리 펀드
③ 캐피탈 콜
④ LBO

해설

사모펀드가 모금한 투자금 중, 아직 투자를 진행하지 않은 자금을 뜻하는 용어는 드라이파우더(Dry Powder)다. 드라이파우더는 과거 전쟁에서 군인들이 바로 사용할 수 있도록 비축한 실탄이나 화약을 의미한다.

🔒 01 ① 02 ① 03 ③ 04 ② 05 ④ 06 ④ 07 ③ 08 ①

09 다중채널 네트워크로 1인 방송 창작자들을 종합적으로 관리하는 기업은?

[2022년 스튜디오S]

① OTT
② MCN
③ UGC
④ SMPS

해설

MCN은 '다중 채널 네트워크(Multi Channel Net-work)'의 약자로 유튜버, 스트리머, 크리에이터 등 인터넷방송 채널·창작자들을 종합적으로 관리해주는 기업을 말한다. 연예인들을 관리해주는 연예기획사나 에이전시와 비슷한 역할을 하고 있다.

10 다음 중 상생임대인제도의 직전계약 대비 임대료 인상 기준은?

[2022년 YTN]

① 10% 이내
② 7% 이내
③ 5% 이내
④ 3% 이내

해설

상생임대인은 임대료를 직전계약 대비 5% 이내로 인상해 신규계약을 하거나 기존계약을 갱신한 임대인을 말한다. 문재인정부는 임대료를 과하게 올리지 않은 임대인에게 양도소득세 혜택을 적용해 전월세시장을 안정시킨다는 목적하에 상생임대인제도를 신설했고, 이어서 윤석열정부는 2022년 6월 발표한 부동산대책에서 상생임대인 인정요건을 완화하고 임대인들을 대상으로 한 혜택을 늘리는 방향으로 기존의 제도를 개선해 시행했다.

11 다음 중 2022년 노벨생리의학상을 수상한 사람의 이름은?

[2022년 연합뉴스]

① 알랭 아스페
② 존 F. 클라우저
③ 안톤 차일링거
④ 스반테 페보

해설

2022년 노벨생리의학상 수상자는 스웨덴 출신 진화생물학자 '스반테 페보'다. 페보는 독일 막스플랑크 진화인류학연구소에서 오랫동안 근무하면서 현생 인류의 친척뻘인 네안데르탈인의 유전자를 해독했다. 노벨위원회가 요약한 그의 공적은 '멸종한 호미닌(Hominin, 사람족)들의 게놈과 인간진화에 관한 발견'이다. 나머지 보기의 인물들은 2022년 노벨물리학상 수상자들이다.

12 다음 중 우리나라의 미사일 대응방법인 한국형 3축 체계에 해당하지 않는 것은?

[2022년 연합뉴스]

① SDI
② Kill Chain
③ KAMD
④ KMPR

해설

한국형 3축 체계는 미사일 선제 대응방법 순서로서 3축은 북한의 미사일 위협을 실시간으로 탐지해 표적을 타격하는 공격체계인 킬 체인(Kill Chain, 1축), 북한의 미사일을 공중에서 방어하는 한국형 미사일방어체계(KAMD, 2축), 북한의 미사일 공격 시 미사일 전력과 특수작전부대 등으로 지휘부를 응징하는 대량응징보복(KMPR, 3축)을 말한다.

13 다음 중 맹자가 주장한 사단 중 홍익인간 정신에 가장 가까운 것은?

[2022년 전라남도공공기관통합채용]

① 측은지심

② 수오지심

③ 사양지심

④ 시비지심

해설

맹자가 주장한 사단은 다른 사람을 불쌍히 여기고 안타까워하는 마음인 측은지심(惻隱之心), 부끄러움과 수치를 아는 마음인 수오지심(羞惡之心), 예의와 존경을 아는 마음인 사양지심(辭讓之心), 옳고 그름을 판단하는 마음인 시비지심(是非之心)이다. '널리 사람을 이롭게 하라'는 홍익인간의 정신과 가장 가까운 것은 사양지심이다.

14 다음 중 입체파 화가가 아닌 사람은?

[2022년 전라남도공공기관통합채용]

① 알베르토 자코메티

② 빈센트 반 고흐

③ 디에고 리베라

④ 폴 세잔

해설

현대미술 사조인 입체파는 20세기 초 야수파의 뒤를 이어 프랑스에서 일어났고, 물체의 모양을 분석하고 구조를 연결하여 기하학적으로 재구성한 것으로 유명하다. 대표적 화가로는 파블로 피카소, 폴 세잔, 조르조 브라크, 디에고 리베라, 알베르토 자코메티 등이 있다.

15 독립협회에 대한 설명으로 틀린 것은?

[2022년 전라남도공공기관통합채용]

① 갑신정변 이후 서재필 등이 창립했다.

② 만민공동회와 관민공동회를 개최했다.

③ 독립문을 건립했다.

④ 중추원 폐지를 통해 서구식 입헌군주제 실현을 목표로 했다.

해설

갑신정변 이후 미국에서 돌아온 서재필은 남궁억, 이상재, 윤치호 등과 함께 독립협회를 창립하고 만민공동회와 관민공동회를 개최하여 국권·민권신장운동을 전개했다. 또한 중추원 개편을 통한 의회 설립과 서구식 입헌군주제 실현을 목표로 활동했다. 아울러 청의 사신을 맞던 영은문을 헐고 그 자리 부근에 독립문을 건립하기도 했다.

16 국정조사에 대한 설명으로 틀린 것은?

[2022년 평택도시공사]

① 비공개로 진행하는 것이 원칙이다.

② 재적의원 4분의 1 이상의 요구가 있는 때에 조사를 시행하게 한다.

③ 특정한 국정사안을 대상으로 한다.

④ 부정기적이며, 수시로 조사할 수 있다.

해설

국정조사는 특정한 국정사안 조사에 대해서 국회 재적의원의 4분의 1 이상 요구가 있을 때 실시할 수 있다. 국정조사는 공개를 원칙으로 하고, 비공개를 요할 경우에는 위원회의 의결을 얻도록 하고 있다.

09 ② 10 ③ 11 ④ 12 ① 13 ③ 14 ② 15 ④ 16 ①

17 다음 중 세계 3대 교향곡에 해당하지 않는 것은?

[2022년 평택도시공사]

① 베토벤 〈운명〉
② 슈베르트 〈미완성 교향곡〉
③ 말러 〈대지의 노래〉
④ 차이코프스키 〈비창〉

해설

교향곡(Symphony)은 오케스트라의 합주를 위해 작곡한 소나타 고전파 음악이다. 18~19세기 초 고전파 음악의 대표적 장르로서, 4악장으로 구성되어 있으며 관현악으로 연주되는 대규모의 기악곡이다. 세계 3대 교향곡은 베토벤의 〈운명〉, 슈베르트의 〈미완성 교향곡〉, 차이코프스키의 〈비창〉이다.

18 저작권에 반대되는 개념으로 지적 창작물에 대한 권리를 모든 사람이 공유할 수 있도록 하는 것은?

[2022년 한국수력원자력]

① 베른조약
② WIPO
③ 실용신안권
④ 카피레프트

해설

카피레프트(Copyleft)는 지적 창작물에 대한 권리를 모든 사람이 공유할 수 있도록 하는 것이다. 1984년 리처드 스톨먼이 주장한 것으로 저작권(Copyright, 카피라이트)에 반대되는 개념이며 정보의 공유를 위한 조치이다. 카피레프트를 주장하는 사람들은 지식과 정보는 소수에게 독점되어서는 안 되며 모든 사람에게 열려 있어야 한다고 주장한다.

19 다음 중 북어 5쾌와 숫자가 다른 것은?

[2022년 대전광역시공공기관통합채용]

① 달걀 10꾸러미
② 김 1 톳
③ 오이 2거리
④ 바늘 4쌈

해설

'쾌'는 북어를 묶어 세는 단위로서 한 쾌는 북어 20마리를 가리킨다. 이 밖에도 한 꾸러미는 달걀 10개, 한 톳은 김 100장, 한 거리는 오이 50개, 한 쌈은 바늘 24개다. 5쾌는 북어 100마리이므로 숫자가 다른 것은 바늘 4쌈이다.

20 손자 · 손녀를 위해 아낌없이 고가의 선물을 사주는 소비력 높은 연령층을 뜻하는 말은?

[2022년 대전광역시공공기관통합채용]

① 피딩족
② 노노족
③ 슬로비족
④ 코쿤족

해설

피딩족(Feeding族)은 경제적(Financial)으로 여유가 있고 육아를 즐기며(Enjoy) 활동적(Energetic)이고 헌신적(Devoted)인 장년층 이상을 뜻하는 용어다. 손자와 손녀를 위해 서슴없이 비싼 선물을 사주는 경제력 있는 노년층을 뜻하기도 한다.

21 다음 절기 중 가을과 관계없는 것은?

[2022년 대전광역시공공기관통합채용]

① 처서(處暑)

② 경칩(驚蟄)

③ 백로(白露)

④ 상강(霜降)

> **해설**
> 처서(處暑)는 음력 8월 23일경으로 더위가 물러가는 시기를 뜻하고 백로(白露)는 이슬이 내리고 가을기운이 찾아오는 음력 9월 8일경을 뜻한다. 서리가 내리는 즈음인 10월 23일경은 상강(霜降)이라고 한다. 경칩(驚蟄)은 동물이 겨울잠에서 깨어나는 시기인 음력 3월 5일경이다.

22 다음 중 역사상 감찰담당기구 또는 관직이 아닌 것은? [2022년 대전광역시공공기관통합채용]

① 제위보

② 외사정

③ 중정대

④ 사정부

> **해설**
> 외사정(外司正)은 신라시대에 지방에서 지방관의 비리를 감찰하는 관직이었고, 중정대(中正臺)는 발해의 중앙관부로 관료들의 비위를 감찰하는 역할을 했다. 사정부(司正府) 또한 신라의 감찰기관이었다. 제위보(濟危寶)는 고려시대에 설치된 빈민구호 담당기관이다.

23 고려 태조 왕건이 왕실 자손들에게 훈계하기 위해 남겼다고 전하는 항목은?

[2022년 부천도시공사]

① 시무28조

② 훈요10조

③ 12목

④ 봉사10조

> **해설**
> 고려 태조 왕건은 왕권강화를 위해 〈정계〉와 〈계백료서〉를 통해 임금에 대한 신하들의 도리를 강조했고, 후대의 왕들에게도 지켜야 할 정책 방향을 훈요10조를 통해 제시했다. 사심관제도와 기인제도를 활용하여 지방호족을 견제하고 지방통치를 보완하려 했다.

24 다음 중 트렌드에 대한 '고립공포감'을 뜻하는 증후군은? [2022년 부천도시공사]

① 클라인레빈증후군

② 오셀로증후군

③ 포모증후군

④ 라마증후군

> **해설**
> '고립공포감'을 뜻하는 포모(FOMO ; Fear Of Missing Out)증후군은 세상의 흐름과 트렌드를 놓치거나 뒤처지는 것에 불안을 느끼는 증후군이다. 다른 사람들이 무엇을 하는지 지속해서 확인하고 싶어 하고, 자신이 다른 이들에 비해 놓치고 있는 것은 없는지 불안해한다. 세상과 연결되기를 강박적으로 원해 SNS에 중독적으로 매달리고 병적으로 인터넷에 집착하기도 한다.

시사상식 예상문제

01 남한과 북한의 분계선과 관련된 다음 용어들에 대한 풀이로 틀린 것은?

① MDL : 비교전접촉선
② NLL : 북방한계선
③ JSA : 공동경비구역
④ DMZ : 비무장지대

해설

MDL(Military Demarcation Line)은 군사분계선으로 두 교전국 간의 휴전협정에 의해 그어지는 군사활동의 경계선이다. 한국의 경우 1953년 7월 UN군과 공산군이 합의한 정전협정에 따라 규정된 경계선을 말한다.

02 2021년 7월 금융위원회가 설정한 법정 최고금리는 몇 %인가?

① 20%
② 24%
③ 25.9%
④ 27.9%

해설

법정 최고금리는 금융회사와 대부업체가 폭리를 취하지 못하도록 대출금 금리에 상한선을 정한 것이다. 이를 어길 경우 3,000만원 이하의 벌금을 내야 한다. 현재 법정 최고금리는 20%로, 2018년 2월 8일 연 27.9%에서 24.0%로 인하됐다가 2021년 7월부터는 최고금리가 연 20%로 인하됐다.

03 공직자가 자신의 재임기간 중에 주민들의 민원이 발생할 소지가 있는 혐오시설들을 설치하지 않고 임기를 마치려고 하는 현상은?

① 핌투현상
② 님투현상
③ 님비현상
④ 핌피현상

해설

님투란 'Not In My Terms Of Office'의 약어로 '나의 공직 재임기간 중에는 안 된다'는 뜻이다. 공직자가 자신의 임기 내에 쓰레기매립장이나 분뇨처리장, 하수처리장, 원자력발전소 등 지역주민들이 반발하거나 주변 지역의 환경을 훼손할 우려가 있는 시설을 들여놓지 않으려 하는 것을 말한다.

04 다음 중 판소리 5마당이 아닌 것은?

① 춘향가
② 수궁가
③ 흥보가
④ 배비장전

해설

판소리 5마당은 춘향가, 심청가, 흥보가, 적벽가, 수궁가를 말한다. 배비장전은 판소리 열두마당에 속하는 '배비장타령'을 소설화한 것으로 양반층의 허위의식과 위선을 풍자한 작품이다.

05 다음에서 설명하는 사상을 집대성한 정치철학자는?

> • 중국 춘추전국시대에 발흥했다.
> • 신불해, 상앙 등의 사상가가 있다.

① 한비자
② 노자
③ 맹자
④ 장자

해설

제시된 내용은 법가(法家)에 대한 설명이다. 한비자는 법가 사상을 집대성한 중국 춘추전국시대의 정치철학자로서 도가, 유가, 묵가 등 여러 학문을 수학하여 강력한 법에 의한 통치를 뜻하는 형명학(刑名學)을 제창했다. 그는 "군자(君子)와 성인(聖人)은 수백년에 한번 나올까 말까 하지만 제도는 항상 있을 수 있으니 성인에 의한 통치보다는 제도 구축에 힘써야 한다"고 역설했다.

06 PC나 휴대폰 등에 남아 있는 디지털 정보를 분석하여 범죄단서를 찾는 수사기법은?

① 디지털 컨버전스
② 디지털 디바이드
③ 디지털 포렌식
④ 디지털 디톡스

해설

디지털 포렌식(Digital Forensic)이란 컴퓨터나 휴대폰, CCTV 등의 디지털 증거물을 분석하여 수사에 활용하고 해당 증거물의 증거능력을 향상시키기 위한 과학수사기법을 총칭하는 용어다. 특히 범행을 숨기기 위해 삭제한 자료를 복원하는 데 널리 활용되고 있다.

07 다음 중 단어와 로마자 표기가 잘못된 것은?

① 개천절 – Gaecheonjeol
② 금강산 – Geumgangsan
③ 편집자 – Pyeonjipja
④ 광희문 – Gwanghimun

해설

우리말 단어의 로마자 표기는 표준발음법에 따라 적되 표기원칙에 맞춰 적는다. 광희문과 같이 'ㅢ'가 'i' 발음을 내는 경우, 발음보다는 표기형태에 맞춰 'Gwanghuimun'으로 원형을 밝혀 적는다.

08 다음과 같은 기능을 하는 매체를 무엇이라 하는가?

> • 네트워크의 발달로 인해 양방향 소통이 이뤄진다.
> • 유튜브, 페이스북과 같이 콘텐츠 제작자와 수용자의 경계가 모호하다.

① N스크린(N-screen)
② 뉴미디어(New Media)
③ 키오스크(Kiosk)
④ 스낵컬쳐(Snack Culture)

해설

뉴미디어는 과학기술이 발전함에 따라 전통적인 매체에 네트워크 기술이 접목하면서 상호작용이 가능해진 새로운 미디어를 가리킨다. 또한 각각의 기능을 발휘했던 기존의 매체가 다른 매체나 다른 기술과 결합하여 보다 편리하고 진보된 새로운 기능과 실용성을 갖추게 된 미디어를 뜻하기도 한다.

09 개헌 절차에 대한 설명으로 틀린 것은?

① 발의 절차는 2원화 되어 있다.
② 정부수립 방식이 변경될 때마다 공화국 제호가 변경된다.
③ 국민투표 전에 대통령은 거부권을 행사할 수 있다.
④ 의결에는 국회 재적의원 3분의 2 이상의 찬성이 필요하다.

해설
개헌은 대통령 혹은 국회 재적 과반수의 의원으로 발의한다. 발의된 헌법개정안은 대통령이 20일 이상 공고해야 하며, 공고된 날로부터 60일 이내에 국회 의결을 거쳐야 한다. 국회 의결은 출석자 관계없이 재적의원 3분의 2 이상의 찬성이 필요하다. 국회에서 의결될 경우 30일 이내에 국민투표를 실시해야 하며, 국민투표 결과 발표 즉시 헌법에 반영된다. 정부 형태가 변경될 경우에는 공화국 제호가 바뀐다.

10 국채의 상환기간을 유예하는 것은?

① 디폴트
② 모라토리엄
③ 살라미
④ 로폴리틱스

해설
모라토리엄(Moratorium)은 국가나 지자체가 대외 채무에 대한 지불유예를 선언하는 것을 의미한다. 전쟁, 지진, 경제공황, 화폐개혁 등에 의해 경제가 혼란하고 채무이행이 어려워진 경우 일정 기간 채무의 이행을 연기하거나 유예할 수 있다.

11 육아, 살림, 직장생활까지 다방면에서 출중한 경력 있는 여성을 가리키는 용어는?

① 나오머족
② 좀비족
③ 파이어족
④ 로하스족

해설
나오머는 'Not Old Multiplayer'의 첫음절을 따서 만든 말이다. 늙지 않는 멀티플레이어라는 뜻으로 육아와 부부 관계와 일까지 전부 잘하는 여성을 가리킨다.

12 월드컵에 대한 설명 중 틀린 것은?

① 월드컵 본선 경기는 총 64번 치러진다.
② 카타르 월드컵을 포함해 우리나라가 월드컵에 진출한 횟수는 총 9회이다.
③ 'W세대'란 2002년 월드컵 당시 응원을 주도한 세대를 가리키는 말이다.
④ 2022년 카타르 월드컵에서 우승한 국가는 아르헨티나이다.

해설
우리나라는 1954년 스위스 월드컵에서 본선에 처음 진출했으며 이후 1986년 멕시코 월드컵부터 2022년 카타르 월드컵까지 연속 10회 진출하여 총 11회 진출했다.

13 다음과 같은 구절이 수록된 저서를 지은 철학자는 누구인가?

> 신이란 절대 무한한 존재자이다. 즉 그 하나하나가 영원하고 무한한 본질을 표현하는 무한히 많은 속성으로 이루어진 실체이다.

① 헤겔
② 베이컨
③ 스피노자
④ 비트겐슈타인

해설

〈에티카〉는 신과 정신, 감정에 대한 정의(精義)를 내리고 이를 바탕으로 공리와 정의(正義)를 탐구하는 스피노자의 저서이다. 스피노자는 이 책을 통해 물질과 정신이 각각 독립적으로 존재한다는 '물심평행론'을 주장했다.

15 다음 중 '블랭킷에어리어'와 가장 관련 있는 장소는 어디인가?

① 군부대
② 경찰서
③ 방송국
④ 학교

해설

블랭킷에어리어(Blanket Area)란 대형 안테나를 통한 송신소가 근처에 있어 다른 전파가 방해를 받아 휴대폰 등의 수신기가 마비되는 현상을 말한다. 방송국 인근에서는 데이터 송수신과 통화가 잘 안 되는 것 때문에 사회적으로 문제가 되기도 한다.

14 다음 중 영화용어에 대한 설명으로 옳지 않은 것은?

① 신스틸러 : 전개상 크게 중요하지 않으나 유달리 주목받는 조연 배우
② 인터미션 : 악당 역으로 데뷔해 주목을 받는 신인 배우
③ 블랙코미디 : 사회풍자적 희극
④ 시퀀스 : 극 중 하나의 전개를 담당하는 분량의 영상

해설

②는 '뉴헤비(New Heavy)'에 대한 설명이다. 인터미션은 극 중간의 휴식시간을 가리키는 용어로 대체적으로 10~20분 정도이며, 없는 경우도 있다.

16 다음 중 복수표준어의 연결이 바르지 않은 것은?

① 가락엿 – 가래엿
② 곰곰 – 곰곰히
③ 넝쿨 – 덩굴
④ 벌레 – 버러지

해설

복수표준어는 같은 뜻을 가진 두 개 이상의 단어를 표준어로 인정하는 것을 말하며, 한 지역에서 쓰던 말이 널리 퍼지면서 나중에 표준어가 되기도 한다. '곰곰'의 복수표준어는 '곰곰이'이다.

17 다음 중 IT용어와 그에 대한 설명이 옳지 않은 것은?

① 망중립성 : 인터넷 망의 사용에 차별을 두지 않는 것
② 블록체인 : 제3자의 거래를 승인해주는 보안 방식
③ 스마트팩토리 : 시장의 여건에 따라 생산을 달리하는 공장
④ 쿠키 : 네트워크 전송을 위해 일정 단위로 나눈 데이터

> **해설**
> 쿠키는 인터넷 사용자가 접속한 웹사이트 정보를 자동으로 저장하는 정보기록 파일이다. 이용자가 본 내용, 상품 구매 내역, 신용카드 번호, 아이디(ID), 비밀번호, IP주소 등의 정보를 기억하고 있다가 다음에 접속할 때 이전의 상태를 유지하면서 검색할 수 있게 하는 역할을 한다. 네트워크 전송을 위해 일정 단위로 나눈 데이터는 '패킷'이다.

18 질병에 대한 설명으로 옳지 않은 것은?

① 대상포진 : 수포를 동반한 물집 형태의 병변이 나타난다.
② 구제역 : 우제류 동물에게 나타난다.
③ 각기병 : 동아시아 지역의 전염병이다.
④ 노로바이러스 : 흔히 겨울장염이라 불린다.

> **해설**
> 각기병은 비타민 B1이 부족해 생기는 결핍증으로 비타민 B1은 감자, 돼지고기, 쌀눈 등에 많이 함유되어 있다. 상대적으로 감자와 돼지고기의 섭취가 부족하던 동아시아 지역에서 도정된 쌀만 먹는 사람에게 많이 발병했다.

19 다음에서 설명하는 우리말은 무엇인가?

> • 사람을 대하는 태도가 친밀하지 않다.
> • 행동이 신중하거나 조심스럽지 않은 모양이다.

① 각다분하다
② 투미하다
③ 데면데면하다
④ 습습하다

> **해설**
> • 각다분하다 : 일을 해나가기가 몹시 힘들고 고되다.
> • 투미하다 : 어리석고 둔하다.
> • 습습하다 : 활발하고 너그럽다.

20 1987년 개헌된 현행 헌법의 전문에 나와 있지 않은 날짜는 무엇인가?

① 5 · 18
② 4 · 19
③ 3 · 1
④ 7 · 12

> **해설**
> **현행 헌법 전문(前文)**
> (전략) 3 · 1운동으로 건립된 대한민국 임시정부의 법통과 불의에 항거한 4 · 19민주이념을 계승 (중략) 1948년 7월 12일에 제정되고 8차에 걸쳐 개정된 헌법을 이제 국회의 의결을 거쳐 국민투표에 의하여 개정한다.

21 다음 중 국제기구와 그 설명이 알맞지 않은 것은?

① IAEA : 전 세계의 원자력 사용을 감시하는 기구이다.
② NATO : 미국·캐나다와 유럽 10개국 등의 집단방위기구이다.
③ 국제엠네스티 : 국제사면위원회로 인권보호 활동을 한다.
④ UN : 현재 사무총장은 코피 아난이다.

해설
국제연합(UN)은 제2차 세계대전 이후 전쟁 방지와 평화 유지를 위해 설립된 국제기구다. 크게 주요기구와 보조기구, 전문기구로 구성돼 있으며 192개국이 회원국으로 가입돼 있다. 현재 UN 사무총장은 2017년 취임한 안토니우 구테흐스이다.

22 외국 제품이 우수하여 수입이 급증할 때, 수입국이 관세를 인상하거나 수입량을 제한하여 국내 기업의 손실을 예방하는 조치는?

① 반덤핑관세
② 무역클레임
③ 세이프가드
④ 관세환급제

해설
세이프가드는 특정 품목의 수입이 증가함에 따라 국내 기업의 손실이 우려될 경우 실시하는 관세 및 무역에 관한 일반 협정과 세계무역기구에서 허가하는 긴급수입제한 조치이다. 수입국은 관세를 인상하거나 수입량을 제한할 수 있다.

23 다음 중 용어에 대한 설명이 옳지 않은 것은 무엇인가?

① 샤잠 : 영상을 편집하는 프로그램
② 누아르 : 범죄자 세계를 소재로 하는 영화
③ 디졸브 : 서서히 이전 화면이 흐려지고 다음 화면이 나타나는 편집 기법
④ 마살라 : 인도의 영화에서의 장르 혼합

해설
샤잠(Shazam)은 음악을 검색하고 듣는 프로그램이다. 영상편집 프로그램으로는 iMovie, Filmmaker pro, Go Pro Quik, Adobe Premiere 등이 있다.

24 다음에서 설명하는 것은 무엇인가?

- 구리보다 100배 이상 전기가 잘 통한다.
- 2차원 평면상에 6각형으로 이뤄지는 구조를 갖는다.

① 베크렐
② 그래핀
③ 시그마
④ 리튬

해설
그래핀은 구리보다 100배 이상 전기가 잘 통하고, 실리콘보다 100배 이상 전자이동성이 빠르다. 강도는 강철보다 200배 이상 강하며, 다이아몬드보다 2배 이상 열전도성이 높다. 또한, 빛을 대부분 통과시키기 때문에 투명하고 신축성도 매우 뛰어나다.

01 미국 유명가수 제임스 브라운이 만든 장르는 '펑크'이다. [장학퀴즈]

O X

해설
제임스 브라운은 대중음악의 역사에서 빼놓을 수 없는 인물 중 한 명으로 재즈와 소울, R&B를 기원으로 한 펑크 음악의 창시자로 불린다.

02 그루밍족은 패션과 미용에 아낌없이 투자하는 남자를 일컫는 말이다. [장학퀴즈]

O X

해설
그루밍족은 패션과 미용 등 외모에 시간과 비용을 아낌없이 투자하는 남성을 가리키는 말이다.

03 무알콜 맥주에는 '0.0%' 혹은 '0.00%'이라고 적혀있는데, 이것의 유무에 따라 다르게 표기가 된다고 한다. 이것은 무엇인가? [옥탑방의 문제아들]

해설
무알콜 맥주는 알코올 유무에 따라 표기가 달라진다. 0.0% 맥주는 알코올 일부가 함유된 것이고 0.00% 맥주는 탄산음료에 맥주 향을 첨가한 것이다.

04 제시된 첫소리와 도움말을 보고 낱말을 맞춰라. [우리말 겨루기]

- 첫소리 : ㄷㅁㅅㄷ
- 도움말 : 엉뚱한 대답

해설
'동문서답(東問西答)'은 물음과는 전혀 상관없는 엉뚱한 대답을 말한다.

05 '지난(至難)하다'의 바른 뜻풀이는? [우리말 겨루기]

① 이미 지나간 일이다.
② 지극히 어렵다.

해설
'지난(至難)하다'는 '지극히 어렵다'는 뜻으로 비슷한 말로 '고되다', '곤란하다' 등이 있다.

06 다음 보기 중 맞춤법이 틀린 것은? [우리말 겨루기]

① 걷혀서
② 들러서
③ 담궈서
④ 데워서

해설
'담그다'는 '담가', '담가서', '담갔다' 등으로 활용할 수 있다. 따라서 '담궈서'가 아니라 '담가서'로 쓰는 것이 적절하다.

07 그리스 신화에 나오는 헤파이스토스는 신들에게 화려한 장비를 만들어주는 이 직업의 신으로 알려져 있다. 이 직업은 무엇인가?　　　[유 퀴즈 온 더 블럭]

해설
헤파이스토스는 그리스 신화에 등장하는 올림포스 12신 중 하나로 불과 대장간(대장장이)의 신이다.

08 '활활 타오르는 불꽃의 기운'이라는 뜻으로 마치 용이 입에서 불을 뿜어내는 듯한 대단한 기세를 가리키는 용어는?
　　　[유 퀴즈 온 더 블럭]

해설
기염(氣焰)은 불꽃처럼 대단한 기세를 가리키는 말로 '기염을 토하다'라는 표현으로 주로 사용된다.

09 흔히 남에게 약점을 잡혀 꼼짝 못하게 되는 상황일 때 '이것이 잡히다'라는 표현을 쓴다. 신체부위 중 하나인 이것은 무엇인가?　　　[유 퀴즈 온 더 블럭]

해설
'발목을 잡히다'라는 말은 어떤 일에 꼭 잡혀서 벗어나지 못함을 이르는 말이다.

10 생선가게 주인 현무는 밤마다 생선을 훔쳐가는 도둑 때문에 골머리를 앓고 있다. 성냥개비 4개를 움직여 생선을 훔쳐가지 못하게 하라.　　　[문제적 남자]

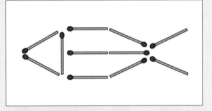

해설

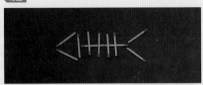

창의적인 사고가 필요한 문제로 몸통 부분을 나타내는 바깥쪽 성냥 4개를 중앙으로 움직여 가시만 남은 생선으로 모양을 변형시킨다.

11 바를 정 자를 한 붓 그리기하라.
　　　[문제적 남자]

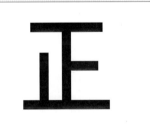

해설

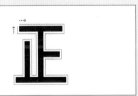

창의적으로 생각해야 풀 수 있는 문제로 한자의 바깥쪽 테두리를 따라 그리면 한 붓 그리기로 바를 정 자를 그릴 수 있다.

취업!
실전문제

최종합격 기출면접	96
대기업 최신기출문제	100
공기업 최신기출문제	116
한국사능력검정시험	132
면접위원을 사로잡는 답변의 기술	142
합격을 위한 레벨업 논술	146
이달의 자격증 정보	150

최종합격 기출면접

신한은행 면접은 1차 면접과 2차 면접으로 진행된다. 2022년 하반기 1차 면접에서는 화상으로 인성면접, PT면접, 직무역량면접을 진행했고, 2차 면접에서는 임원들과 인성면접을 진행했다. 자기소개서와 1분 자기소개 내용을 위주로 대답을 준비하되, 자신의 경험이 신한은행과 연결될 수 있도록 답변해야 한다. 신한은행 정보를 바탕으로 한 면접 기출문제로 연습한다면 어려움 없이 합격할 수 있을 것이다.

1

1차 면접

지원한 직무에 따라 면접 유형이 조금씩 다를 수 있지만, 주로 인성면접과 PT면접, 직무역량면접의 형태로 진행된다. 인성면접은 비교적 편한 분위기로 진행되며, 사상과 자기소개서 검증이 목적이므로 진실한 모습을 보여주는 것이 좋다. PT면접에서는 최근 금융 산업에서 이슈가 된 내용이 출제되며 객관적인 수치나 용어를 사용해 자료를 작성하는 것이 좋다. 직무역량면접은 직무와 관련해 가장 구체적으로 질문하는 유형으로 롤플레잉 형식으로 진행된다.

기출문제

- 타행에서 인턴을 했음에도 불구하고 신한은행을 지원한 이유는 무엇인가?
- 최근 신한은행에 방문했던 경험이 있는가?
- 신한은행의 쏠(SOL)을 사용한 경험이 있는가? 사용해 보았다면 장ㆍ단점이 무엇이라고 생각하는가?
- 신한은행하면 떠오르는 이미지가 있는가?
- 본인이 세상을 이롭게 했던 경험이 있는가?
- 본인이 기업금융 업무에 가진 역량이 무엇이라고 생각하는가?
- 본인이 가장 중요시하는 가치관은 무엇인가?
- 갈등을 해결해 봤던 경험을 구체적으로 말해 보시오.
- 인생에서 가장 창의적인 경험은 무엇인가?
- 세일즈 경험에서 수익을 얻었는가? 얻었다면 그 수익은 어느 곳에 사용했으며, 왜 세일즈 경험을 하기로 다짐한 것인가?
- 입행 후에 하고 싶은 업무는 무엇인가?
- 신한은행의 5대 가치 중 자신과 부합한다고 생각하는 것과 그 이유는 무엇인가?
- 현재 대형 포털에서 연예ㆍ스포츠 댓글 폐지에 따른 순기능과 역기능을 1개씩 말해 보고, 이러한 댓글 폐지가 긍정적인지 부정적인지 이유를 들어 말해 보시오.
- 독점의 정의를 말해 보고, 본인은 독점에 대해 긍정적인지 부정적인지 이유를 들어 말해 보시오.
- 간접 금융과 직접 금융의 차이를 말해 보고, 둘 중에 어느 것이 더 안전하다고 생각하는지 말해 보시오.

2 2차 면접

면접에서 활용할 자기소개를 준비해 두고, 지원시 제출한 자기소개서를 바탕으로 나올 수 있는 예상질문 리스트를 만들어 미리 답변을 준비해야 한다. 또 최신 뉴스와 신문기사 등을 통해 사회 전반적인 이슈 및 금융권과 관련된 지식을 습득해 둘 필요가 있다.

기출문제

- 신한은행에서 이루고 싶은 꿈은 무엇인지 말해 보시오.
- 면접에 임하는 각오를 말해 보시오.
- 우리 은행과 거래하던 중소기업이 주거래 은행을 변경하는 경우가 있다. 이를 방지하기 위해서 해야 할 일은?
- 옆의 지원자의 장점은 무엇이라고 생각하는가?
- 옆의 지원자보다 나은 내 장점은 무엇인가?
- 자기소개를 해 보시오.
- 마지막으로 하고 싶은 말이 있는가?
- 지원동기를 말해 보시오.
- 본인의 별명에 대해 말해 보시오.
- 워라밸에 대한 자신의 생각을 말해 보시오.
- 어제 본 기사 중 생각나는 것을 말해 보시오.
- 증시 하락기에는 어떤 펀드가 좋은지 말해 보시오.
- 좋아하는 사자성어는 무엇인가?
- 면접 전날에 무엇을 했는가?
- 친구들이 생각하는 본인의 모습에 대해 말해 보시오.
- 신한만의 키워드는 무엇이라고 생각하는가?
- (은행 인턴 유경험자에게) 은행에서 일한 경험이 있는데, 생각했던 것과 달랐던 점이 있는가?
- 기업의 가치관과 본인의 가치관이 다를 경우 어떻게 행동할 것인가?
- 본인만의 강점은 무엇인가?
- 자신의 단점이나 약점은 무엇이라고 생각하는가?
- 본인은 리더인가 팔로워인가?
- 본인을 책 주인공에 비유해 보시오.
- 신한은행의 단점은 무엇이라 생각하는가?
- 지원한 직무에 배치되지 않아도 괜찮겠는가?
- 본인에게 중요한 것은 신한은행에서 일하는 것인가, 아니면 지원한 그 직무를 맡는 것인가?
- 아르바이트를 하면서 손님과 마찰을 빚었던 경험이 있는가?
- 은행원이 되기 위해 무엇을 준비했는가?
- 본인이 생각하는 은행원이 갖추어야 할 역량은 무엇이며, 그 중 가장 중요한 한 가지는 무엇인가?
- 더 좋은 근무 조건의 회사에서 합격 통지를 받으면 이직할 것인가?
- 신한은행 입행 후 이루고 싶은 꿈은 무엇인가?
- 신한은행에 들어오기 위해 어떤 노력을 했는가?
- 타 은행과 비교하여 신한은행의 장점과 단점은 무엇이라고 생각하는가?
- 가치관 형성에 가장 큰 영향을 준 사람은 누구인가?
- PB로서 가장 조심해야 할 부분은 무엇이라 생각하는가?

포스코그룹은 '더불어 함께 발전하는 기업시민'을 경영이념으로 삼고 있다. 이를 바탕으로 주인의식과 책임감을 가지고 매사에 결단력을 발휘하며 남보다 앞서 솔선하는 '실천', 겸손과 존중의 마인드로 상생을 실천하고 의생과 봉사의 자세를 추구하는 '배려', 본연의 업무에 몰입해 문제에 대해 주도적으로 새로운 아이디어를 적용하는 '창의'를 지닌 인재, 즉 '실천의식과 배려의 마인드를 갖춘 창의적 인재'를 선발하고자 한다.

1

1차 면접

직무역량평가를 목적으로 지원자의 가치관과 직무역량 수준을 종합적으로 평가하기 위해 인성 · 직무 · 분석발표 면접 및 조별활동 · 역사에세이 · 도서퀴즈로 구성된다. 총 6단계의 절차를 거쳐 합격자를 선발하기 때문에 각 영역별로 필요한 부분들을 미리 확인하고 준비해야 한다.

기출문제

- 포스코에서 이루고 싶은 꿈은 무엇인가?
- 10년 뒤에 꿈꾸는 자신의 모습에 대해 말해 보시오.
- 포스코의 경쟁사는 어디라고 생각하는가? 언급한 경쟁사와 비교했을 때 포스코의 장단점은 무엇인가?
- 자신이 가장 잘할 수 있는 것은 무엇인가?
- 남들과는 다른 자신만의 경쟁력은 무엇인가?
- 최근 1년 동안 자신이 했던 가장 윤리적인 일과 비윤리적인 일을 말해 보시오.
- 주인의식이란 무엇인가? 포스코 직원의 주인의식 고취 방안에 대해 말해 보시오.
- 기업을 지원하는 기준이 무엇인가?
- 하기 싫었던 일이지만 해야 했던 경험을 말해 보시오.
- 자신의 가치관과 그것을 형성하기 위해 어떤 노력을 했는지 말해 보시오.
- 전공을 활용해서 우리 회사에 어떻게 기여할 것인가?
- 철강업에 관심을 갖게 된 계기는 무엇인가?
- 발전회사에 어떻게 관심을 두게 되었는가?
- 발전소와 관련된 전공활동은 무엇이 있는가?
- 철로 만들 수 있는 실생활물건은 무엇이 있는가?
- 제어공학에서 시스템이란 무엇인가?
- 계단함수와 정상상태에 대해 아는 대로 말해 보시오.
- Settling Time이란 무엇인가?
- 베르누이 방정식에 대해 말해 보시오.
- 무차원수에 대해 말해 보시오.
- 후크의 법칙에 대해 말해 보시오.
- 제강공정에 대해 말해 보시오.
- 5대 원소에 대해 말해 보시오.
- LNG 발전소에 대해 설명해 보시오.
- 전공 과목(기계)을 통해 무엇을 배웠는가?
- 시멘트 규격이 의미하는 바를 알고 있는가?

2

2차 면접

포스코가 추구하는 인재상에 얼마나 적합한지를 확인하는 단계로 임원면접 형식으로 진행된다. 지원자의 가치관, 직업관 등에 대한 질의응답이 이루어지며 도전정신, 창의력, 조직적응성, 윤리성 등을 종합적으로 평가한다.

기출문제

- 자기소개를 해 보시오.
- 지원동기가 무엇인가?
- 입사 후 포부를 말해 보시오.
- 기업시민에 대해 말해 보시오.
- 본인만의 스트레스 해소법은 무엇인가?
- 교외봉사를 한 경험이 있는가? 있다면 어떤 이유로 하게 됐는지 말해 보시오.
- 지원 직무와 관련한 전공 수업을 들은 경험이 있다면 말해 보시오.
- 자신의 브랜드 가치가 100점 만점 중 몇 점이라고 생각하는가?
- 워라밸에 대해 어떻게 생각하는가?
- 지원 직무에서 활용할 수 있는 자신만의 강점에 대해 말해 보시오.
- 불합리한 상황에 처할 경우 어떻게 대처할지 말해 보시오.
- 상사와 의견 차이가 있을 경우 어떻게 할 것인가?
- 재택근무에 대해 어떻게 생각하는가?
- 직무와 관련된 경험에 대해 말해 보시오.
- 리더십을 발휘해 난관을 극복한 경험에 대해 말해 보시오.
- 영어에 어느 정도 자신이 있는가? 자신이 있다면 자신의 신조를 영어로 말해 보시오.
- 자신이 목표를 설정하여 과제를 수행해 본 경험을 말해 보시오.
- 포스코에 대해 아는 대로 말해 보시오.
- 창업이 아니라 취업을 선택한 이유는 무엇인가?
- 철강 산업 분야에 관련된 이슈에 대해 말해 보시오.
- 지원한 분야에 가장 필요한 본인의 역량은 무엇이라고 생각하는가?
- 지원한 분야에 대한 준비는 어느 정도 했는가?
- 임진왜란에 대해 아는 대로 말해 보시오.
- 최근 가장 기억에 남는 신문이나 뉴스 기사를 말해 보시오.
- 노동조합에 대한 본인의 의견을 말해 보시오.
- 우리나라에서 가장 큰 제철소는 어디에 있는가?
- 지방근무를 하게 될 가능성이 있는데, 이에 대해 어떻게 생각하는가?
- 디자인이 세상을 바꾼다고 하는데, 이에 대해 어떻게 생각하는가?
- 일상생활에서 바꿔보고 싶었던 것을 말해 보시오.
- 디자이너의 입장에서 포스코강판의 핵심가치에 대해 어떻게 생각하는가?
- 포스코에 입사하기 위해 어떤 노력을 했고, 입사하게 된다면 어떤 각오로 일할 것인지 말해 보시오.
- 마지막으로 하고 싶은 말을 해 보시오.

대기업 최신기출문제

1. 언어

01 다음 글을 근거로 판단할 때 적절한 것은?

> 아파트를 분양받을 경우 전용면적, 공용면적, 공급면적, 계약면적, 서비스면적이라는 용어를 자주 접하게 된다. 전용면적은 아파트의 방이나 거실, 주방, 화장실 등을 모두 포함한 면적으로, 개별 세대 현관문 안쪽의 전용 생활공간을 말한다. 다만 발코니 면적은 전용면적에서 제외된다.
>
> 공용면적은 주거공용면적과 기타공용면적으로 나뉜다. 주거공용면적은 세대가 거주를 위하여 공유하는 면적으로 세대가 속한 건물의 공용계단, 공용복도 등의 면적을 더한 것을 말한다. 기타공용면적은 주거공용면적을 제외한 지하층, 관리사무소, 노인정 등의 면적을 더한 것이다.
>
> 공급면적은 통상적으로 분양에 사용되는 용어로 전용면적과 주거공용면적을 더한 것이다. 계약면적은 공급면적과 기타공용면적을 더한 것이다. 서비스면적은 발코니 같은 공간의 면적으로 전용면적과 공용면적에서 제외된다.

① 발코니 면적은 계약면적에 포함된다.

② 관리사무소 면적은 공급면적에 포함된다.

③ 계약면적은 전용면적, 주거공용면적, 기타공용면적을 더한 것이다.

④ 공용계단과 공용복도의 면적은 공급면적에 포함되지 않는다.

⑤ 개별 세대 내 거실과 주방의 면적은 주거공용면적에 포함된다.

> **해설** 계약면적은 공급면적과 기타공용면적을 더한 것이고, 공급면적은 전용면적과 주거공용면적을 더한 것이다. 따라서 계약면적은 전용면적, 주거공용면적, 기타공용면적을 더한 것이다.
> ① 발코니 면적은 서비스면적에 포함되며, 서비스면적은 전용면적과 공용면적에서 제외된다.
> ② 관리사무소 면적은 공용면적 중에서도 기타공용면적에 포함된다. 공급면적은 전용면적과 주거공용면적을 더한 것이므로 관리사무소 면적은 공급면적에 포함되지 않는다.
> ④ 공용계단과 공용복도의 면적은 주거공용면적에 포함되므로 공급면적에 포함된다.
> ⑤ 현관문 안쪽의 전용 생활공간인 거실과 주방의 면적은 전용면적에 포함된다.

02 다음 글의 내용으로 적절한 것은?

보름달 중에 가장 크게 보이는 보름달을 슈퍼문이라고 한다. 이때 보름달이 크게 보이는 이유는 달이 평소보다 지구에 가까이 있기 때문이다. 슈퍼문이 되려면 보름달이 되는 시점과 달이 지구에 가장 가까워지는 시점이 일치해야 한다. 달의 공전 궤도가 완벽한 원이라면 지구에서 달까지의 거리가 항상 똑같을 것이다. 하지만 실제로는 타원 궤도여서 달이 지구에 가까워지거나 멀어지는 현상이 생긴다. 유독 달만 그런 것은 아니고 태양계의 모든 행성이 태양을 중심으로 타원 궤도로 돈다. 이것이 바로 그 유명한 케플러의 행성운동 제1법칙이다.

지구와 달의 평균 거리는 약 38만km인 반면 슈퍼문일 때는 그 거리가 35만 7,000km 정도로 가까워진다. 달의 반지름은 약 1,737km이므로, 지구와 달의 거리가 평균 정도일 때 지구에서 보름달을 바라보는 시각도*는 0.52도 정도인 반면, 슈퍼문일 때는 시각도가 0.56도로 커진다. 반대로 보름달이 가장 작게 보일 때, 다시 말해 보름달이 지구에서 제일 멀 때는 그 거리가 약 40만km여서 보름달을 보는 시각도가 0.49도로 작아진다.

밀물과 썰물이 생기는 원인은 지구에 작용하는 달과 태양의 중력 때문인데, 달이 태양보다는 지구에 훨씬 더 가깝기 때문에 더 큰 영향을 미친다. 달이 지구에 가까워지면 평소 달이 지구를 당기는 힘보다 더 강하게 지구를 당긴다. 그리고 달의 중력이 더 강하게 작용하면 달을 향한 쪽의 해수면은 평상시보다 더 높아진다. 실제 우리나라에서도 슈퍼문일 때 제주도 등 해안가에 바닷물이 평소보다 더 높게 밀려 들어와서 일부 지역이 침수 피해를 겪기도 했다.

한편 달의 중력 때문에 높아진 해수면이 지구와 함께 자전을 하다보면 지구의 자전을 방해하게 된다. 일종의 브레이크가 걸리는 셈이다. 이 때문에 지구의 자전 속도가 느려지게 되고 그 결과 하루의 길이에 미세하게 차이가 생긴다. 실제 연구결과에 따르면 100만년에 17초 정도씩 길어지는 효과가 생긴다고 한다.

*시각도 : 물체의 양끝에서 눈의 결합점을 향하여 그은 두 선이 이루는 각을 의미한다.

① 지구에서 태양까지의 거리는 1년 동안 항상 일정하다.

② 해수면의 높이는 지구와 달의 거리와 관계가 없다.

③ 달이 지구에서 멀어지면 궤도에서 벗어나지 않기 위해 평소보다 더 강하게 지구를 잡아당긴다.

④ 지구와 달의 거리가 36만km 정도인 경우, 지구에서 보름달을 바라보는 시각도는 0.49도보다 크다.

⑤ 달의 중력 때문에 지구가 자전하는 속도는 점점 빨라지고 있다.

해설 슈퍼문일 때는 지구와 달의 거리가 35만 7,000km 정도로 가까워지며, 이때 지구에서 보름달을 바라보는 시각도는 0.56도로 커지므로 0.49의 시각도보다 크다는 판단은 적절하다.
　① 케플러의 행성운동 제1법칙에 따라 태양계의 모든 행성은 태양을 중심으로 타원 궤도로 돈다. 따라서 지구도 태양을 타원 궤도로 돌기 때문에 지구에서 태양까지의 거리는 항상 일정하지는 않을 것이다.
　② 달이 지구에 가까워지면 달의 중력이 더 강하게 작용해, 달을 향한 쪽의 해수면이 평상시보다 더 높아진다. 즉, 지구와 달의 거리에 따라 해수면의 높이가 달라지므로 서로 관계가 있다.
　③ 달이 지구에 가까워지면 평소 달이 지구를 당기는 힘보다 더 강하게 지구를 당긴다. 따라서 이와 반대로 달이 지구에서 멀어지면 지구를 당기는 달의 힘은 약해질 것이다.
　⑤ 달의 중력 때문에 높아진 해수면이 지구의 자전을 방해하게 되고, 이 때문에 지구의 자전 속도가 느려져 100만년에 17초 정도씩 길어진다고 했으므로 지구의 자전 속도는 점점 느려지고 있다.

03 농도가 14%로 오염된 물 50g이 있다. 깨끗한 물을 채워서 오염농도를 4%p 줄이려고 한다면 깨끗한 물을 얼마나 넣어야 하는가?

① 5g

② 10g

③ 15g

④ 20g

⑤ 25g

해설 오염물질의 양은 $\dfrac{14}{100} \times 50 = 7$g이므로 깨끗한 물을 xg 더 넣어 오염농도를 10%로 만든다면

$$\dfrac{7}{50+x} \times 100 = 10 \rightarrow 700 = 10 \times (50+x)$$

$\therefore x = 20$

따라서 깨끗한 물을 20g 더 넣어야 한다.

04 어떤 자연수로 245를 나누면 5가 남고, 100을 나누면 4가 남는다고 한다. 이러한 어떤 자연수 중 가장 큰 수는 무엇인가?

① 12

② 24

③ 36

④ 48

⑤ 60

해설 어떤 자연수를 x라 하면, $245-5=240$과 $100-4=96$으로는 x가 나누어떨어진다고 할 수 있다. 따라서 가장 큰 x는 240과 96의 최대공약수인 48이다.

05 어떤 두 소행성 간의 거리는 150km이다. 이 두 소행성이 서로를 향하여 각각 초속 10km와 5km로 접근한다면, 둘은 몇 초 후에 충돌하겠는가?

① 5초

② 10초

③ 15초

④ 20초

⑤ 25초

해설 두 소행성이 충돌할 때까지 걸리는 시간을 x초라 하면

거리＝속력×시간 → $10x+5x=150$

$\therefore x = 10$

06 다음은 한국과 미국의 소방직 및 경찰직 공무원의 현황을 나타낸 자료이다. 이에 대한 설명으로 적절하지 않은 것은?(단, 소수점 둘째 자리에서 반올림한다)

한국과 미국의 소방직 · 경찰직 공무원 현황

(단위 : 명)

국가	구분	2019년	2020년	2021년
한국	전체 공무원	875,559	920,291	955,293
	소방직 공무원	39,582	42,229	45,520
	경찰직 공무원	66,523	72,392	79,882
미국	전체 공무원	1,882,428	2,200,123	2,586,550
	소방직 공무원	220,392	282,329	340,594
	경찰직 공무원	452,482	490,220	531,322

① 한국에서 전년 대비 전체 공무원의 증가 인원수는 2020년이 2021년도보다 많다.

② 한국의 소방직 공무원과 경찰직 공무원의 인원수 차이는 매년 감소하고 있다.

③ 2019년 대비 2021년 증가 인원수는 한국은 소방직 공무원이 경찰직보다 적지만, 미국은 그 반대다.

④ 미국의 소방직 공무원의 전년 대비 증가율은 2020년이 2021년보다 7.0% 이상 더 높다.

⑤ 미국의 경찰직 공무원이 미국 전체 공무원 중 차지하는 비율은 매년 감소하고 있다.

해설 한국의 소방직 공무원과 경찰직 공무원의 인원수 격차는 2019년이 $66,523-39,582=26,941$명, 2020년이 $72,392-42,229=30,163$명, 2021년이 $79,882-45,520=34,362$명으로 매년 증가하고 있다.

① 한국의 전년 대비 전체 공무원의 증가 인원수는 2020년이 $920,291-875,559=44,732$명, 2021년이 $955,293-920,291=35,002$명으로 2020년이 2021년도보다 많다.

③ 2019년 대비 2021년 한국과 미국의 소방직과 경찰직 공무원의 증가 인원수는 다음과 같다.

(단위 : 명)

국가	구분	2019년	2021년	인원 증가 수
한국	소방직 공무원	39,582	45,520	$45,520-39,582=5,938$
	경찰직 공무원	66,523	79,882	$79,882-66,523=13,359$
미국	소방직 공무원	220,392	340,594	$340,594-220,392=120,202$
	경찰직 공무원	452,482	531,322	$531,322-452,482=78,840$

따라서 2019년 대비 2021년 증가 인원수는 한국은 소방직 공무원이 경찰직보다 적지만, 미국은 그 반대임을 알 수 있다.

④ 미국의 소방직 공무원의 전년 대비 증가율은 2020년이 약 $\frac{282,329-220,392}{220,392}\times100≒28.1\%$,

2021년이 약 $\frac{340,594-282,329}{282,329}\times100≒20.6\%$로, 2020년이 2021년보다 약 $28.1-20.6=7.5\%$ 더 높다.

⑤ 미국의 경찰직 공무원이 미국 전체 공무원 중 차지하는 비율은 2019년이 $\frac{452,482}{1,882,428}\times100≒24.0\%$,

2020년이 $\frac{490,220}{2,200,123}\times100≒22.3\%$, 2021년이 $\frac{531,322}{2,586,550}\times100≒20.5\%$로 매년 감소하고 있다.

1. 언어이해

01 다음 글의 제목으로 알맞은 것은?

> 구비문학에서는 기록문학과 같은 의미의 단일한 작품 또는 원본이라는 개념이 성립하기 어렵다. 윤선도의 '어부사시사'와 채만식의 '태평천하'는 엄밀하게 검증된 텍스트를 놓고 이것이 바로 그 작품이라 할 수 있지만, '오누이 장사 힘내기' 전설이라든가 '진주 낭군' 같은 민요는 서로 조금씩 다른 구연물이 각각 그 나름의 개별적 작품이면서 동일 작품의 변이형으로 인정되기도 하는 것이다. 이야기꾼은 그의 개인적 취향이나 형편에 따라 설화의 어떤 내용을 좀 더 실감나게 손질하여 구연할 수 있으며, 때로는 그 일부를 생략 혹은 변경할 수 있다. 모내기할 때 부르는 '모노래'는 전승적 가사를 많이 이용하지만, 선창자의 재간과 그때그때의 분위기에 따라 새로운 노래 토막을 끼워 넣거나 일부를 즉흥적으로 개작 또는 창작하는 일도 흔하다.

① 구비문학의 현장성   ② 구비문학의 유동성   ③ 구비문학의 전승성

④ 구비문학의 구연성   ⑤ 구비문학의 사실성

해설 구비문학은 정해진 틀이 있다기보다는 상황이나 분위기에 따라 바뀌는 것이 가능하다. 따라서 글의 제목은 형편이나 때에 따라 변화될 수 있음을 뜻하는 말인 '유동성'을 사용한 '구비문학의 유동성'이라고 볼 수 있다.

02 다음 문단을 논리적 순서대로 바르게 나열한 것은?

> (가) 하지만 막상 앱을 개발하려 할 때 부딪히는 난관이 적지 않다. 여행지나 주차장에 한 정보를 모으는 것도 문제이고, 정보를 지속적으로 갱신하는 것도 문제이다. 때문에 결국 아이디어를 포기하는 경우가 많다.
>
> (나) 그러나 이제는 아이디어를 포기하지 않아도 된다. 바로 공공 데이터가 있기 때문이다. 공공 데이터는 공공 기관에서 생성, 취득하여 관리하고 있는 정보 중 전자적 방식으로 처리되어 누구나 이용할 수 있도록 국민들에게 제공된 것을 말한다.
>
> (다) 현재 정부에서는 공공 데이터 포털 사이트를 개설하여 국민들이 쉽게 이용할 수 있도록 하고 있다. 공공 데이터 포털 사이트에서는 800여 개 공공 기관에서 생성한 15,000여 건의 공공 데이터를 제공하고 있으며, 제공하는 공공 데이터의 양을 꾸준히 늘리고 있다.
>
> (라) 앱을 개발하려는 사람들은 아이디어가 넘친다. 사람들이 여행 준비를 위해 많은 시간을 허비하는 것을 보면 한 번에 여행 코스를 짜 주는 앱을 만들어 보고 싶어 하고, 도심에 주차장을 못 찾아 헤매는 사람들을 보면 주차장을 쉽게 찾아 주는 앱을 만들어 보고 싶어 한다.

① (가)-(라)-(나)-(다)   ② (가)-(나)-(다)-(라)   ③ (가)-(다)-(나)-(라)

④ (라)-(가)-(나)-(다)   ⑤ (나)-(라)-(다)-(가)

해설 위 글은 정부가 제공하는 공공 데이터를 활용한 앱 개발에 대한 설명으로, 먼저 다양한 앱을 개발하려는 사람들을 통해 화제를 제시한 (라) 문단, 앱 개발에 있어 부딪히는 문제들을 제시한 (가) 문단, 문제들을 해결하기 위한 방법으로 공공 데이터를 제시하는 (나) 문단, 마지막으로 공공 데이터에 대한 추가 설명으로 공공 데이터를 위한 정부의 노력인 (다) 문단 순이 적절하다.

03 다음 글의 내용으로 적절하지 않은 것은?

연방준비제도(이하 연준)가 고용증대에 주안점을 둔 정책을 입안한다 해도 정책이 분배에 미치는 영향을 고려하지 않는다면, 그 정책은 거품과 불평등만 부풀릴 것이다. 기술산업의 거품붕괴로 인한 경기침체에 대응하여 2000년대 초에 연준이 시행한 저금리 정책이 이를 잘 보여준다.

특정한 상황에서는 금리변동이 투자와 소비의 변화를 통해 경기와 고용에 영향을 줄 수 있다. 하지만 다른 수단이 훨씬 더 효과적인 상황도 많다. 가령 부동산 거품에 대한 대응책으로는 금리인상보다 주택담보대출에 대한 규제가 더 합리적이다. 생산적 투자를 위축시키지 않으면서 부동산 거품을 가라앉힐 수 있기 때문이다.

경기침체라 하더라도, 금리인하는 은행의 비용을 줄여주는 것 말고는 경기회복에 별다른 도움이 되지 않을 수 있다. 대부분의 부문에서 설비가동률이 낮은 상황이라면, 대출금리가 낮아져도 생산적인 투자가 별로 증대하지 않는다. 2000년대 초가 바로 그런 상황이었기 때문에 당시의 저금리 정책은 생산적인 투자증가 대신에 주택시장의 거품만 초래한 것이다.

금리인하는 국공채에 투자했던 퇴직자들의 소득을 감소시켰다. 노년층에서 정부로, 정부에서 금융업으로 부의 대규모 이동이 이루어져 불평등이 심화됐다. 이에 따라 금리인하는 다양한 경로로 소비를 위축시켰다. 은퇴 후의 소득을 확보하기 위해, 혹은 자녀의 학자금을 확보하기 위해 사람들은 저축을 늘렸다. 연준은 금리인하가 주가상승으로 이어질 것이므로 소비가 늘어날 것이라고 주장했다. 하지만 2000년대 초 연준의 금리인하 이후 주가상승에 따라 발생한 이득은 대체로 부유층에 집중됐으므로 대대적인 소비증가로 이어지지 않았다.

2000년대 초 고용증대를 기대하고 시행한 연준의 저금리 정책은 노동을 자본으로 대체하는 투자를 증대시켰다. 인위적인 저금리로 자본비용이 낮아지자 이런 기회를 이용하려는 유인이 생겨났다. 노동력이 풍부한 상황인데도 노동을 절약하는 방향의 혁신이 강화되었고, 미숙련 노동자들의 실업률이 높은 상황인데도 가게들은 계산원을 해고하고 자동화 기계를 들여놓았다. 경기가 회복되더라도 실업률이 떨어지지 않는 구조가 만들어진 것이다.

① 2000년대 초 연준의 금리인하로 국공채에 투자한 퇴직자의 소득이 줄어들어 금융업으로부터 정부로 부가 이동했다.

② 2000년대 초 연준은 고용증대를 기대하고 금리를 인하했지만, 결과적으로 고용증대가 더 어려워지도록 만들었다.

③ 2000년대 초 기술산업 거품의 붕괴로 인한 경기침체기에 설비가동률은 대부분의 부문에서 낮은 상태였다.

④ 2000년대 초 연준이 금리인하 정책을 시행한 후 주택가격과 주식가격은 상승했다.

⑤ 금리인상은 부동산 거품 대응 정책 가운데 가장 효과적인 정책이 아닐 수 있다.

해설 네 번째 문단에 따르면 2000년대 초 연준의 금리인하는 국공채에 투자했던 퇴직자들의 소득을 감소시켰고, 노년층에서 정부로, 정부에서 금융업으로 부의 대규모 이동이 이루어져 불평등을 심화시켰다. 따라서 금융업으로부터 정부로 부가 이동했다는 ①은 글의 내용과 부합하지 않는다.

② 마지막 문단에 따르면 2000년대 초 연준이 고용증대를 기대하고 시행한 저금리 정책은 노동을 자본으로 대체하는 투자를 증대시킴으로써 오히려 실업률이 떨어지지 않는 구조를 만들었다.

③ 세 번째 문단에 따르면 2000년대 초는 대부분의 부문에서 설비가동률이 낮은 상황이었기 때문에 당시의 저금리 정책이 오히려 주택시장의 거품을 초래했다.

④ 2000년대 초 연준의 저금리 정책으로 주택가격이 상승하여 주택시장의 거품을 초래했고, 주식가격 역시 상승했지만 이에 대한 이득은 대체로 부유층에 집중됐다.

⑤ 두 번째 문단에 따르면 부동산 거품 대응 정책에서는 주택담보대출에 대한 규제가 금리인상보다 더 효과적인 정책이다.

🔒 01 ② 02 ④ 03 ①

04 다음 다섯 사람 중 오직 한 사람만이 거짓말을 하고 있다. 거짓말을 하고 있는 사람은?

> A : C는 거짓말을 하고 있다.
> B : C의 말이 참이면 E의 말도 참이다.
> C : B는 거짓말을 하고 있지 않다.
> D : A의 말이 참이면 내 말은 거짓이다.
> E : C의 말은 참이다.

① A   ② B

③ C   ④ D

⑤ E

해설 A와 E의 진술이 모순이므로 두 경우를 확인한다.
- A의 진술이 참인 경우 A와 D의 진술에 따라 거짓말을 하는 사람이 C, D, E이다. 따라서 거짓말을 하는 사람이 1명이라는 조건에 위배된다.
- E의 진술이 참인 경우 C의 말이 참이므로 A는 거짓말을 하고, B, D는 진실을 말하는 사람이다. 이때 D의 진술에서 전제(A의 말이 참이면)가 성립하지 않는다.

따라서 A가 거짓말을 하는 사람이다.

05 N백화점 명품관에서 도난사건이 발생했다. CCTV 확인을 통해 그 시각 백화점 명품관에 있던 A, B, C, D, E, F 용의자가 검거됐다. 이들 중 범인인 두 사람이 거짓말을 하고 있다면, 거짓말을 한 사람은?

> A : F가 성급한 모습으로 나가는 것을 봤어요.
> B : C가 가방 속에 무언가 넣는 모습을 봤어요.
> C : 나는 범인이 아닙니다.
> D : B 혹은 A가 훔치는 것을 봤어요.
> E : F가 범인인 게 확실해요. CCTV를 자꾸 신경 쓰고 있었거든요.
> F : 얼핏 봤는데, 제가 본 도둑은 C 아니면 E예요.

① A, C   ② B, C

③ B, F   ④ D, E

⑤ F, C

해설 B의 발언이 참이라면 C가 범인이고 F도 참이 된다. F는 C 또는 E가 범인이라고 했으므로 C가 범인이라면 E는 범인이 아니고, E의 발언 역시 참이 되어야 한다. 하지만 E의 발언이 참이라면 F가 범인이어야 하므로 모순이다. 따라서 B의 발언이 거짓이며, C 또는 E가 범인이라고 말한 F 역시 범인임을 알 수 있다.

06 다음은 인천국제공항의 연도별 세관물품 신고 수에 관한 자료이다. 〈보기〉를 바탕으로 A~D에 들어갈 물품으로 적절한 것은?

연도별 세관물품 신고 수

(단위 : 만건)

구분	2017년	2018년	2019년	2020년	2021년
A	3,547	4,225	4,388	5,026	5,109
B	2,548	3,233	3,216	3,410	3,568
C	3,753	4,036	4,037	4,522	4,875
D	1,756	2,013	2,002	2,135	2,647

━━━━━ ● 보기 ● ━━━━━

㉠ 가전류와 주류의 2018~2020년까지 전년 대비 세관물품 신고 수는 증가와 감소가 반복됐다.
㉡ 2021년도 담배류 세관물품 신고 수의 전년 대비 증가량은 두 번째로 많다.
㉢ 2018~2021년 동안 매년 세관물품 신고 수가 가장 많은 것은 잡화류이다.
㉣ 2020년도 세관물품 신고 수의 전년 대비 증가율이 세 번째로 높은 것은 주류이다.

	A	B	C	D
①	잡화류	담배류	가전류	주류
②	담배류	가전류	주류	잡화류
③	잡화류	가전류	담배류	주류
④	가전류	담배류	잡화류	주류
⑤	가전류	잡화류	담배류	주류

해설 ㉠ 2018~2020년까지 전년 대비 세관물품 신고 수가 증가와 감소를 반복한 것은 '증가 − 감소 − 증가'인 B와 D이다. 따라서 가전류와 주류는 B와 D 중 하나에 해당한다.
㉡ A~D의 전년 대비 2021년 세관물품 신고 수의 증가량은 다음과 같다.
- A : 5,109−5,026＝83만건
- B : 3,568−3,410＝158만건
- C : 4,875−4,522＝353만건
- D : 2,647−2,135＝512만건

C가 두 번째로 증가량이 많으므로 담배류에 해당한다.
㉢ B, C, D를 제외하면 잡화류는 A임을 바로 알 수 있지만, 표의 수치를 보면 A가 2018~2021년 동안 매년 세관물품 신고 수가 가장 많음을 확인할 수 있다.
㉣ 2020년도 세관물품 신고 수의 전년 대비 증가율을 구하면 D의 증가율이 세 번째로 높으므로 주류에 해당하고 ㉠에 따라 B가 가전류가 된다.

- A : $\dfrac{5,026−4,388}{4,388} \times 100 ≒ 14.5\%$
- B : $\dfrac{3,410−3,216}{3,216} \times 100 ≒ 6.0\%$
- C : $\dfrac{4,522−4,037}{4,037} \times 100 ≒ 12.0\%$
- D : $\dfrac{2,135−2,002}{2,002} \times 100 ≒ 6.6\%$

따라서 A는 잡화류, B는 가전류, C는 담배류, D는 주류이다.

🔒 04 ① 05 ③ 06 ③

1. 언어추리력

※ 다음 제시문을 읽고, 각 문제가 항상 참이면 ①, 거짓이면 ②, 알 수 없으면 ③을 고르시오. [01~03]

- 스트레스를 받으면 매운 음식을 먹는다.
- 아이스크림을 먹으면 운동을 한다.
- 아이스크림을 먹지 않으면 매운 음식을 먹지 않는다.
- 운동을 하면 야근을 하지 않는다.
- 야근을 하지 않으면 친구를 만난다.

01 아이스크림을 먹지 않았다면 스트레스를 받지 않았다.

① 참 ② 거짓 ③ 알 수 없음

> 해설 A=스트레스를 받음, B=매운 음식을 먹음, C=아이스크림을 먹음, D=운동을 함, E=야근을 함, F=친구를 만남이라고 할 때, 주어진 조건을 정리하면 $A \rightarrow B \rightarrow C \rightarrow D \rightarrow {\sim}E \rightarrow F$가 성립한다. 따라서 $A \rightarrow C$가 성립하고 이것의 대우 명제도 참이다.

02 친구를 만나지 않았다면 매운 음식을 먹는다.

① 참 ② 거짓 ③ 알 수 없음

> 해설 $B \rightarrow F$가 성립하므로 이것의 대우 명제인 ${\sim}F \rightarrow {\sim}B$가 참이다. 따라서 거짓이다.

03 야근을 하지 않았다면 아이스크림을 먹는다.

① 참 ② 거짓 ③ 알 수 없음

> 해설 $C \rightarrow {\sim}E$가 성립한다고 해서 이것의 역 명제도 참인지는 알 수 없다.

04 다음은 2018년 우리나라 초·중고생 스마트폰 중독 현황에 대한 자료이다. 다음 〈보기〉에서 자료에 대한 설명으로 옳지 않은 것을 모두 고른 것은?

2018년 우리나라 초·중고생 스마트폰 중독 비율

(단위 : %)

구분		전체	초등학생(9~11세)	중고생(12~17세)
전체		32.38	31.51	32.71
성별	남자	32.88	33.35	32.71
	여자	31.83	29.58	32.72
가구소득별	기초수급	30.91	30.35	31.05
	차상위	30.53	24.21	30.82
	일반	32.46	31.56	32.81
거주지역별	대도시	31.95	30.80	32.40
	중소도시	32.49	32.00	32.64
	농어촌	34.50	32.84	35.07
가족유형별	양부모	32.58	31.75	32.90
	한 부모·조손	31.16	28.83	31.79

※ 각 항목의 전체 인원은 그 항목에 해당하는 초등학생 수와 중고생 수의 합을 말한다.

보기

ㄱ. 초등학생과 중고생 모두 남자의 스마트폰 중독비율이 여자의 스마트폰 중독비율보다 높다.
ㄴ. 한 부모·조손 가족의 스마트폰 중독 비율은 초등학생의 경우가 중고생의 70% 이상 차지한다.
ㄷ. 조사대상 중 대도시에 거주하는 초등학생 수는 중고생 수보다 많다.
ㄹ. 초등학생과 중고생 모두 기초수급가구의 경우가 일반가구의 경우보다 스마트폰 중독 비율이 높다.

① ㄱ, ㄴ ② ㄱ, ㄷ
③ ㄱ, ㄷ, ㄹ ④ ㄴ, ㄷ, ㄹ

해설 ㄱ. 초등학생의 경우 남자의 스마트폰 중독비율이 33.35%로 29.58%인 여자보다 높지만, 중고생의 경우 남자의 스마트폰 중독비율이 32.71%로 32.72%인 여자보다 0.01%p가 낮다.
ㄷ. 대도시에 사는 초등학생 수를 a명, 중고생 수를 b명, 전체 인원은 $(a+b)$명이라고 할 때 대도시에 사는 학생 중 스마트폰 중독 인원은 다음과 같다. $0.308 \times a + 0.324 \times b = 0.3195 \times (a+b)$ → $0.0115 \times a = 0.0045 \times b$ → $b ≒ 2.6a$ 대도시에 사는 중고생 수 b가 초등학생 수 보다 2.6배 많으므로, 스마트폰에 중독된 중고생 수를 a명으로 나타내면 $0.324 \times b = 0.324 \times 2.6 \times a = 0.8424 \times a$명이다. 따라서 $0.308 \times a$명인 스마트폰에 중독된 초등학생 수보다 많다.
ㄹ. 초등학생의 경우 기초수급가구의 경우 스마트폰 중독비율이 30.35%로, 31.56%인 일반가구의 경우보다 스마트폰 중독 비율이 낮다. 중고생의 경우에도 기초수급가구의 경우 스마트폰 중독비율이 31.05%로, 32.81%인 일반가구보다 스마트폰 중독 비율이 낮다.
ㄴ. 한 부모·조손 가족의 스마트폰 중독 비율은 초등학생의 경우가 28.83%로, 중고생의 70%인 $31.79 \times 0.7 ≒ 22.3\%$ 이상이다. 따라서 옳은 설명이다.

05 C건설에서 백화점 건물을 짓기 위해 포크레인 A, B 두 대로 작업을 하고 있다. A로만 작업을 하면 건물 하나를 완성하는 데 40일 걸리고, B만 사용하면 20일 걸린다. 공사 감독이 A만으로 작업을 하다가 나중에는 B만 사용하여 총 21일 만에 건물 하나를 완공했다고 할 때, B로 작업한 날은 총 며칠인가?

① 11일

② 12일

③ 19일

④ 20일

> **해설** 전체 작업량을 1이라 하면 A의 1일 작업량은 $\frac{1}{40}$, B의 1일 작업량은 $\frac{1}{20}$ 이다. A로만 작업한 날을 x일, B로만 작업한 날을 y일이라고 하자.
>
> $\frac{1}{40}x + \frac{1}{20}y = 1 \cdots \unicode{0x1F150}$
>
> $x + y = 21 \cdots \unicode{0x1F151}$
>
> $\unicode{0x1F150}$과 $\unicode{0x1F151}$을 연립하여 풀면
>
> $x = 2,\ y = 19$
>
> 따라서 B로 19일 동안 작업하였다.

06 8%의 소금물 200g에서 한 컵의 소금물을 퍼내고 퍼낸 양만큼 물을 부었다. 그리고 다시 2%의 소금물을 더 넣었더니 3%의 소금물 320g이 되었다고 할 때, 퍼낸 소금물의 양은?

① 100g

② 110g

③ 120g

④ 130g

> **해설** 퍼낸 소금물의 양을 xg, 2% 소금물의 양을 yg이라고 하자.
>
> $200 - x + x + y = 320 \to y = 120$
>
> $\frac{8}{100}(200 - x) + \frac{2}{100} \times 120 = \frac{3}{100} \times 320 \to 1,600 - 8x + 240 = 960 \to 8x = 880$
>
> $\therefore x = 110$

07 집에서 1.5km 떨어진 학원을 가는데 15분 안에 도착해야 한다. 처음에는 분속 40m로 걷다가 지각하지 않기 위해 남은 거리는 분속 160m로 달렸다. 걸어간 거리는 몇 m인가?

① 280m

② 290m

③ 300m

④ 310m

> **해설** 집에서 학원까지의 거리는 1.5km=1,500m이고, 걸어간 거리를 xm라고 하자. 달린 거리는 $(1,500 - x)$m이다.
>
> $\frac{x}{40} + \frac{1,500 - x}{160} = 15 \to 4x + 1,500 - x = 2,400 \to 3x = 900$
>
> $\therefore x = 300$

※ 일정한 규칙으로 수를 나열할 때, 빈칸에 들어갈 알맞은 수를 고르시오. [08~10]

08

| 150 | 7 | 149 | 8 | 138 | 12 | 27 | ( ) | −1,084 | 37 |

① 18　　　　　　　　　　　② 21
③ 22　　　　　　　　　　　④ 24

해설 홀수 항은 −1, −11, −111, …이고, 짝수 항은 $+1^2$, $+2^2$, $+3^2$, …인 수열이다. 따라서 ( )$=12+3^2=21$이다.

09

| 82 | 41 | −164 | −82 | 328 | 164 | ( ) |

① −328　　　　　　　　　　② −492
③ −656　　　　　　　　　　④ −820

해설 $÷2$와 $×(−4)$가 반복되는 수열이다. 따라서 ( )$=164×(−4)=−656$이다.

10

| 2 | 11 | 16 | 5 | 10 | 11 | 7 | 12 | ( ) |

① 8　　　　　　　　　　　② 10
③ 13　　　　　　　　　　　④ 15

해설 $A\ \ B\ \ C → \dfrac{A+C}{2}+2=B$이다. 따라서 ( )$=2(12−2)−7=13$이다.

1. 의사소통능력

※ 다음 중 밑줄 친 단어와 같은 뜻으로 쓰인 것을 고르시오. [01~02]

01

> 이번 기회에 꼭 합격하기로 마음을 <u>먹었다</u>.

① 상대의 반칙에 앙심을 <u>먹고</u> 복수했다.

② 실수로 연탄가스를 <u>마셨다</u>.

③ 상대방의 공격에 겁을 <u>먹어</u> 움직일 수가 없었다.

④ 기말시험에서 1등을 <u>먹었다</u>.

⑤ 강력한 슈팅에 한 골 <u>먹었다</u>.

> **해설** 밑줄 친 '먹었다'는 '어떤 마음이나 감정을 품다'라는 뜻으로 사용되었다. 이와 같은 뜻으로 쓰인 것은 ①이다.
> ② 연기나 가스 따위를 들이마시다.
> ③ 겁, 충격 따위를 느끼게 되다.
> ④ 어떤 등급을 차지하거나 점수를 따다.
> ⑤ 구기 경기에서 점수를 잃다.

02

> 구석에 숨어 그곳에서 일어나는 상황을 <u>엿볼</u> 수 있었다.

① 너무 궁금해서 쥐구멍을 통해 <u>엿보았다</u>.

② 좁은 문틈으로 무엇을 하고 있는지 <u>엿보았다</u>.

③ 골목 뒤에서 기회를 <u>엿보다가</u> 친구를 놀래켜 주었다.

④ 이번에 고백할 여인의 마음을 <u>엿보고</u> 싶다.

⑤ 라이벌의 생각을 <u>엿보며</u> 반격할 기회를 살피고 있다.

> **해설** 밑줄 친 '엿볼'은 '남이 보이지 아니하는 곳에 숨거나 남이 알아차리지 못하게 하여 대상을 살펴보다'는 뜻으로 사용되었다. 이와 같은 뜻으로 쓰인 것은 ③이다.
> ① · ② 잘 보이지 아니하는 대상을 좁은 틈 따위로 바라보다.
> ④ · ⑤ 잘 드러나지 아니하는 마음이나 생각을 알아내려고 살피다.

03 다음 글에 대한 설명으로 옳은 것은?

> 인공지능을 면접에 활용하는 일이 논의되고 있다. 인공지능 앞에서 면접을 보느라 진땀을 흘리는 인간의 모습을 보게 될 날이 머지않은 듯하다. 미래에 인공지능이 인간의 고유한 영역까지 대신할 것이라고 혹자들은 말하지만, 과연 인공지능이 인간을 대신할 수 있을까?
>
> 인공지능은 인간의 삶을 편리하게 돕는 도구일 뿐이다. 인간이 만든 도구인 인공지능이 인간을 평가할 수 있는지에 대해 생각해 볼 필요가 있다. 도구일 뿐인 기계가 인간을 평가하는 것은 정당하지 않다. 인간이 개발한 인공지능이 인간을 판단한다는 것은 주체와 객체가 뒤바뀌는 상황이 발생함을 의미한다.
>
> 인공지능이 발전하더라도 인간과 같은 사고는 불가능하다. 인공지능은 겉으로 드러난 인간의 말과 행동을 분석하지만 인간은 말과 행동 너머의 의미까지 고려하여 사고한다. 인공지능은 빅데이터를 바탕으로 결과를 도출해내는 기계에 불과하므로 통계적 분석을 할 뿐, 타당한 판단을 할 수 없다. 기계가 타당한 판단을 할 것이라는 막연한 기대를 한다면 머지않아 인간이 기계에 예속되는 상황이 벌어질지도 모른다.
>
> 인공지능은 사회적 관계를 맺을 수 없다. 반면 인간은 사회에서 의사소통을 통해 관계를 형성한다. 이 과정에서 축적된 경험을 바탕으로, 인간은 타인의 잠재력을 발견할 수 있다.

① 인공지능과 인간의 공통점을 통해 논지를 주장하고 있다.

② 인공지능은 빅데이터를 바탕으로 타당한 판단을 할 수 있다.

③ 인공지능은 의사소통을 통해 사회적 관계를 형성한다.

④ 미래에 인공지능이 인간을 대체할 것이다.

⑤ 인공지능이 인간을 평가하는 것은 정당하지 않다.

> **해설** 인공지능은 인간이 만든 도구일 뿐이고, 이런 도구가 인간을 평가하면 주체와 객체가 뒤바뀌는 상황이 발생하므로, 기계가 인간을 판단하는 것은 정당하지 않다고 주장하는 글이다.
> ① 인공지능과 인간의 차이점을 통해 논지를 주장하고 있다.
> ② 인공지능은 빅데이터를 바탕으로 결과를 도출해 내는 기계에 불과하므로, 통계적 분석을 할 뿐 타당한 판단을 내릴 수 없다.
> ③ 인간은 사회에서 의사소통을 통해 관계를 형성한다.
> ④ 미래에 인공지능이 인간을 대체할 것인지에 대해서는 글을 통해 알 수 없다.

04 다음 글과 가장 관련이 깊은 사자성어는?

> 정책을 결정하는 사람들이 모여 회의를 하고 있다. 이들 중 한 명은 국민지원금으로 1인당 1억원을 지급하여 다들 먹고 살 수 있게 하면 자영업자의 위기를 해결할 수 있다고 말하고 있고, 다른 한 명은 북한이 자꾸 도발을 하니 지금이라도 기습 공격을 하면 통일 문제가 해결된다고 말했다. 가만히 듣고 있던 누군가가 일본 · 중국에 대한 여론이 나쁘니 두 나라와 무역 및 외교를 금지하면 좋지 않겠냐고 하니 회의에 참여한 사람들이 서로 좋은 의견이라고 칭찬했다.

① 토사구팽(兎死狗烹)   ② 계명구도(鷄鳴狗盜)   ③ 표리부동(表裏不同)

④ 사면초가(四面楚歌)   ⑤ 탁상공론(卓上空論)

> **해설** '탁상공론'은 현실성이나 실천 가능성이 없는 허황(虛荒)된 이론을 뜻한다.

05 다음은 일정한 규칙을 가진 수를 나열한 것이다. 이 중 규칙이 다른 것은?

① 4 8 12 16 20

② 3 6 9 12 15

③ 1 2 4 8 16 32

④ 2 4 6 8 10 12

⑤ 5 10 15 20 25

해설 '1 2 4 8 16 32'는 2배로 커지는 규칙이다.
①·②·④·⑤는 가장 처음 항이 더해지는 규칙이다.

06 A농협에서 근무하는 사람들의 여직원과 남직원의 비율이 3 : 2이고, 여직원 중 안경을 쓴 비율은 20%, 남직원 중 안경을 쓴 비율이 80%라고 할 때, 전체 직원 중 안경을 쓴 비율은 몇 %인가?

① 28%

② 32%

③ 38%

④ 44%

⑤ 48%

해설 전체 사원 중 안경을 쓴 비율=여자 사원 중 안경을 쓴 비율+남자 사원 중 안경을 쓴 비율

따라서 $\left(\frac{3}{5}\times\frac{20}{100}\right)+\left(\frac{2}{5}\times\frac{80}{100}\right)=\frac{12}{100}+\frac{32}{100}=\frac{44}{100}\to44\%$이다.

07 A, B는 농사에 필요한 농기구를 옮기고 있다. 둘은 농기구를 1시간 50분 동안 옮겼으며, A는 1시간 30분 동안 100개를 옮기고 사이사이 20분을 쉬었으며, B는 쉬지 않고 옮겨서 110개를 옮겼다. B가 농기구를 옮긴 일률은 A가 농기구를 옮긴 일률의 약 몇 %인가?(단, 일률은 한 시간 동안 쉬지 않고 옮긴 농기구 수이고, 일률 및 비율은 소수점에서 버린다)

① 90%

② 91%

③ 92%

④ 93%

⑤ 94%

해설 일률은 한 시간 동안 쉬지 않고 옮긴 농기구 수이므로

A의 일률은 $100\div\frac{90}{60}\fallingdotseq66$개이고, B의 일률은 $110\div\frac{110}{60}\fallingdotseq60$개이다.

따라서 B의 일률은 A일률의 $\frac{60}{66}\times100\fallingdotseq90\%$이다.

08 A모임에서 단체로 회식을 하였다. 다음 메뉴와 A모임의 주문 상황을 보고 A모임에서 사용된 회식비용을 바르게 구한 것은?

메뉴

메뉴	가격	할인
A세트	34,000원	3세트 이상 주문 시 1세트 무료
B세트	28,000원	–
C세트	30,000원	3세트 이상 주문 시 1세트 무료
주류	4,000원	–
음료수	1,000원	–

※ 총 가격이 200,000원 초과면 10% 할인된다.

주문상황

• A모임의 회식에는 총 10명이 참석했다.
• 술을 마시는 사람은 모두 주류를 하나씩 주문하였고, 음료수도 하나씩 주문했다.
• 술을 못 마시는 사람 4명은 음료수를 두 개씩 주문했다.
• 3명은 A세트를 하나씩 주문했다.
• 5명은 C세트를 하나씩 주문했다.
• 2명은 B세트를 하나씩 주문했다.

① 241,500원 ② 245,100원
③ 250,200원 ④ 260,800원

해설 • 술 못 마시는 사람 4명의 음료수 주문
  − $1,000 \times 4 = 4,000$원
• 술을 마시는 사람의 6명의 주류와 음료수 주문
  − 주류 : $4,000 \times 6 = 24,000$원
  − 음료수 : $1,000 \times 6 = 6,000$원
• A세트 주문
  − 3세트 주문 : $34,000 \times 2 = 68,000$원 (1세트 무료)
• B세트 주문
  − 2세트 주문 : $28,000 \times 2 = 56,000$원
• C세트 주문
  − 3세트 주문 : $30,000 \times 2 = 60,000$원 (1세트 무료)
  − 2세트 주문 : $30,000 \times 2 = 60,000$원
전체 주문금액의 합은 $4,000 + 24,000 + 6,000 + 68,000 + 56,000 + 60,000 + 60,000 = 278,000$원
따라서 $278,000 \times 0.9 = 250,200$원이다.

공기업 최신기출문제

1. 의사소통능력

01 다음은 안전한 도로이용을 위한 고장 시 조치요령이다. 이에 대한 내용으로 적절하지 않은 것은?

> ■ **갓길의 이용**
> 고속도로에서 고장이나 연료가 소진되어 운전할 수 없는 경우에 주차하려 할 때는 다른 차의 주행을 방해하지 않도록 충분한 공간이 있는 갓길 등에 주차하여야 한다.
>
> ■ **고장차량 표지의 설치**
> 자동차의 운전자는 교통안전 표지를 설치하는 경우 그 자동차의 후방에서 접근하는 자동차의 운전자가 확인할 수 있는 위치에 설치하여야 한다. 또, 고속도로 등에서 자동차를 운행할 수 없게 되었을 때는 고장자동차의 표지를 설치하여야 하며, 그 자동차를 고속도로 등이 아닌 다른 곳으로 옮겨 놓는 등의 필요한 조치를 하여야 한다. 밤에는 고장자동차 표지와 함께 사방 500m 지점에서 식별할 수 있는 적색의 섬광신호·전기제등 또는 불꽃신호를 추가로 설치하여야 한다. 강한 바람이 불 때는 고장차량 표지 등이 넘어지지 않도록 필요한 조치를 마련하고, 특히 차체 후부 등에 연결하여 튼튼하게 하여야 한다. 또한, 수리 등이 끝나고 현장을 떠날 때는 고장차량 표지 등 장비를 챙기고 가는 것을 잊어서는 안 된다.
>
> ■ **차의 이동과 비상 전화 이용**
> 고속도로상에서 고장이나 연료가 떨어져서 운전할 수 없을 때는 비상조치를 끝낸 후 가장 가까운 비상전화로 견인차를 부르거나 가능한 한 빨리 그곳으로부터 차를 이동해야 한다.

① 고속도로에서 운전할 수 없는 경우에는 갓길 등에 주차하여야 한다.

② 교통안전 표지는 후방의 운전자가 확인할 수 있는 위치에 설치하여야 한다.

③ 밤에 고장자동차의 표지를 설치할 때는 불꽃신호를 추가로 설치하여야 한다.

④ 고속도로 등에서 자동차를 운행할 수 없게 되었을 때는 몸부터 우선 대피하여야 한다.

⑤ 고속도로에서 비상조치를 끝낸 후 비상전화로 견인차를 부르거나 차를 빨리 이동해야 한다.

해설 고속도로 등에서 자동차를 운행할 수 없게 되었을 때는 고장자동차의 표지를 설치하고, 해당 자동차를 고속도로 등이 아닌 다른 곳으로 옮겨 놓는 등의 필요한 조치를 하여야 한다.

02 다음 중 〈보기〉가 들어갈 위치로 적절한 것은?

한국도로공사와 한국철도공사는 30일 오후 코레일 서울사옥에서 '철도와 도로 간 통합 연계교통 서비스 제공을 위한 업무협약(MOU)'을 체결했다. (A)

이번 업무협약을 통해 양사는 하이패스용 레일플러스 카드 출시, 주요 역 하이패스 주차장 도입, 철도-고속도로 간 연계환승, 모바일 서비스 연계, 기술교류 및 안전협력 등 철도와 도로를 함께 이용하는 국민이 체감할 수 있는 통합 교통서비스를 제공키로 했다.

우선 코레일의 전국호환 교통카드 레일플러스 카드로 고속도로 하이패스 통행료를 결제할 수 있는 '하이패스용 레일플러스 카드'를 10월까지 출시한다. '하이패스용 레일플러스 카드'가 출시되면 KTX 이용으로 쌓은 마일리지로 고속도로 통행료 결제가 가능해진다. (B)

또한 양사는 KTX 역을 중심으로 '하이패스 주차장' 도입을 추진한다. 하이패스 주차장은 하이패스 설치 차량이 역 주차장을 이용할 때 주차요금을 따로 계산할 필요 없이 출입구를 통과하면 자동으로 정산되는 신개념 주차장이다. 주차 정산 대기 시간이 줄어들고, 주차장 주변의 혼잡 완화 효과도 클 것으로 예상된다. (C)

스마트폰 앱 분야에서도 협력하기로 했다. 국민대표 모바일 앱인 '코레일톡+'와 '고속도로교통정보 앱'도 상호 연계 서비스를 제공한다. 예를 들어, 현재 코레일이 구축하고 있는 '트립플랜 서비스(출발지부터 목적지까지 최적 경로 및 소요시간을 안내하는 기능)'에 실시간 교통상황을 반영하게 되면 보다 정확한 경로 안내 정보를 제공할 수 있게 된다. (D)

한국도로공사 사장은 "이번 업무협약을 통해 보다 많은 분이 고속도로와 철도를 좀 더 편하게 이용하실 수 있게 될 것"이라며 "교통수단 간 경계가 사라지고, IT로 통합되는 교통혁명의 시대에 고객의 입장에서 빠르고 편한 서비스 제공을 위해 최선을 다하겠다."고 밝혔다. (E)

● 보기 ●

이와 함께 철도-고속도로의 시설이 교차하는 지점의 구조물에 대해 공동으로 안전점검을 시행하고, 스마트 유지보수 등 양사가 보유한 첨단 기술의 상호 교류도 추진할 계획이다. 장기적으로는 철도와 고속도로가 교차하는 지점의 환승연계를 강화하는 등 교통수단의 구분 없이 자유롭게 이용할 수 있도록 연계환승 체계도 강화해 나갈 예정이다.

① (A)

② (B)

③ (C)

④ (D)

⑤ (E)

> **해설** 이전 문단에서 철도와 도로 간 통합 연계교통 서비스 제공을 위한 업무협약(MOU)을 체결하였으며 국민이 체감할 수 있는 통합 교통서비스의 종류에 대해서 나열하고 있다. 〈보기〉의 문단은 통합 교통서비스와 더불어 추진할 부가적인 내용과 장기적인 강화안에 대해서 이야기하고 있으므로 통합 교통서비스 종류의 설명이 끝난 바로 다음인 (D)가 적절하다.

03 다음은 P공사가 직원을 채용하기 위하여 시행한 필기시험의 결과이다. 다음 〈보기〉 중 옳지 않은 것을 모두 고르면?

필기시험 결과

(단위 : 점)

이름	성별	의사소통능력	수리능력	상식	자격증
영식	남	92	76	72	없음
대호	남	76	92	48	있음
근우	남	80	88	69	없음
지희	여	88	50	72	있음
준혁	남	68	100	57	없음
수진	여	48	80	70	있음

● **보기** ●

ㄱ. 자격증이 있는 지원자와 없는 지원자의 비율은 같다.
ㄴ. 여자 지원자의 평균 상식점수가 남자 지원자의 평균 상식점수보다 높다.
ㄷ. 상식점수가 가장 낮은 지원자는 수리능력 점수가 가장 높다.
ㄹ. 전체 지원자의 평균 수리능력 점수는 82점 이상이다.

① ㄱ, ㄷ   ② ㄴ, ㄷ   ③ ㄴ, ㄹ

④ ㄷ, ㄹ   ⑤ ㄱ, ㄹ

해설 ㄷ. 상식점수가 가장 낮은 지원자는 대호이고, 대호는 수리능력 점수가 두 번째로 높다.
ㄹ. 전체 지원자의 평균 수리능력 점수는 $(76+92+88+50+100+80) \div 6 = 81$점이다.

04 서울에서 부산까지의 거리는 400km이고 서울에서 부산까지 가는 기차는 120km/h의 속력으로 달리며, 역마다 10분씩 정차한다. 서울에서 9시에 출발하여 부산에 13시 10분에 도착했다면, 기차는 가는 도중 몇 개의 역에 정차하였는가?

① 4개   ② 5개   ③ 6개

④ 7개   ⑤ 8개

해설 서울에서 부산까지 무정차로 걸리는 시간을 x시간이라고 하면, $x = \dfrac{400}{120} = \dfrac{10}{3}$ → 3시간 20분

9시에 출발해 13시 10분에 도착했으므로 걸린 시간은 4시간 10분이다. 즉, 무정차 시간과 비교하면 50분이 더 걸렸고, 역마다 정차하는 시간은 10분이므로 정차한 역의 수는 $50 \div 10 = 5$개이다.

05 C공사는 6개의 과로 구성되어 있다. 2020년 상반기에 사업 영역 확장을 위해 7번째 과를 신설하는데, 임원과 사원을 발탁하여 과를 구성하려고 한다. 사원 한 명을 발탁하면 업무 효율이 3point 증가하고, 비용이 4point 소요된다. 임원 한 명을 발탁하면 업무 효율이 4point 증가하고, 비용이 7point 소요된다. 비용은 100point 이하로 소요하면서, 효율은 60point를 달성하려고 할 때, 임원과 사원 수를 합한 최솟값은?(단, 사원과 임원은 각각 한 명 이상 발탁한다)

① 14　　　　　　　　　　　　　② 15

③ 16　　　　　　　　　　　　　④ 17

⑤ 19

해설 사원 수와 임원 수를 각각 x명, y명이라고 하자(단, x, y는 자연수).
사원 x명을 발탁할 때 업무 효율과 비용은 각각 $3x$point, $4x$point이고, 임원 y명을 발탁할 때 업무 효율과 비용은 각각 $4y$point, $7y$point이므로

$3x+4y=60 \rightarrow x=-\dfrac{4}{3}y+20 \cdots \text{㉠}$

$4x+7y\leq100 \cdots \text{㉡}$

㉠을 ㉡에 대입하면

$4\left(-\dfrac{4}{3}y+20\right)+7y\leq100 \rightarrow 5y\leq60$

$\therefore y\leq12$

x와 y는 자연수이므로 가능한 x, y값을 순서쌍으로 나타내면 (4, 12), (8, 9), (12, 6), (16, 3)이다.
따라서 사원 수와 임원 수를 합한 최솟값은 $4+12=16$이다.

---

06 A공사에서 배드민턴 경기가 열렸다. 총 50명이 참가하였으며 5명씩 리그전으로 경기를 진행하여 각 리그의 1명씩 진출한 후 토너먼트 방식으로 최종 우승자를 가린다. 최종 우승자가 나올 때까지 진행되는 총 경기 수는?(단, 리그전은 대회에 참가한 모든 팀과 서로 한 번씩 겨루는 방식이고, 부전승은 주최 측에서 임의로 선정한다)

① 48회　　　　　　　　　　　　② 52회

③ 55회　　　　　　　　　　　　④ 59회

⑤ 61회

해설 50개의 팀을 5명씩 묶어서 리그전으로 진행하면 10개의 리그가 만들어 진다. 한 리그에 속한 5명이 서로 한 번씩 경기를 진행하면 $4+3+2+1=10$회의 경기가 진행된다. 즉, 리그전으로 진행되는 경기 수는 $10\times5=50$회이다.
다음으로 토너먼트 방식으로 경기를 진행하면 10명의 사람이 경기에 참가하게 된다. 토너먼트 경기 수는 참가 팀이 n팀이라고 하면 $(n-1)$번이므로 총 $10-1=9$회의 경기가 진행된다. 따라서 최종 우승자가 나올 때까지 진행되는 총 경기 수는 $50+9=59$회이다.

🔒 03 ④　04 ②　05 ③　06 ④

---

1. 문제해결능력

01 다음 기사의 내용으로 미루어 볼 때, 청년 고용시장에 대한 〈보기〉의 정부 관계자들의 태도로 가장 적절한 것은?

> 정부가 향후 3~4년을 청년실업 위기로 판단한 것은 에코세대(1991~1996년생ㆍ베이비부머의 자녀세대)의 노동시장 진입 때문이었다. 에코세대가 본격적으로 취업전선에 뛰어들면서 일시적으로 청년실업 상황이 더 악화될 것이라고 생각했다. 2021년을 기점으로 청년인구가 감소하기 시작하면 청년실업 문제가 일부 해소될 것이라는 정부의 전망도 이런 맥락에서 나왔다. 고용노동부 임서정 고용정책실장은 "2021년 이후 인구문제와 맞물리면 청년 고용시장 여건은 좀 더 나아질 것이라 생각한다."라고 말했다. 그러나 청년인구 감소가 청년실업 문제 완화로 이어질 것이란 생각은 지나치게 낙관적이라는 지적도 나오고 있다. 한국노동연구원 김유빈 부연구위원은 "지금의 대기업과 중소기업, 정규직과 비정규직 간 일자리 질의 격차를 해소하지 않는 한 청년실업 문제는 더 심각해질 수 있다."라고 우려했다. 일자리 격차가 메워지지 않는 한 질 좋은 직장을 구하기 위해 자발적 실업상황조차 감내하는 현 청년들의 상황이 개선되지 않을 것이기 때문이다. 한국보다 먼저 청년실업 사태를 경험한 일본을 비교대상으로 거론하는 것도 적절하지 않다는 지적이 나온다. 일본의 경우 청년인구가 줄면서 청년실업 문제는 상당 부분 해결됐다. 하지만 이는 '단카이 세대(1947~1949년에 태어난 일본의 베이비부머)'가 노동시장에서 빠져나오는 시점과 맞물렸기 때문에 가능했다. 베이비부머가 1~2차에 걸쳐 넓게 포진된 한국과는 상황이 다르다는 것이다. 김 부연구위원은 "일본에서도 (일자리) 질적 문제는 나타나고 있다."며 "일자리 격차가 큰 한국에선 문제가 더 심각하게 나타날 수 있어 중장기적 대책이 필요하다."고 말했다.

보기

- **기재부 1차관** : '구구팔팔(국내 사업체 중 중소기업 숫자가 99%, 중기 종사자가 88%란 뜻)'이란 말이 있다. 중소기업을 새로운 성장동력으로 만들어야 한다. 취업에서 중소기업 선호도는 높지 않다. 여러 가지 이유 중 임금 격차도 있다. 청년에게 중소기업에 취업하고자 하는 유인을 줄 수 있는 수단이 없다. 그 격차를 메워 의사 결정의 패턴을 바꾸자는 것이다. 앞으로 에코세대가 노동시장에 진입하는 4년 정도가 중요한 시기이다.
- **고용노동부 고용정책실장** : 올해부터 3~4년은 인구 문제가 크고, 그로 인한 수요ㆍ공급 문제가 있다. 개선되는 방향으로 가더라도 '에코세대' 대응까지 맞추기 쉽지 않다. 때문에 집중투자를 해야 한다. 3~4년 후에는 격차를 줄여가기 위한 대책도 병행하겠다. 이후부터는 청년의 공급이 줄어들기 때문에 인구 측면에서 노동시장에 유리한 조건이 된다.

---

① 올해를 가장 좋지 않은 시기로 평가하고 있다.

② 현재 회복국면에 있다고 판단하고 있다.

③ 실제 전망은 어둡지만, 밝은 면을 강조하여 말하고 있다.

④ 에코세대의 노동시장 진입을 통해 청년실업 위기가 해소될 것으로 기대하고 있다.

⑤ 한국의 상황이 일본보다 낫다고 평가하고 있다.

> **해설** 〈보기〉의 정부 관계자들은 향후 청년의 공급이 줄어들게 되는 인구구조의 변화가 문제해결에 유리한 조건을 형성한다고 말하였다. 그러나 기사에 따르면 이러한 인구구조의 변화가 곧 문제해결이나 완화로 이어지지 않는다고 설명하고 있으므로, 정부 관계자의 태도로 ③이 가장 적절하다.

02 다음 제시된 문단을 논리적 순서대로 바르게 나열한 것은?

> (가) 천일염 안전성 증대 방안 5가지가 '2022 K-농산어촌 한마당'에서 소개됐다. 첫째, 함수(농축한 바닷물)의 청결도를 높이기 위해 필터링(여과)을 철저히 하고, 둘째, 천일염전에 생긴 이끼 제거를 위해 염전의 증발지를 목제 도구로 완전히 뒤집는 것이다. 그리고 셋째, 염전의 밀대·운반 도구 등을 식품 용기에 사용할 수 있는 소재로 만들고, 넷째, 염전 수로 재료로 녹 방지 기능이 있는 천연 목재를 사용하는 것이다. 마지막으로 다섯째, 염전 결정지의 바닥재로 장판 대신 타일(타일염)이나 친환경 바닥재를 쓰는 것이다.
>
> (나) 한편, 천일염과 찰떡궁합인 김치도 주목을 받았다. 김치를 담글 때 천일염을 사용하면 김치의 싱싱한 맛이 오래 가고 식감이 아삭아삭해지는 등 음식궁합이 좋다. 세계김치연구소는 '발효과학의 중심, 김치'를 주제로 관람객을 맞았다. 세계김치연구소 이창현 박사는 "김치는 중국·일본 등 다른 나라의 채소 절임 식품과 채소를 절이는 단계 외엔 유사성이 전혀 없는 매우 독특한 식품이자 음식 문화"라고 설명했다.
>
> (다) K-농산어촌 한마당은 헬스경향·한국농수산식품유통공사에서 공동 주최한 박람회이다. 해양수산부 소속 국립수산물품질관리원은 천일염 부스를 운영했다. 대회장을 맡은 국회 농림축산식품해양수산위원회 소속 서삼석 의원은 "갯벌 명품 천일염 생산지인 전남 신안을 비롯해 우리나라의 천일염 경쟁력은 세계 최고 수준"이라며 "이번 한마당을 통해 국산 천일염의 우수성이 더 많이 알려지기를 기대한다."라고 말했다.

① (가) – (나) – (다)　　　　　② (가) – (다) – (나)
③ (나) – (다) – (가)　　　　　④ (다) – (가) – (나)
⑤ (다) – (나) – (가)

> **해설** 제시문의 시작은 '2022 K-농산어촌 한마당'에 대해 처음 언급하며 화두를 던지는 (가)가 적절하다. 이후 K-농산어촌 한마당 행사에 대해 자세히 설명하는 (다)가 오고, 행사에서 소개된 천일염과 관련 있는 음식인 김치에 대해 언급하는 (나)가 오는 것이 자연스럽다.

03 다음 중 밑줄 친 단어가 문맥상 옳지 않은 것은?

① 그 문제를 해결하기 위해서는 표면적이 아닌 <u>피상적(皮相的)</u>인 이해가 필요하다.
② 그 계획은 아무래도 <u>중장기적(中長期的)</u>으로 봐야 할 필요가 있다.
③ 효율적인 회사 운영을 위해 회의를 <u>정례화(定例化)</u>해야 한다는 주장이 나왔다.
④ 환경을 고려한 신제품을 출시하는 기업들의 <u>친환경(親環境)</u> 마케팅이 유행이다.
⑤ 인생의 중대사를 정할 때는 충분한 <u>숙려(熟慮)</u>가 필요하다.

> **해설** '피상적(皮相的)'은 '사물의 판단이나 파악 등이 본질에 이르지 못하고 겉으로 나타나 보이는 현상에만 관계하는 것'을 의미한다. 제시된 문장에서는 '표면적(表面的)'과 반대되는 뜻의 단어를 써야 하므로 '본질적(本質的)'이 적절하다.

04 A강사는 월요일부터 금요일까지 매일 4시간 동안 수업을 진행한다. 다음 〈조건〉에 따라 주간 NCS 강의 시간표를 짤 때, 가능한 경우의 수는 모두 몇 가지인가?(단, 4교시 수업과 다음날 1교시 수업은 연속된 수업으로 보지 않는다)

● **조건** ●

- 문제해결능력 수업은 4시간 연속교육으로 진행해야 하며, 주간 총 교육시간은 4시간이다.
- 수리능력 수업은 3시간 연속교육으로 진행해야 하며, 주간 총 교육시간은 9시간이다.
- 자원관리능력 수업은 2시간 연속교육으로 진행해야 하며, 주간 총 교육시간은 4시간이다.
- 의사소통능력 수업은 1시간 교육으로 진행해야 하며, 주간 총 교육시간은 3시간이다.
---

① 40가지
② 80가지
③ 120가지
④ 160가지
⑤ 200가지

> **해설** 연속교육은 하루 안에 진행되어야 하므로 4시간 연속교육으로 진행되어야 하는 문제해결능력 수업은 하루 전체를 사용해야 한다. 따라서 5일 중 1일은 문제해결능력 수업만 진행되며, 나머지 4일에 걸쳐 나머지 3과목의 수업을 진행한다. 수리능력 수업은 3시간 연속교육, 자원관리능력 수업은 2시간 연속교육이며, 하루 수업은 총 4교시로 구성되므로 수리능력 수업과 자원관리능력 수업은 같은 날 진행되지 않는다. 수리능력 수업의 총 교육시간은 9시간으로, 최소 3일이 필요하므로 자원관리능력 수업은 하루에 몰아서 진행해야 한다. 그러므로 문제해결능력 수업과 자원관리능력 수업을 배정하는 경우의 수는 $5 \times 4 = 20$가지이다. 문제해결능력 수업과 자원관리능력 수업이 진행되는 이틀을 제외한 나머지 3일간은 매일 수리능력 수업 3시간과 의사소통능력 수업 1시간이 진행되며, 수리능력 수업 후에 의사소통능력 수업을 진행하는 경우와 의사소통능력 수업을 먼저 진행하고 수리능력 수업을 진행하는 경우로 나뉜다. 따라서 이에 대한 경우의 수는 $2^3 = 8$가지이다. 그러므로 주어진 규칙을 만족하는 경우의 수는 모두 $5 \times 4 \times 2^3 = 160$가지이다.

05 A교수는 실험 수업을 진행하기 위해 화학과 학생들을 실험실에 배정하려고 한다. 실험실 한 곳에 20명씩 입실시키면 30명이 들어가지 못하고, 25명씩 입실시키면 실험실 2개가 남는다. 이를 만족하기 위한 최소한의 실험실은 몇 개인가?(단, 실험실의 개수는 홀수이다)

① 11개
② 13개
③ 15개
④ 17개
⑤ 19개

> **해설** 실험실의 수를 x개라 하면, 학생의 수는 $20x + 30$명이다. 실험실 한 곳에 25명씩 입실시킬 경우 $x - 3$개의 실험실은 모두 채워지고 2개의 실험실에는 아무도 들어가지 않는다. 그리고 나머지 실험실 한 곳에는 최소 1명에서 최대 25명이 들어간다. 이를 부등식으로 표현하면 다음과 같다.
> $25(x-3) + 1 \leq 20x + 30 \leq 25(x-2) \rightarrow 16 \leq x \leq 20.8$
> 위의 식을 만족하는 범위 내에서 가장 작은 홀수는 17이므로 최소한의 실험실은 17개이다.

06 2022년 새해를 맞아 K공사에서는 직사각형의 사원증을 새롭게 제작하려고 한다. 기존의 사원증은 개당 제작비가 2,800원이고 가로와 세로의 비율이 1:2이다. 기존의 디자인에서 크기를 변경할 경우, 가로의 길이가 0.1cm 증감할 때마다 제작비용은 12원이 증감하고, 세로의 길이가 0.1cm 증감할 때마다 제작비용은 22원이 증감한다. 새로운 사원증의 길이가 가로 6cm, 세로 9cm이고, 제작비용은 2,420원일 때, 디자인을 변경하기 전인 기존 사원증의 둘레는 얼마인가?

① 30cm   ② 31cm

③ 32cm   ④ 33cm

⑤ 34cm

> **해설** 기존 사원증은 가로와 세로의 길이 비율이 1:2이므로 가로 길이를 $x$cm, 세로 길이를 $2x$cm라 하자. 기존 사원증 대비 새 사원증의 가로 길이 증감폭은 $(6-x)$cm, 세로 길이 증감폭은 $(9-2x)$cm이다. 문제에 주어진 디자인 변경 비용을 적용하여 식으로 정리하면 다음과 같다.
> $2,800+(6-x)\times12\div0.1\text{cm}+(9-2x)\times22\div0.1\text{cm}=2,420$원
> $2,800+720-120x+1,980-440x=2,420$원
> $560x$원$=3,080$원 $\rightarrow x=5.5$
> 따라서 기존 사원증의 가로 길이는 5.5cm, 세로 길이는 11cm이며, 둘레는 $(5.5\times2)+(11\times2)=33$cm이다.

07 K사는 동일한 제품을 A공장과 B공장에서 생산한다. A공장에서는 시간당 1,000개의 제품을 생산하고, B공장에서는 시간당 1,500개의 제품을 생산하며, 이 중 불량품은 A공장과 B공장에서 매시간 45개씩 발생한다. 지난 한 주간 A공장에서는 45시간, B공장에서는 20시간 동안 이 제품을 생산하였을 때, 생산된 제품 중 불량품의 비율은 얼마인가?

① 3.7%   ② 3.8%

③ 3.9%   ④ 4.0%

⑤ 4.1%

> **해설** A공장에서 45시간 동안 생산된 제품은 총 45,000개이고, B공장에서 20시간 동안 생산된 제품은 총 30,000개로 두 공장에서 생산된 제품은 총 75,000개이다. 또한, 두 공장에서 생산된 불량품은 총 $(45+20)\times45=2,925$개이다. 따라서 생산된 제품 중 불량품의 비율은 $2,925\div75,000\times100=3.9$%이다.

1. 문제해결능력

01 K초등학교의 체육대회에서 학생 가~바 6명이 달리기 경주를 하여 결승선을 빠르게 통과한 순서대로 1등부터 6등을 결정하였다. 순위가 다음 〈조건〉을 모두 만족한다고 할 때, 학생들의 달리기 순위로 옳은 것은?

조건

- 동시에 결승선을 통과한 학생은 없다.
- 마는 1등 혹은 6등이다.
- 라는 다보다 먼저 결승선을 통과하였다.
- 다와 바의 등수는 2등 이상 차이가 난다.
- 가는 나의 바로 다음에 결승선을 통과하였다.
- 가는 6등이 아니다.

① 가 – 나 – 바 – 마 – 라 – 다   ② 가 – 다 – 마 – 라 – 바 – 나

③ 마 – 라 – 다 – 나 – 가 – 바   ④ 마 – 다 – 바 – 가 – 나 – 라

해설 ① · ② 마가 1등 혹은 6등이 아니기 때문에 옳지 않다.
④ 다와 바의 등수가 2등 이상 차이 나지 않고, 가가 나보다 먼저 결승선을 통과하였기 때문에 옳지 않다.

02 K여행사에서 배에 승선할 승객 가~사 7명의 자리를 배정해주려고 한다. 다음의 〈조건〉을 모두 만족하여 자리를 배정할 때, 옳은 배정은?

조건

- 배의 좌석 한 줄에는 세 개의 섹션이 있다.
- 한 줄에 2명, 3명, 2명씩 앉을 수 있고, 2명이 앉는 섹션에는 창문이 있다.
- 가와 라는 다른 섹션에 앉아야 한다.
- 사는 뱃멀미가 있어 창문이 있는 섹션에 앉아야 한다.
- 나와 라는 같은 섹션에 앉아야 한다.
- 바와 마는 같은 섹션에 앉아야 하지만, 나란히 앉지 않을 수도 있다.
- 다는 3명 있는 섹션에 배정받아야 한다.

① (가, 다) (나, 마, 사) (라, 바)   ② (가, 사) (나, 마, 다) (라, 바)

③ (가, 사) (나, 다, 라) (바, 마)   ④ (나, 마) (가, 바, 사) (다, 라)

해설 ① · ② 나와 라가 다른 섹션에 앉았기 때문에 옳지 않다.
④ 바와 마가 다른 섹션에 앉았고, 다가 2명 있는 섹션에 배정받았기 때문에 옳지 않다.

03 다음은 K공사의 2021년도 직급별 임금과 2022년 임금 수준을 결정하기 위해 대표이사와 근로자측이 2021년 말에 협상한 내용이다. 2022년 K기업이 매달 지출하게 되는 임직원 1인당 평균 인건비는?

2021년 K공사 직급별 임금표

직급	구분	1인당 인건비(월급)	인원
대표이사	임원	6,000,000원	1명
부장	직원	4,400,000원	1명
차장	직원	3,800,000원	2명
과장	직원	3,300,000원	3명
대리	직원	3,000,000원	3명
사원	직원	2,800,000원	1명
사원보	직원	2,600,000원	1명

대화 내용

대표이사 : 경기침체가 심각한 상황이라 인건비를 늘리기 어렵습니다. 이번만큼은 임금동결에 협조해주시면 좋겠습니다.

근로자 대표 : 직원들의 형편도 어렵습니다. 경기가 어렵다고는 하지만 작년에 물가는 5%가 올랐어요. 그만큼 도 보상을 해주지 않으면 사실상의 임금 삭감이므로 받아들일 수 없습니다.

대표이사 : 물가상승률에 맞추어 5% 인상을 하기에는 유동성에 여유가 많지 않을 것으로 예상되는 상황입 니다. 그 절반까지는 최대한 고려해보겠습니다.

근로자 대표 : 물가상승률의 절반은 받아들이기 어려운 조건입니다. 아무리 못해도 임금상승률이 물가상승률의 60%는 되어야 합니다.

대표이사 : 그러면 임원 급여는 동결하고, 직원들의 급여는 말씀하신 조건에 맞추어 보겠습니다.

① 3,525,000원

② 3,615,750원

③ 3,630,750원

④ 3,666,000원

해설 K공사의 2021년 인건비는 매월 42,300,000원이다. 이 중, 대표이사의 급여 6,000,000원을 제외한 36,300,000원에 대해 물 가상승률의 60%인 3%를 인상하기로 합의하였으므로 총 인상액은 1,089,000원이고, 2022년에는 매월 43,389,000원을 인건 비로 지출하게 된다. K기업의 임직원 총원은 12명이므로 임직원 1인당 평균 인건비는 3,615,750원이다.

🔒 **01** ③ **02** ③ **03** ②

04 다음 글을 읽고 밑줄 친 물음에 대한 답변으로 가장 적절한 것은?

> 한 장의 종이를 반으로 계속해서 접어 나간다면 과연 몇 번이나 접을 수 있을까? 얼핏 생각하면 수없이 접을 수 있을 것 같지만, 실제로는 그럴 수 없다. 그 이유는 무엇일까?
>
> 먼저, 종이를 접는 횟수에 따라 종이의 넓이와 두께의 관계가 어떻게 변하는지를 생각해 보자. 종이를 한 방향으로 접을 경우, 한 번, 두 번, 세 번 접어 나가면 종이의 넓이는 계속해서 반으로 줄어들게 되고, 두께는 각각 2겹, 4겹, 8겹으로 늘어나 두꺼워진다. 이런 식으로 두께 0.1mm의 종이를 10번 접으면 1,024겹이 되어 그 두께는 약 10cm나 되고, 42번을 접는다면 그 두께는 439,805km로 지구에서 달에 이를 수 있는 거리에 이르게 된다. 물론 이때 종이를 접으면서 생기는 종이의 두께는 종이의 길이를 초과할 수 없으므로 종이 접기의 횟수 역시 무한할 수 없다.
>
> 다음으로, 종이를 접는 횟수에 따라 종이의 길이와 종이가 접힌 모서리 부분에서 만들어지는 반원의 호 길이가 어떻게 변하는지 알아보자. 종이의 두께가 t이고 길이가 L인 종이를 한 번 접으면, 접힌 모서리 부분이 반원을 이루게 된다. 이때 이 반원의 반지름 길이가 t이면 반원의 호 길이는 t가 된다. 결국 두께가 t인 종이를 한 번 접기 위해서는 종이의 길이가 최소한 t보다는 길어야 한다. 예를 들어 두께가 1cm인 종이를 한 번 접으려면, 종이의 길이가 최소 3.14cm보다는 길어야 한다는 것이다.
>
> 그런데 종이를 한 방향으로 두 번 접는 경우에는 접힌 모서리 부분에 반원이 3개 나타난다. 그래서 모서리에 생기는 반원의 호 길이를 모두 합하면, 가장 큰 반원의 호 길이인 2t와 그 반원 속의 작은 반원의 호 길이인 t, 그리고 처음 접힌 반원의 호 길이인 t의 합, 즉 4t가 된다. 그러므로 종이를 한 방향으로 두 번 접으려면 종이는 최소한 4t보다는 길어야 한다. 종이를 한 번 더 접었을 뿐이지만 모서리에 생기는 반원의 호 길이의 합은 이전보다 훨씬 커진다. 결국, 종이 접는 횟수는 산술적으로 늘어나는 데 비해 이로 인해 생기는 반원의 호 길이의 합은 기하급수적으로 커지기 때문에 종이의 길이가 한정되어 있다면 계속해서 종이를 접는 것은 불가능하다는 것을 알 수 있다.

① 종이의 면에 미세하게 존재하는 입자들이 종이를 접는 것을 방해하기 때문이다.

② 종이에도 미약하지만 탄성이 있어 원래 모양대로 돌아가려고 하기 때문이다.

③ 종이가 충분히 접힐 수 있도록 힘을 가하는 것이 힘들기 때문이다.

④ 접는 종이의 길이는 제한되어 있는데, 접은 부분에서 생기는 반원의 길이가 너무 빠르게 증가하기 때문이다.

> **해설** 종이 접는 횟수는 산술적으로 늘어나는 데 비해 이로 인해 생기는 반원의 호 길이의 합은 기하급수적으로 커진다. 때문에 종이의 길이가 한정되어 있다면, 종이를 무한하게 접는 것은 불가능하다.

05 다음 지문을 읽고 추론할 수 있는 내용으로 옳지 않은 것은?

> 혈액을 통해 운반된 노폐물이나 독소는 주로 콩팥의 사구체를 통해 일차적으로 여과된다. 사구체는 모세 혈관이 뭉쳐진 덩어리로, 보먼주머니에 담겨 있다. 사구체는 들세동맥에서 유입되는 혈액 중 혈구나 대부분의 단백질은 여과시키지 않고 날세동맥으로 흘려보내며, 물·요소·나트륨·포도당 등과 같이 작은 물질들은 사구체막을 통과시켜 보먼주머니를 통해 세뇨관으로 나가게 한다. 이 과정을 '사구체 여과'라고 한다.
>
> 사구체 여과가 발생하기 위해서는 사구체로 들어온 혈액을 사구체막 바깥쪽으로 밀어주는 힘이 필요한데, 이 힘은 주로 들세동맥과 날세동맥의 직경 차이에서 비롯된다. 사구체로 혈액이 들어가는 들세동맥의 직경보다 사구체로부터 혈액이 나오는 날세동맥의 직경이 작다. 이에 따라 사구체로 유입되는 혈류량보다 나가는 혈류량이 적기 때문에 자연히 사구체의 모세 혈관에는 다른 신체 기관의 모세 혈관보다 높은 혈압이 발생하고, 이 혈압으로 인해 사구체의 모세 혈관에서 사구체 여과가 이루어진다. 사구체의 혈압은 동맥의 혈압에 따라 변화가 일어날 수 있지만 생명 유지를 위해 일정하게 유지된다.
>
> 사구체막은 사구체 여과가 발생하기 위해 적절한 구조를 갖추고 있다. 사구체막은 모세 혈관 벽과 기저막, 보먼주머니 내층으로 구성되어 있다. 모세 혈관 벽은 편평한 내피세포 한 층으로 이루어져 있다. 이 내피세포들에는 구멍이 있으며 내피세포들 사이에도 구멍이 있다. 이 때문에 사구체의 모세 혈관은 다른 신체 기관의 모세 혈관에 비해 동일한 혈압으로도 100배 정도 높은 투과성을 보인다. 기저막은 내피세포와 보먼주머니 내층 사이의 비세포성 젤라틴 층으로, 콜라겐과 당단백질로 구성된다. 콜라겐은 구조적 강도를 높이고, 당단백질은 내피세포의 구멍을 통과할 수 있는 알부민과 같이 작은 단백질들의 여과를 억제한다. 이는 알부민을 비롯한 작은 단백질들이 음전하를 띠는데 당단백질 역시 음전하를 띠기 때문에 가능한 것이다. 보먼주머니 내층은 문어처럼 생긴 발세포로 이루어지는데, 각각의 발세포에서는 돌기가 나와 기저막을 감싸고 있다. 돌기 사이의 좁은 틈을 따라 여과액이 빠져나오면 보먼주머니 내강에 도달하게 된다.

① 내피세포에 나있는 구멍보다 입자가 작은 단백질은 전하의 성질로 인해 여과가 억제된다.

② 효율적인 여과를 위해서는 사구체의 혈압이 혈액 속 성분에 따라 유동적으로 변화하는 것이 필요하다.

③ 사구체를 통과하는 혈류는 신체의 다른 부분보다 높은 압력을 받게 될 것이다.

④ 콩팥의 사구체라는 기관이 우리 몸의 여과를 전적으로 담당하는 것은 아니다.

> **해설** 사구체의 혈압은 동맥의 혈압에 따라 변화가 있을 수 있지만, 생명 유지를 위해서 일정하게 유지된다고 하였으므로 혈액 속 성분에 따라 유동적으로 변화한다는 내용은 옳지 않다.

1. 조직이해능력

01 다음 중 업무수행 성과를 높이기 위한 행동전략을 잘못 사용하고 있는 사람은?

> **A사원** : 저는 해야 할 일이 생기면 미루지 않고, 그 즉시 바로 처리하려고 노력합니다.
> **B사원** : 저는 여러 가지 일이 생기면 비슷한 업무끼리 묶어서 한 번에 처리하곤 합니다.
> **C대리** : 저는 다른 사람이 일하는 방식과 다른 방식으로 생각하여 더 좋은 해결책을 발견하기도 합니다.
> **D대리** : 저도 C대리의 의견과 비슷합니다. 저는 저희 팀의 업무 지침이 마음에 들지 않아 저만의 방식을 찾고자
> 합니다.
> **E인턴** : 저는 저희 팀에서 가장 일을 잘한다고 평가받는 김 부장님을 제 역할모델로 삼았습니다.

① A사원   ② B사원

③ C대리   ④ D대리

⑤ E인턴

> **해설** 회사와 팀의 업무 지침은 변화하는 환경 속에서 그 일의 전문가들에 의해 확립된 것이므로, 기본적으로 지켜야 할 것은 지키되
> 그 속에서 자신의 방식을 발견해야 한다. 따라서 본인이 속한 팀의 업무 지침이 마음에 들지 않는다는 이유로 이를 지키지 않고
> 본인만의 방식을 찾겠다는 D대리의 행동전략은 적절하지 않다.

02 다음의 대화를 읽고 조직 목표의 기능과 특징으로 적절하지 않은 것은?

> **이 대리** : 박 부장님께서 우리 회사의 목표가 무엇인지 생각해 본 적 있냐고 하셨을 때 당황했어. 평소에 딱히
> 생각하고 지내지 않았던 것 같아.
> **김 대리** : 응, 그러기 쉽지. 개인에게 목표가 있어야 그것을 위해서 무언가를 하는 것처럼 당연히 조직에도 목표
> 가 있어야 하는데 조직에 속해 있으면 당연히 알아두어야 한다고 생각해.

① 동시에 여러 개를 추구하는 것보다 하나씩 순차적으로 처리해야 한다.

② 의사 결정을 할 때뿐만 아니라 하고 나서의 기준으로도 작용한다.

③ 공식적 목표와 실제 목표는 다를 수 있다.

④ 조직이 존재하는 정당성을 제공한다.

⑤ 목표 간에는 위계 관계와 상호 관계가 공존한다.

> **해설** 목표의 층위·내용 등에 따라 우선순위가 있을 수는 있지만 하나씩 순차적으로 처리해야 하는 것은 아니다. 즉, 조직의 목표는
> 동시에 여러 개가 추구될 수 있다.

03 직장인 A씨는 업무 시간에는 도저히 은행에 갈 수 없어서 퇴근 후인 6시 30분에 회사 1층에 있는 N은행 자동화기기를 사용하여 거래하려고 한다. A씨는 N은행 카드로 10만원을 우선 출금한 후 P은행 통장으로 5만원을 이체한다. 그 후 남은 5만원을 본인이 가지고 있는 K은행 카드에 입금하려고 한다. 이때 A씨가 지불해야 하는 총 수수료는?

자동화기기 거래

구분			영업시간 내			영업시간 외		
			3만원 이하	10만원 이하	10만원 초과	3만원 이하	10만원 이하	10만원 초과
N은행 자동화기기 이용 시	출금		면제			250원	500원	
	이체	N은행으로 보낼 때	면제			면제		
		다른 은행으로 보낼 때	400원	500원	1,000원	700원	800원	1,000원
	타행카드 현금 입금		700원			1,000원		
다른 은행 자동화기기 이용 시	출금		800원			1,000원		
	이체		500원		1,000원	800원		1,000원

※ N은행 자동화기기 출금 시 수수료 감면 사항
 – 만 65세 이상 예금주의 출금거래는 100원 추가 할인
 – 당일 영업시간 외에 10만원 초과 출금 시 2회차 거래부터 수수료 50% 감면
※ 영업시간 내 기준 : 평일 08:30~18:00, 토요일 08:30~14:00(공휴일 및 휴일은 영업시간 외 적용)

① 800원

② 1,300원

③ 1,600원

④ 2,300원

⑤ 2,500원

> **해설** ⅰ) 출금 : N은행 자동화기기 이용 · 영업시간 외 10만원 이하 → 500원
> ⅱ) 이체 : N은행 자동화기기 이용 · 다른 은행으로 송금 · 영업시간 외 10만원 이하 → 800원
> ⅲ) 현금 입금 : N은행 자동화기기 이용 · 영업시간 외 타행카드 현금 입금 → 1,000원
> 따라서 지불해야 하는 총 수수료는 2,300원이다.

04 다음은 사교육의 과목별 동향에 관한 자료이다. 〈보기〉에 대한 설명으로 옳은 것을 모두 고른 것은?

과목별 동향

(단위 : 명, 원)

구분		2016년	2017년	2018년	2019년	2020년	2021년
국·영·수	월 최대 수강자 수	368	388	379	366	359	381
	월 평균 수강자 수	312	369	371	343	341	366
	월 평균 수업료	550,000	650,000	700,000	700,000	700,000	750,000
탐구	월 최대 수강자 수	241	229	281	315	332	301
	월 평균 수강자 수	218	199	253	289	288	265
	월 평균 수업료	350,000	350,000	400,000	450,000	500,000	500,000

● **보기** ●

ㄱ. 국·영·수의 월 최대 수강자 수와 평균 수강자 수는 같은 증감 추이를 보인다.
ㄴ. 국·영·수의 월 평균 수업료는 월 최대 수강자 수와 같은 증감 추이를 보인다.
ㄷ. 국·영·수의 월 최대 수강자 수의 전년 대비 증가율은 2021년이 가장 높다.
ㄹ. 2016~2021년까지 월 평균 수강자 수가 국·영·수 과목이 최대였을 때는 탐구 과목이 최소였고, 국·영·수 과목이 최소였을 때는 탐구 과목이 최대였다.

① ㄱ
② ㄷ
③ ㄱ, ㄷ
④ ㄱ, ㄹ
⑤ ㄴ, ㄹ

해설 ㄷ. 국·영·수의 월 최대 수강자 수가 전년 대비 증가한 해는 2017년과 2021년이고, 증감률은 다음과 같다.

- 2017년 : $\frac{388-368}{368} \times 100 ≒ 5.4\%$
- 2021년 : $\frac{381-359}{359} \times 100 ≒ 6.1\%$

따라서 증감률은 2021년이 가장 높다.

3. 의사소통능력

05 다음 글을 읽고 밑줄 친 ㉠~㉤의 수정 방안으로 적절하지 않은 것은??

사회복지와 근로의욕과의 관계에 대한 조사를 보면 '사회복지와 근로의욕이 관계가 있다.'는 응답과 '그렇지 않다.'는 응답의 비율이 비슷하게 나타난다. 하지만 기타 의견에 ㉠ 따라 과도한 사회복지는 근로의욕을 저하할 수 있다는 응답이 많았던 것으로 조사되었다. 예를 들어 정부지원금을 받으나 아르바이트를 하나 비슷한 돈이 나온다면 ㉡ 더군다나 일하지 않고 정부지원금으로만 먹고사는 사람들이 많이 있다는 것이다. 여기서 주목해야할 점은 과도한 복지 때문이 아닌 정책상의 문제라는 의견도 있다는 사실이다. 현실적으로 일을 할 수 있는 능력이 있는 사람에게는 ㉢ 최대한의 생계비용 이외의 수입을 인정하고, 빈곤층에서 벗어날 수 있게 지원해주는 것이 개인에게도, 국가에도 바람직한 방식이라는 것이다. 이 설문 조사 결과에서 주목해야 할 또 다른 측면은 사회복지 체제가 잘 되어 있을수록 근로의욕이 떨어진다고 응답한 사람의 ㉣ 과반수 이상이 중산층 이상의 경제력을 가지고 있었다는 점이다. 재산이 많은 사람에게는 약간의 세금 확대도 ㉤ 영향이 적을 수 있기 때문에 경제발전을 위한 세금 확대는 찬성하더라도 복지정책을 위한 세금 확대는 반대하는 것이다. 이러한 점을 고려해보면 소득 격차 축소를 원하는 국민보다 복지정책을 위한 세금 확대에 반대하는 국민이 많은 다소 모순된 설문 결과에 대한 설명이 가능하다.

① ㉠ : 호응 관계를 고려하여 '따르면'으로 수정한다.
② ㉡ : 앞뒤 내용의 관계를 고려하여 '차라리'로 수정한다.
③ ㉢ : 전반적인 내용의 흐름을 고려하여 '최소한의'로 수정한다.
④ ㉣ : '과반수'의 뜻을 고려하여 '절반 이상이' 또는 '과반수가'로 수정한다.
⑤ ㉤ : 일반적인 사실을 말하는 것이므로 '영향이 적기 때문에'로 수정한다.

해설 재산이 많은 사람은 약간의 세율 변동에도 큰 영향을 받는다. 그러므로 '영향이 크기 때문에'로 수정해야 한다.

06 다음 밑줄 친 ㉠과 같은 의미로 쓰인 것은?

언어 없이 사고가 불가능하다는 이론도 그렇다. 생각은 있되, 그 생각을 표현할 적당한 말이 없는 경우도 얼마든지 있으며, 생각은 분명히 있지만 말을 잊어서 표현에 곤란을 느끼는 경우도 흔한 것이다. 음악가는 언어라는 매개를 ㉠ 통하지 않고 작곡을 하여 어떤 생각이나 사상을 표현하며, 조각가는 언어 없이 조형을 한다. 또 우리는 흔히 새로운 물건, 새로운 생각을 이제까지 없던 새 말로 만들어 명명하기도 한다.

① 그의 주장은 앞뒤가 잘 통하지 않는다.
② 바람이 잘 통하는 곳에 빨래를 널어야 잘 마른다.
③ 그 시상식은 텔레비전을 통해 전국에 중계되었다.
④ 청소년들은 기성세대와 말이 통하지 않는다고 말한다.
⑤ 부부는 어떤 일을 하든 서로 뜻이 잘 통해야 한다.

해설 ㉠은 '무엇을 매개로 하거나 중개하다'라는 의미로 사용되었다. 이와 같은 의미로 사용된 것은 ③이다.

04 ② **05** ⑤ **06** ③

한국사능력검정시험

01 학생들이 공통으로 이야기하고 있는 나라에 대한 설명으로 옳은 것은? [2점]

> 한반도 남부에서 철기문화를 바탕으로 발전했어.

> 신지나 읍차 등의 지배자가 있었어.

> 씨뿌리기를 끝낸 5월과 추수를 마친 10월에 계절제를 지냈어.

① 서옥제라는 혼인풍습이 있었다.
② 소도라고 불리는 신성구역이 있었다.
③ 범금 8조를 만들어 사회질서를 유지했다.
④ 단궁, 과하마, 반어피 등의 특산물이 있었다.

기출 태그 #삼한 #신지·읍차 #신성지역 소도·천군
#5월과 10월 계절제

해설
삼한은 한반도 남부에서 철기문화를 바탕으로 성장했으며, 신지·읍차라고 불린 지배자가 각 소국을 지배했다. 또한, 벼농사가 발달해 해마다 씨를 뿌리고 난 뒤인 5월과 추수를 마친 10월에 계절제를 열어 하늘에 제사를 지냈다. ② 삼한은 소도라는 신성지역을 따로 두어 제사장인 천군이 이를 관리하는 제정분리사회였다.

02 다음 책에 포함될 내용으로 적절한 것은? [2점]

신간도서소개

저물어 가는 신라

글: □□□ 그림: △△△

혜공왕 이후 흔들리는 신라의 역사를 생생하게 다루고 있는 책입니다.

○○출판사 / 186쪽 / 초등 고학년

① 갑신정변
② 위화도회군
③ 김헌창의 난
④ 연개소문의 집권

기출 태그 #통일신라 말 #혜공왕 #진골귀족 반란
#김헌창의 난

해설
통일신라 말 어린 나이로 즉위한 혜공왕은 재위기간 동안 수많은 진골귀족들의 반란을 겪었고, 이찬 김지정의 반란군에 의해 피살됐다(780). 이후 통일신라는 귀족들이 서로 왕위를 차지하기 위해 반란을 일으키면서 큰 혼란에 빠지게 됐다.
③ 통일신라 헌덕왕 때 김주원이 왕위쟁탈전에서 패배하자 아들인 웅천주(공주) 도독 김헌창이 반란을 일으켰지만, 관군에 의해 진압되면서 실패했다(822).

03 다음 상황이 있었던 국가의 지방제도에 대한 설명으로 옳은 것은? [3점]

> ■ 공주 명학소의 망이·망소이 등이 무리를 모아서 봉기하자, 명학소를 충순현으로 승격해 그들을 달래고자 했다.
> ■ 사신을 따라 원에 간 유청신이 통역을 잘했으므로, 그 공을 인정해 그의 출신지인 고이부곡을 고흥현으로 승격했다.

① 전국을 8도로 나눴다.

② 22담로에 왕족을 파견했다.

③ 주요 지역에 5소경을 설치했다.

④ 군사행정구역으로 양계를 두었다.

04 다음 퀴즈의 정답으로 옳은 것은? [2점]

> 이 인물은 정혜결사를 조직했으며, 선과 교를 함께 닦아야 한다는 정혜쌍수를 주장했습니다. 보조국사라고도 하는 이 인물은 누구일까요?

①

지눌

②

요세

③

혜초

④

원효

기출태그 #고려의 지방행정체제 #향·부곡·소 #군현체제 #망이·망소이의 난

해설

고려의 지방행정체제에는 특수행정구역인 향·부곡·소가 존재했다. 향과 부곡은 신라 때부터 형성돼 이어진 군현체제로, 농경지를 개간해 조성된 촌락 중 크기가 일반 군현에 미치지 못하거나 왕조에 반항하던 집단의 거주지를 재편한 곳이었다. 소는 고려 때 형성된 것으로, 수공업이나 광업, 지방 특산물을 생산하는 지역이었다. 향·부곡·소의 백성들은 신분상 양인이었으나 일반 군현의 백성들에 비해 신분적으로 차별을 받았다.

④ 고려 현종은 전국을 5도와 양계, 경기로 나누어 지방행정제도를 확립했고, 국경지역인 양계에 병마사를 파견했다.

기출태그 #보조국사 지눌 #수선사 조직 #정혜결사 #정혜쌍수 #돈오점수

해설

보조국사 지눌은 불교의 타락을 비판하고 혁신을 도모해 수선사를 조직하고, 승려의 기본인 독경, 수행, 노동에 힘쓰자는 수선사결사(정혜결사) 운동을 전개했다. 이때 정혜쌍수를 사상적 바탕으로 철저한 수행을 강조했다.

① 고려 승려 지눌은 내가 곧 부처라는 깨달음을 위한 노력과 함께 꾸준한 수행으로 이를 확인하는 돈오점수를 강조했다.

05 (가)에 들어갈 내용으로 옳은 것은? [2점]

두 차례 왕자의 난을 통해 집권한 조선의 제3대 왕에 대해 말해 볼까요?

6조 직계제를 실시했어요.

(가)

① 직전법을 제정했어요.
② 호패법을 시행했어요.
③ 장용영을 설치했어요.
④ 척화비를 건립했어요.

기출 태그 #조선 태종 #왕자의 난 #국왕중심통치
#6조 직계제 #호패법

해설

조선 초 태조 이성계의 왕자들 사이에서 왕위계승권을 둘러싸고 발생한 왕자의 난을 거쳐 왕이 된 태종은 국왕중심의 통치체계를 확립하고자 했다. 이를 위해 6조 직계제를 실시해 6조는 의정부를 거치지 않고 국왕에게 직접 보고하고, 국왕이 바로 재가를 내리게 했다.
② 조선 태종은 정확한 인구파악과 이에 따른 조세, 역 부과를 위해 16세 이상의 남자들에게 일종의 신분증명서인 호패를 발급하는 호패법을 실시했다.

06 (가) 전쟁 중에 있었던 사실로 옳은 것은? [2점]

> <징비록>이란 무엇인가? ［ (가) ］ 당시의 일을 기록한 것이다. 이때의 화는 참혹했다. 수십일 만에 삼도(三都)*를 잃고 임금께서 수도를 떠나 피란했다. 그럼에도 오늘날까지 우리나라가 남아있게 된 것은 하늘이 도운 까닭이다. 그리고 나라를 생각하는 백성들의 마음이 그치지 않았고, 우리나라를 돕기 위해 명의 군대가 여러 차례 출동했기 때문이다.
>
> *삼도 : 한성, 개성, 평양

① 이종무가 쓰시마섬을 토벌했다.
② 정문부가 의병을 모아 왜군을 격퇴했다.
③ 배중손이 삼별초를 이끌고 몽골군과 싸웠다.
④ 최영이 군대를 지휘해 홍건적을 물리쳤다.

기출 태그 #징비록 #임진왜란 #유성룡 #정문부
#함경도 길주 의병

해설

선조 때 일본이 조선을 침입하면서 임진왜란이 발생했고 보름 만에 수도 한양(서울)이 함락됐다. 선조는 수도를 버리고 개성과 평양을 거쳐 의주까지 피란했으며, 왜군은 계속 북진하면서 개성과 평양을 점령했다. 유성룡은 전쟁이 끝난 뒤에 <징비록>을 저술해 7년에 걸친 임진왜란의 원인과 전쟁상황 등을 자세히 기록했다.
② 임진왜란 당시 정문부는 함경도 길주에서 의병을 조직해 왜구를 물리쳤다.

07 (가)에 들어갈 지도로 옳은 것은? [1점]

문화유산 퍼즐 맞추기

(가) 는 김정호가 제작한 총 22첩의 목판본 지도입니다. 10리마다 눈금을 표시해 거리를 알 수 있게 했습니다.

① 동국지도
② 곤여만국전도
③ 대동여지도
④ 혼일강리역대국도지도

해설

〈대동여지도〉는 22첩으로 구성된 절첩식(병풍식) 지도첩이다. 우리나라에서 가장 큰 전국지도이며 보기 편하고 가지고 다니기 쉽게 책자처럼 만든 지도이다.
③ 〈대동여지도〉는 조선 후기 김정호가 10리마다 눈금을 표시해 거리를 알 수 있게 했다. 각 지역의 지도를 1권의 책으로 접어서 엮었으며, 목판으로 제작돼 대량 인쇄가 가능했다.

08 (가)에 들어갈 사절단으로 옳은 것은? [2점]

이것은 (가) 의 대표 민영익이 미국 대통령에게 전한 국서의 한글번역문입니다. 이 문서에는 두 나라가 조약을 맺어 우호관계가 돈독해졌으므로 사절단을 보낸다는 내용 등이 담겨 있습니다.

① 보빙사
② 수신사
③ 영선사
④ 조사시찰단

해설

조선정부는 조미수호통상조약 체결 이후 민영익, 홍영식, 서광범을 중심으로 한 사절단인 보빙사를 미국에 파견했다. 보빙사는 워싱턴에 도착해 미국 아서 대통령을 접견하고 국서를 전달했으며, 40여 일간 미국의 다양한 기관들을 시찰했다.
① 보빙사는 서양국가에 파견된 최초의 사절단으로 미국에 머무르며 외국박람회, 공업제조회관, 병원, 신문사, 육군사관학교 등을 방문·시찰했다.

09 (가)에 들어갈 군사 조직으로 옳은 것은? [2점]

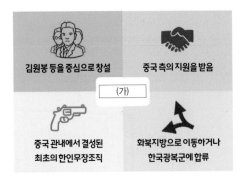

김원봉 등을 중심으로 창설

중국 측의 지원을 받음

(가)

중국 관내에서 결성된 최초의 한인무장조직

화북지방으로 이동하거나 한국광복군에 합류

① 별기군
② 북로군정서
③ 조선의용대
④ 동북항일연군

해설

1930년대에는 주로 국외에서 한중연합 군사작전이 전개됐다. 조선의용대는 김원봉의 주도로 1938년 중국 국민당의 지원을 받아 중국 관내에서 결성된 최초의 한인무장조직으로, 조선민족전선연맹 산하에 있었다. 이후 일부는 화북지방으로 이동해 조선의용대 화북지대를 결성하고, 남은 일부는 충칭으로 이동해 한국광복군에 합류했다.
③ 김원봉이 주도해 중국 국민당의 지원을 받아 중국 관내 최초의 한인무장부대인 조선의용대를 창설했다.

10 (가) 정부시기에 볼 수 있는 모습으로 가장 적절한 것은? [2점]

민주주의 발전 유공자
제임스 시노트

(1929~2014)

인민혁명당 재건위원회사건이 유신헌법을 제정한 (가) 정부에 의해 조작됐음을 폭로하는 등 한국의 민주화에 공헌해 국민포장으로 서훈됐다.

① 거리에서 장발을 단속하는 경찰
② 조선건국준비위원회에 참여하는 학생
③ 서울올림픽대회 개막식을 관람하는 시민
④ 반민족행위 특별조사위원회에서 조사받는 기업인

해설

박정희정권은 종신집권을 위해 유신헌법을 제정했다. 각 계각층에서 이에 저항하며 시위를 전개하자 1974년 긴급조치 4호를 선포해 유신반대투쟁을 벌인 전국민주청년학생총연맹을 수사했다. 그리고 전국민주청년 학생총연맹의 배후에 '인민혁명당 재건위원회'를 지목해 사건을 조작하고 이들을 탄압했다(인혁당 사건). 당시 천주교 사제 제임스 시노트 신부가 인혁당 사건의 불법재판을 폭로했고, 대한민국 민주화에 기여한 공로를 인정받아 2020년 국민포장을 수여받았다.
① 1960~70년대 자유의 상징으로 여겨졌던 미니스커트와 장발은 박정희정부 시기 유신체제하에 퇴폐적인 풍조로 규정돼 단속의 대상이 됐다.

01 (가)~(다)를 일어난 순서대로 나열한 것은? [3점]

> (가) 온달이 왕에게 아뢰기를, "신라가 한강 이북 땅을 빼앗아 군현으로 삼았습니다. …… 저에게 군사를 주신다면 단번에 우리 땅을 반드시 되찾겠습니다"라고 했다.
>
> (나) 10월에 백제왕이 병력 3만명을 거느리고 평양성을 공격해 왔다. 왕이 군대를 내어 막다가 화살에 맞아 이달 23일에 서거했다.
>
> (다) 9월에 왕이 병력 3만명을 거느리고 백제를 침략해 도읍 한성을 함락했다. 백제왕 부여경을 죽이고 남녀 8천명을 포로로 잡아 돌아왔다.

① (가) – (나) – (다)
② (가) – (다) – (나)
③ (나) – (가) – (다)
④ (나) – (다) – (가)
⑤ (다) – (나) – (가)

02 다음 가상의 대화 이후에 있었던 사실로 옳은 것은? [2점]

며칠 전 붉은 바지를 입은 도적들이 나라의 서남쪽에서 봉기했다고 하네.

적고적 말이지? 7년 전에는 원종과 애노가 세금독촉 때문에 봉기하더니, 요즘 들어 나라에 변란이 자주 일어나 걱정이구만.

① 궁예가 국호를 태봉으로 바꿨다.
② 독서삼품과가 처음으로 실시됐다.
③ 왕의 장인인 김흠돌이 반란을 일으켰다.
④ 무열왕의 직계자손이 왕위를 세습했다.
⑤ 혜공왕이 귀족세력에게 죽임을 당했다.

기출 태그 #고구려의 정복활동 #고국원왕·장수왕
#아단성 전투 #온달

해설

(나) 고국원왕 전사(371): 고구려 고국원왕은 백제 근초고왕이 평양성을 공격해 오자 이에 맞서 싸우다가 전사했다.

(다) 장수왕의 한성함락(475): 고구려 장수왕은 평양으로 천도하며 남진정책을 추진했다. 이를 바탕으로 백제의 수도 한성을 함락하고 백제 개로왕을 전사시킨 뒤 한강 유역을 차지했다.

(가) 아단성(아차성) 전투(590): 고구려 영양왕 때 신라에게 빼앗긴 한강을 수복하기 위해 일으킨 전투로 이 전투에서 온달이 전사했다.

기출 태그 #통일신라 #진성여왕 #귀족 권력다툼
#원종과 애노의 난 #적고적의 반란

해설

통일신라 말 진성여왕 즉위 당시 귀족 간의 권력다툼이 심화돼 왕권이 약화됐다. 사벌주에서는 중앙정권의 무분별한 조세징수에 대한 반발로 원종과 애노가 농민봉기를 일으켰고(889), 경주 서남쪽 지방에서는 적고적이라고 불리는 도적들의 반란이 일어나 민가를 약탈했다.

① 신라 왕족출신인 궁예는 북원 양길의 휘하로 들어가 세력을 키워 송악에 도읍을 정하고 후고구려를 세웠다(901). 이후 영토를 확장해 도읍을 철원으로 옮기고 국호를 마진으로 바꿨다가 다시 태봉으로 바꾸기도 했다.

🔒 **09** ③ **10** ① **01** ④ **02** ①

03 밑줄 그은 '이 왕'의 정책으로 옳은 것은?

[2점]

이곳에는 <u>이 왕</u>과 그의 왕비인 노국대장 공주의 영정이 봉안돼 있습니다. 조선의 종묘에 고려왕의 신당이 조성됐다는 점이 특이합니다. <u>이 왕</u>은 기철 등 친원세력을 숙청하고 정동행성 이문소를 폐지했습니다.

① 만권당을 두어 원의 학자들과 교류했다.
② 신돈을 등용해 전민변정도감을 운영했다.
③ 쌍기의 건의를 받아들여 과거제를 실시했다.
④ 정계와 계료백서를 지어 관리의 규범을 제시했다.
⑤ 최승로의 시무28조를 받아들여 통치체제를 정비했다.

기출 태그 #고려 공민왕 #반원자주정책 #왕권강화 #친원세력 숙청 #정동행성 이문소 폐지

해설
고려 말 다양한 개혁정치를 펼친 공민왕은 대외적으로는 반원자주정책을, 대내적으로는 왕권강화를 추진했다. 이 일환으로 원의 연호 폐지, 기철 등 친원세력 숙청을 실시하고 내정간섭기구로 유지됐던 정동행성 이문소를 폐지했으며, 쌍성총관부를 공격해 원에 빼앗긴 철령 이북의 땅을 수복했다. 이후 공민왕은 조선 종묘 창건 당시 태조 이성계의 명으로 노국대장 공주의 영정과 함께 별도의 신당에 모셔졌다.
② 공민왕 때 등용된 신돈은 전민변정도감의 책임자로서 권문세족이 빼앗은 토지를 돌려주고 노비가 된 자를 풀어주는 등 개혁을 단행했다.

---

04 (가)에 들어갈 내용으로 옳지 않은 것은? [2점]

역사 다큐멘터리 제작 기획안

15세기 조선, 과학을 꽃 피우다

1. 기획의도
  조선 초, 부국강병과 민생안정을 위해 과학기술분야에서 노력한 모습을 살펴본다.

2. 구성
  1부 태양의 그림자로 시간을 보는 앙부일구
  2부 [(가)   ]
  3부 외적의 침입에 대비한 신무기, 신기전과 화차

① 기기도설을 참고해 설계한 거중기
② 국산약재와 치료법을 소개한 향약집성방
③ 한양을 기준으로 한 역법서인 칠정산 내편
④ 활판인쇄술의 발달을 가져온 계미자와 갑인자
⑤ 우리 실정에 맞는 농법을 소개한 농사직설

기출 태그 #조선 세종 #조선 전기 과학기술발전 #장영실 #신기전

해설
조선 전기 세종은 부국강병과 민생안정을 위해 과학기술 발전에 힘썼다. 이에 따라 장영실은 물시계인 자격루와 해시계인 앙부일구, 강우량을 측정하는 측우기를 제작하는 등 과학기술 분야에서 뚜렷한 성과를 남겼다. 또한, 고려 말 최무선이 제작한 주화를 개량해 로켓형 화기인 신기전을 개발했고, 문종 때 화차가 개발되자 주로 화차에서 신기전을 발사했다.
① 조선 후기 정조 때 정약용은 〈기기도설〉을 참고하여 거중기를 만들었다.

05 (가) 시기에 있었던 사실로 옳은 것은? [3점]

지난달 후금에 투항한 강홍립에게 죄를 물어야 합니다.

과인이 알아서 처분할 것이니 번거롭게 하지 말라.

항복을 받기 위한 단을 삼전도에 이미 쌓았으니. 내일 황제폐하 앞에서 의식을 거행할 것이오.

→ (가) →

① 나선정벌에 조총부대가 동원됐다.
② 권율이 행주산성에서 적군을 격퇴했다.
③ 정봉수와 이립이 용골산성에서 항쟁했다.
④ 소현세자와 봉림대군 등이 청에 인질로 끌려갔다.
⑤ 외적의 침입에 대비하고자 비변사가 처음 설치됐다.

해설

• 광해군 때 명의 요청으로 후금과의 사르후 전투에 강홍립 부대를 파견했다. 그러나 명과 후금 사이에서 실리를 추구하는 중립외교정책에 따라 무모한 싸움을 계속하지 않고 후금에 투항하도록 명령했다(1619).
• 정묘호란 이후 후금이 국호를 청으로 고치고 조선에 군신관계를 강요하자 조선에서는 척화론과 주화론이 첨예하게 대립했고, 결국 조선이 사대요청을 거부해 병자호란이 일어났다. 남한산성으로 피란했던 인조는 강화도로 보낸 왕족과 신하들이 인질로 잡히자 남한산성에서 나와 삼전도에서 굴욕적인 항복을 했다(1637).
③ 인조 때 정묘호란이 발발하자 후금에 맞서 정봉수와 이립이 용골산성에서 의병을 이끌며 항전했다(1627).

06 (가), (나) 사이의 시기에 있었던 사실로 옳은 것은? [2점]

(가) 평안감사가 "이달 19일에 관군이 정주성을 수복하고 두목 홍경래 등을 죽이거나 사로잡았습니다"라고 임금께 보고했다.

(나) 경상도 안핵사 박규수는 "이번 진주의 백성들이 난을 일으킨 것은 오로지 전 우병사 백낙신이 탐욕을 부려 포학스럽게 행동한 까닭에서 연유한 것이었습니다"라고 임금께 보고했다.

① 최제우가 동학을 창시했다.
② 정약종 등이 희생된 신유박해가 일어났다.
③ 오페르트가 남연군묘 도굴을 시도했다.
④ 공신책봉문제로 이괄이 반란을 일으켰다.
⑤ 이인좌를 중심으로 소론세력 등이 난을 일으켰다.

해설

(가) 홍경래의 난(1811): 순조 때 세도정치로 인한 삼정의 문란과 서북지역 차별대우에 불만을 품은 평안도지방 사람들이 몰락 양반 출신 홍경래를 중심으로 봉기를 일으켰다. 평안북도 가산에서 우군칙, 이희저 등과 함께 청천강 이북지역을 점령하기도 했으나 관군에 의해 정주성에서 진압됐다.

(나) 임술농민봉기(1862): 철종 때 삼정의 문란과 경상 우병사 백낙신의 가혹한 수탈에 견디다 못한 진주 지역의 농민들이 몰락 양반 유계춘을 중심으로 봉기를 일으켜 진주성을 점령했다. 이후 안핵사로 파견된 박규수는 민란의 원인이 삼정의 문란에 있다고 보고 삼정이정청을 설치했다.

① 세도정치기인 철종 때 최제우가 유교, 불교, 도교, 민간신앙의 요소를 결합한 동학을 창시했으며(1860), 마음속에 한울님을 모시는 시천주와 사람이 곧 하늘이라는 인내천사상을 강조했다.

07 (가) 단체에 대한 설명으로 옳은 것은? [1점]

국권을 지키기 위해 노력한 남궁억

- **생몰년**: 1863~1939

- **생애 및 활동**

서울 정동에서 태어났다. 동문학에서 교육을 받았다. 1896년 서재필 등과 함께 (가) 을/를 창립해 활동했다. (가) 의 의회설립운동이 공화제를 수립하려는 것이라는 의심을 받아 이상재 등과 함께 체포됐다. 러시아와 일본의 한국침략을 고발하는 논설과 기사를 실은 황성신문 사장을 역임했다. 정부는 그의 공훈을 기려 건국훈장독립장을 추서했다.

① 고종의 강제퇴위반대운동을 전개했다.
② 일제가 조작한 105인사건으로 와해됐다.
③ 영은문이 있던 곳 부근에 독립문을 건립했다.
④ 광주학생항일운동의 진상조사단을 파견했다.
⑤ 독립운동자금을 마련하기 위해 독립공채를 발행했다.

해설

갑신정변 이후 미국에서 돌아온 서재필은 남궁억, 이상재, 윤치호 등과 함께 독립협회를 창립하고(1896) 만민공동회와 관민공동회를 개최해 국권 · 민권신장운동을 전개했다. 또한, 중추원 개편을 통한 의회설립과 서구식 입헌군주제 실현을 목표로 활동했다.
③ 독립협회는 청의 사신을 맞던 영은문을 헐고 그 자리 부근에 독립문을 건립했다(1897).

08 밑줄 그은 '시기'에 있었던 사실로 옳은 것은? [1점]

난징 리지샹위안소 구지(舊址) 진열관에 있는 '만삭의 위안부' 동상은 고(故) 박영심 할머니를 모델로 조성됐습니다. 중일전쟁을 일으킨 일제가 침략전쟁을 확대하던 시기에 운영된 이 위안소는 박영심 할머니의 피해증언 등에 힘입어 기념관으로 거듭나게 됐습니다.

① 만주군벌과 일제가 미쓰야협정을 체결했다.
② 한국인만 적용되는 조선태형령이 공포됐다.
③ 내선일체를 강조한 황국신민서사의 암송이 강요됐다.
④ 강압적인 통치를 목적으로 헌병경찰제도가 실시됐다.
⑤ 평양 등지에서 반중폭동을 초래한 만보산사건이 일어났다.

해설

일제는 1930년대 이후 민족말살통치기에 대륙침략을 위해 한반도를 병참기지화하고 중일전쟁과 태평양전쟁을 일으켰다. 국가총동원법(1938)을 시행해 우리 민족을 전쟁에 강제동원했으며, 국민징용령(1939), 학도지원병제도(1943), 징병제도(1944) 등을 통해 젊은이들을 전쟁터로 강제징집했다. 또한, 여자정신대근무령(1944)을 공포해 젊은 여성들을 일본군 '위안부'로 삼는 만행을 저질렀다. 2015년에는 고(故) 박영심 할머니의 피해증언으로 난징 옛 위안소 자리에 리지샹위안소 구지 진열관을 개관해 당시 모습을 재현하고 자료를 진열했다.
③ 일제는 민족의 정체성을 말살하기 위해 황국신민화정책을 시행해 내선일체의 구호를 내세워 한글을 사용하지 못하게 하고 황국신민서사 암송을 강요했다(1937).

09 (가) 사건에 대한 설명으로 옳은 것은? [2점]

> 제주도에서 발생한 (가) 당시 토벌대는 남한만의 단독선거에 반대하는 세력을 진압한다는 명분으로 초토화 작전을 벌였고, 이 과정에서 무고한 사람들이 희생됐습니다. 법원은 오늘 이 사건으로 억울한 옥살이를 했던 피해자 335명에 대해서, 재심을 통해 무죄판결을 내렸습니다.

(가) 옥살이 335명, 70여 년 만에 재심에서 무죄

① 허정 과도내각이 성립되는 배경이 됐다.
② 전개과정에서 3·1민주구국선언이 발표됐다.
③ 희생자들의 명예를 회복하기 위한 특별법이 제정됐다.
④ 귀속재산처리를 위한 신한공사 설립의 계기가 됐다.
⑤ 관련기록물이 유네스코 세계기록유산으로 등재됐다.

기출 태그 #제주4·3사건 #남로당 제주도당 봉기 #남한 단독정부 수립 반대 #민간인 학살

해설
제주4·3사건은 남한만의 단독정부 수립에 반대한 남로당 제주도당의 무장봉기와 이에 대한 미군정 및 경찰토벌대의 강경진압이 원인이 돼 발생했다(1948). 진압과정에서 법적절차를 거치지 않고 총기 등을 사용해 민간인을 학살하면서 제주도민들이 큰 피해를 입었다.
③ 2021년 제주4·3사건 수형인 명예회복과 희생자 및 유족에 대한 위자료 지급, 추가진상조사 등을 위한 특별법이 제정됐다. 이를 근거로 열리게 된 특별재심에서 4·3사건 당시 군법회의를 통해 투옥된 333인과 일반재판 생존 수형인 2인에 대해 70여 년 만에 무죄를 판결했다.

10 (가)에 들어갈 내용으로 옳은 것은? [2점]

① 남북한 유엔동시가입
② 7·4남북공동성명 발표
③ 한반도 비핵화 공동선언 서명
④ 최초의 이산가족 고향방문 실현
⑤ 남북한 교류협력을 위한 개성공단조성 합의

기출 태그 #김대중정부 #국민기초생활보장법 #IMF 구제금융 #국가인권위원회 #개성공단

해설
• 김대중정부는 극심한 양극화의 해소를 위해 생활유지능력이 없거나 생활이 어려운 국민의 최저생활을 국가가 보장하는 국민기초생활보장법을 제정했다(1999).
• 김영삼정부 말 외환위기로 인해 국제통화기금(IMF)으로부터 구제금융지원을 받게 됐고, 김대중정부는 이를 극복하기 위해 다각적으로 노력을 기울였다. 국민들은 자발적으로 금 모으기 운동을 전개했고, 정부는 기업 구조조정 및 대통령 직속자문기구인 노사정위원회 설치 등을 실시해 외환위기와 IMF 관리체제를 조기에 극복할 수 있었다.
• 김대중정부 시기 제정된 인권법에 따라 국가공권력과 사회적 차별행위에 의한 인권침해를 구제하기 위한 업무를 담당하는 국가인권위원회가 출범했다(2001).
⑤ 김대중정부는 북한과의 화해협력기조를 유지하며 교류를 확대했고, 평양에서 최초로 남북정상회담을 개최하고 6·15남북공동선언을 발표했다(2000). 이를 통해 금강산 관광사업 활성화와 개성공단조성에 합의했다.

키워드로 살펴보는 채용면접
협업이란 무엇인가?

안녕하세요. 2022년까지 4년간 NCS 직업기초능력과 관련한 취업 소식을 전해드렸는데, 2023년부터는 채용면접과 관련한 내용으로 새롭게 찾아뵙게 되었습니다. 면접은 필기시험처럼 어떤 정답이 따로 있는 것이 아니기 때문에 질문의 의도를 알고 방향을 잘 설정하는 것이 중요합니다. 따라서 면접을 준비하고 계시는 분들께 조금이라도 도움을 드리고자 실제 면접에서 활용되는 대표 질문들을 무기명·무작위로 선별하여 가공한 내용을 토대로 살펴보고자 합니다.

이번 호에서는 [협업]을 주제로 이야기를 나눌까 합니다. 협업은 거의 모든 기업의 면접에서 평가지표로 활용될 만큼 중요하게 고려되는 요소 중 하나입니다. 먼저 아래의 질문을 살펴보겠습니다.

> Q. 최근 귀하가 속한 모임이나 조직 내에서 협업을 잘하여 주위 사람들에게 좋은 칭찬을 얻었던 경험이 있다면 구체적으로 소개해 주시겠습니까?

다음과 같은 질문이 주어지는 경우, 대부분 상당히 당황하거나 긴장할 수 있습니다. 그 이유를 다음 네 가지로 정리할 수 있습니다.

> (가) 협업이란 단어가 정확하게 와닿지 않는다.
> (나) 내가 속한 모임 또는 조직을 어떻게 정의해야 하는가?
> (다) 다른 사람의 칭찬(평판)을 굳이 언급한 이유는 무엇인가?
> (라) '구체적인 경험'이라고 언급한 면접위원의 의도는 무엇인가?

(가)에서 말하는 '협업'이란 '협동하여 어떤 일을 잘 이루어 성과를 내는 것'입니다. 즉 어떤 구체적인 성과를 표방해야 한다는 의미입니다. 이때 다른 사람과의 좋은 관계나 단순히 열심히 했다는 자기만족이 기준이 되는 것이 아니라, 실제 협동을 통해 어떤 결과를 얻었는지가 중요한 기준이 됩니다.

(나)에서 말하는 '모임 또는 조직' 역시 구체적인 정답은 없습니다. 하지만 되도록 새로운 사람들과 처음 만나서 어떤 일을 수행하기 위한 모임이나 조직이라면 더욱 좋습니다. 가령 단순히 친목을 위한 모임, 또는 학교 선후배처럼 지속적인 인간관계가 우선시되는 모임보다는 아르바이트, 인턴·수습기간 중에 만나게 된 모임이 질문의 의도에 부합하는 '모임 또는 조직'이 될 것입니다. 이러한 모임이나 조직에 기반한 사례나 경험들이 더 객관적이며 직장인의 업무 환경과 더 부합하기 때문입니다.

(다)에서 말하는 '평판'에 대해서는 그 의미를 다시 한번 생각해 보겠습니다. 흔히 자기소개서나 면접의 질문 중에 가장 많이 떠오르는 것은 자신의 장점(강점) 또는 단점(약점)에 대하여 묻는 질문일 것입니다. 하지만 앞서 말한 평판은 자신이 스스로 느끼는 장점이나 단점보다 한 단계 더 나아간 개념이라 볼 수 있습니다. 자기 스스로 규정하는 장·단점보다 주위 사람의 평판이 더 객관적이기 때문입니다.

(라)에서 말하는 '구체적 경험'의 의도는 구체적인 성과를 기본으로 한 경험에 대해 지원자가 어떻게 그 결과를 도출했는지를 짧고 명확하게 답변하라는 것을 우회적으로 표현한 것이라 이해하면 됩니다. 따라서 '서론-본론-결론' 형태의 3단계로 구성하여 답변하는 것이 가장 좋으며, 평소에도 미리 연습하고 시나리오를 구성하는 것이 좋습니다. 단, 최대 2분이 넘어가지 않게 구성하도록 합니다. 이러한 내용을 바탕으로 다음 예문을 살펴보겠습니다.

지원자 A

저는 최근 몇몇 친구들과 모여 ○○자격증 스터디를 했습니다. 공부를 하는데 서로 도움을 주고받은 결과 스터디 그룹의 모두가 ○○자격증 시험을 통과했습니다. 특히 이 모임에서 저는 중심적인 역할을 맡아서 주위 친구들에게 수고했다고 칭찬을 받았습니다.

상기 내용은 흔하게 나올 수 있는 답변의 예시입니다. 물론 이 답변의 내용이 잘못되었다고 볼 수는 없습니다만, 면접위원이 질문한 의도와는 다소 거리가 먼 답변이라 할 수 있습니다. 정확히 말하면, 답변의 내용이 잘못되었다는 것이 아니라 가점(加點)의 포인트가 특별히 없다는 점이 아쉽습니다.

자격증 공부라는 것은 결국 자기자신이 스스로 열심히 해야 하는 것인데, 이는 단기적으로 협업하여 성과를 이루는 부분과는 다소 거리가 멀기 때문입니다. 또 자신이 주도했다고 언급했지만 그 내용이 구체적이지 않으며, 친구들로부터 칭찬을 받았다는 부분에서도 무엇을 잘해서 칭찬을 받은 것인지 추상적입니다.

나아가 협업의 관점에서의 갈등, 즉 사람과 사람의 갈등상황이 특별히 제시되어 있지 않고, 갈등을 극복한 내용 역시 표현되어 있지 않습니다. 따라서 이

와 같은 답변은 실제 면접상황에서는 지양해야 하며 개선할 필요가 있습니다. 아래의 예문을 함께 살펴보겠습니다.

지원자 B

저는 지난 여름방학 때 ○○에서 아르바이트를 했는데, 순번제로 교대를 하다 보니 아르바이트생끼리 서로 인수인계가 잘 이루어지지 않는 경우가 있었습니다. 그래서 동료들의 고충을 모두 경청하고 의견을 조합해 지정된 양식의 체크리스트를 만들고 일일업무의 인수인계에 꼭 필요한 사항을 서로 놓치지 않도록 매니저님께 건의를 드렸습니다. 매니저님은 이와 같은 의견을 칭찬해주셨고, 저와 같이 근무하는 아르바이트생 동료들도 이전보다 업무의 인수인계가 절반 정도는 더 편해지고 빨라졌다고 칭찬해주었습니다. 제가 건의를 드렸던 일일업무-인수인계 체크리스트는 계속 보완되고 수정되어 지금도 잘 활용되고 있습니다.

지원자A의 답변보다 지원자B의 답변이 훨씬 면접위원의 의도에 부합하는 형태라 말할 수 있습니다. 그 이유는 여러 가지가 있겠으나 간단히 정리하면 아래와 같습니다.

첫째, 제시한 경험담이 구체적인 성과를 나타냈기 때문입니다. 즉 전후의 결과가 명확하게 제시되어 협업이라는 단계를 거쳐 구체적인 문제해결 방안을 제시한 점이 좋습니다.

둘째, 자신의 역할 또는 기여도가 명확합니다. 이는 매우 중요한 부분인데, 특정 사안에 대하여 자신이 어떤 역할을 하고 어떤 기여를 했는지 면접위원에게 간단하고 명확하게 어필하는 것이 중요합니다. 이는 단순히 지식적인 측면이 아니라 태도적인 측면에서 기인한 것이므로 직업인으로서 가장 중요한 자질을 나타내는 평가척도가 되기 때문입니다.

마지막으로 평판의 주체와 내용이 분명합니다. 막연히 칭찬받은 것이 아니라, 구체적으로 칭찬받은 점을 제시했고, 그래서 개선된 결과를 말했습니다. 특히 매니저의 칭찬을 언급한 것은 답변에서 매우 적절합니다. 지금까지 협업에 대한 내용을 간단히 살펴보았습니다. 그렇다면 이와 관련한 내용을 예시를 들어 조금 더 살펴보겠습니다.

> **Q. 지원자님께서 생각하시기에 직무를 수행함에 있어 '협업정신'이 왜 중요하다고 생각하십니까?**

만약 지원자의 생각에 대해서 묻는 이러한 유형의 질문을 받는다면 면접위원의 의도가 무엇일지 고민을 해 보아야 합니다. 여기서 말씀드리고 싶은 것은 해당 질문이 '협업정신'의 사전적인 의미나 '협업이 직무에 미치는 상식적인 장점'을 묻는 질문은 아니라는 것입니다. 그렇다면 행정직무를 지원한 경우를 예시로 들어 살펴보겠습니다.

지원자 C

행정업무는 결국 내부 직원들을 대상으로 직무를 수행하는 경우가 많은데, 이럴 때 내부 직원들과 협업이 이루어지지 않는다면 행정직무 담당자로서 올바른 직무 수행이 어렵기 때문에 중요하다고 생각합니다.

다음의 답변도 함께 보겠습니다.

지원자 D

실제 행정업무를 올바르게 수행하기 위해서는 협업정신이 매우 중요한데, 그것은 행정업무의 특성상 여러 부서의 도움이 필요하기 때문입니다. 예를 들어 어떤 행정업무를 처리하기 위해 구성되는 여러 자료들은 다른 부서에 제출해야 할 수도 있으므로 정리가 필요합니다. 특히 시한이 정해진 업무의 경우, 부서 간의 협업정신이 없다면 부서이기주의로 빠지기 때문에, 협업정신이 중요하다고 생각합니다.

얼핏 보면 큰 차이가 없을 것 같은 두 사람의 답변의 가장 큰 차이는 행정직무에서 협업정신을 발휘해야 할 필요성이 추상적인지 구체적인지의 차이입니다. 위와 같은 면접위원의 질문에 시간적인 여유가 주어진다면, 자신이 겪은 유사한 경험을 간단하게 첨가하는 것도 매우 좋은 답변의 형태가 될 것입니다.

다시 말해, 면접위원이 의도하는 협업정신이라는 것은 단순히 한 사람의 성향이나 성격을 묻는 것이 아니라, 업무를 수행하는 사람들끼리 만나서 어떤 성과를 창출함에 있어 얼마나 적합한 사람인지를 묻기 위함입니다. 아래 네 가지를 염두에 두고 답변을 한다면 면접위원이 질문한 의도에 가까운 답변을 할 수 있을 것입니다.

> ① 자신이 지원하는 직무와 가급적 연관성이 있는 경험담을 미리 준비하고 구성하라.
> ② 원래 친하거나 인간관계가 지속되는 사람들이 아니라 새로운 사람, 새로운 관계 속에서 어떻게 협업을 하는지를 어필하라.
> ③ 대단하거나 큰 성과(결과)를 제시하는 것도 좋지만 누구나 연상할 수 있는 일상적인 결과나 성과를 제시해도 무방하다.
> ④ 어떤 경험(사례)을 제시하더라도, 그것을 객관적으로 칭찬해 줄 수 있는 사람의 의견(평판)을 포함시켜라.

지금부터는 조금 구체적으로 협업과 관련해 각 직무별로 구성한 답변을 살펴볼까 합니다. 첫 번째로 영업관련 직무라고 가정해 보겠습니다.

지원자 E

영업직무를 수행하기 위해서는 외부고객을 설득하는 것이 매우 중요합니다. 그래서 평소 협업정신이 영업직무에서 중요한 요소라고 생각해왔습니다. 저는 예전에 어떤 분을 설득하려고 노력했던 경험이 있었는데, 그분을 설득하기 위해 주위 분들과 협업을 했던 경험이 있습니다. 이때 설득하려는 분에게 필요한 여러 자료를 주위 분들과 협업하여 취합한 뒤, 설득을 진행하여 좋은 결과를 이루었습니다. (이하 생략)

상기 답변에서 지원자가 강조한 핵심포인트는 '설득능력'입니다. 즉 설득능력과 협업능력을 연결하여 자신의 경험담을 답변한 예시입니다. 지원기업의 영업 또는 고객부서 등에서 직무상 필요한 요구역량 중에 하나가 설득능력이라면, 의도적으로 설득이라는 키워드를 연결하여 답변하는 것이 무방합니다.

다음은 생산관리부서에 지원한 경우입니다.

지원자 F

생산관리 업무에서 가장 중요한 점은 시간관리라고 생각합니다. 어떤 일에 마감시한이 존재한다면, 그 마감시한을 맞추기 위해 최선의 노력을 해야 합니다. 만약 제가 맡은 일이 늦어진다면 당연히 그 다음 단계도 늦어질 것입니다. 그래서 평소 다른 사람과의 협업을 늘 염두에 두어 마감시한을 지킬 수 있도록 많은 노력을 하고 있습니다. (이하 생략)

위 답변의 주요 키워드는 '마감시한'입니다. 대부분의 업무수행에 있어서 가장 중요한 것 중에 하나는 '마감시한을 지키는 것'입니다. 그 이유는 직장인이 직장에서 수행하는 업무는 결국 혼자만 잘해서 되는 것이 아니라, 작게는 팀 단위, 크게는 부서, 본부, 기업 단위로 업무가 이루어지기 때문입니다. 특히 생산관리의 경우 마감시한을 지키는 것은 아주 중요한 요소이므로 이를 언급한 것은 업무의 특성을 이

해하였기에 나올 수 있습니다. 또 다른 예시를 살펴보겠습니다.

지원자 G

저는 OOO에서 OOO연구프로젝트를 수행할 때, 늘 다른 사람에게 제가 진행한 내용과 체크사항을 공유하고, 혹시 진도가 느린 동료가 있을 때에는 도움이 될 수 있는 부분을 전달하곤 했습니다. 이를 통해 결과적으로 예상보다 빠른 시기에 프로젝트를 마무리할 수 있었습니다.

위와 같은 답변은 연구직에 필요한 협업정신을 잘 나타낸 답변이라 볼 수 있습니다. 앞서 소개한 생산관리부서와 달리 연구직무의 특성은 각자 맡은 일이 독립적인 경우가 많다는 것입니다. 따라서 서로의 의사소통이 여의치 않을 경우, 전체 과업 수행에 어려운 점이 많이 생길 수 있습니다. 이는 실제 직장에서 근무하는 여러 직장인들의 의견이기도 합니다. 대부분 기업의 신입 또는 초급직원의 면접에서 어떤 방식으로든 협업에 대한 질문을 하는 경우가 많습니다. 즉 어느 기업이든지 협업이라는 요소는 조직을 구성하는 구성원의 자질 중에 가장 필요한 역량임을 염두에 두어, 지원자 자신만의 유니크한 답변을 준비하는 것이 필요합니다. 시대

필자 소개

안쌤(안성수)
채용컨설팅 및 취업 관련 콘텐츠/과제 개발
NCS 채용 컨설팅, NCS 퍼실리테이터
취업·채용 관련 강의, 코칭, 경력 및 직업상담
공공기업 외부면접관/면접관 교육 등
취업/채용 관련 칼럼니스트, 자유기고가
저서 〈NCS와 창의적 사고기법으로 접근하기〉 外

4차 산업혁명 시대
인공지능과 인간의 공존은 가능한가?

인공지능의 윤리적 · 도덕적 가치판단에 대한 우려

최근 인공지능이 산업 전반으로 확산하며 공존이 불가피한 상황에 도달했습니다. 각종 영역에서 인공지능을 활용하면서 우리의 생활은 편리해졌지만, 인공지능이 가치판단 영역에 진입하면서 윤리와 도덕에 대한 우려가 커지고 있는 상황입니다. 바야흐로 4차 산업혁명의 시대를 맞아 인공지능이 혁신을 주도하고 있지만, 윤리와 도덕에 대한 엄중한 잣대가 기술의 한계를 부각하며 논란을 가중하고 있습니다. 특히 논술에서 인공지능을 주제어로 제시할 경우, 윤리와 도덕은 실과 바늘처럼 함께 등장합니다. 따라서 인간과 인공지능의 공존을 주제로 기술에 기대할 수 있는 윤리와 도덕에 대해 생각해 보고자 합니다.

예시 답안 1

공정에 대한 요구는 역사에 등재된 최초의 성문법 '우르-남무 법전❶' 이래 꾸준히 사회적 협의를 모색하는 동인으로 작용해 왔다. 공정한 판결을 위해 법률을 제정하고 법관에게 권한을 부여하는 구조를 갖췄지만, 법관의 판단에 전적으로 의존하는 판결은 공정의 측면에서 어긋날 수 있어 그에 대한 보완책으로 배심원 판결까지 도입했다. 하지만 여전히 법관마다 양형의 편차가 커 공정에 대한 논란이 끊이지 않고 있다.

또한 편의에 대한 요구는 생존을 위한 노동에서 벗어나고 싶은 욕망에 기인한다. 네 차례의 산업혁명을 거쳐 이제는 기계의 힘을 빌릴 수 있는 수준에 이르렀다. 그러나 인간의 판단을 전적으로 기계에 맡긴다는 부분에서는 신뢰를 얻지 못하고 있다. 자율주행

차가 사고가 났을 때 스스로 내릴 판단에 대한 우려가 대표적이다. 이처럼 인류가 공정과 편의의 확고한 수립에 기대해 온 역사는 장구하다. 그에 대한 해법을 제시할 가능성을 지닌 인공지능이 마침내 등장했지만, 기술적 한계보다 윤리와 도덕의 충돌에 초점을 맞추고 있는 형국이다.

인공지능은 인간의 판단 체계가 담긴 데이터를 학습하며, 특정 상황에 대한 결정은 총체적인 확률을 기반으로 한다. 인공지능의 구조적 특징을 고려하면 윤리와 도덕을 기대하기는 사실상 어렵다. 법률처럼 특정 상황을 상정해 일일이 윤리와 도덕에 부합하는 요건을 마련해야 가능한 일이다. 해결방법은 결국 시간을 들여 데이터를 확보하는 것인데, 막연히 인간의 지능을 대체한다는 두려움에 휩싸여 시행착오 과정이 인공지능의 실체인 냥 부정적으로 바라보는 경향이 다분하다.

실제로 자율주행차의 트롤리 딜레마❷부터 딥페이크를 적용한 음란물까지 기술의 목적과 활용의 간극은 무시한 채 오로지 부정적인 면만 강조하고 있다. 그러나 자율주행차뿐 아니라 인간이 운전하는 경우에도 트롤리 딜레마를 마주할 수 있으며, 이에 대한 해법은 철학에서 찾아야 한다. 인간의 행동을 학습하는 인공지능에게 인간도 해법을 내놓지 못하는 철학 문제를 거론하는 것은 어불성설이다. 또 딥페이크 기술이 이용된 음란물은 기술을 악용한 사례일 뿐이다. 이는 인공지능의 병폐가 아니라, 법률을 마련하거나 인공지능을 활용해 해결할 수도 있는 문제다.

윤리와 도덕은 인간성을 대표하는 덕목이다. 문화권마다 윤리와 도덕적 잣대가 다르고, 사회정서까지 감안한다면 더욱 다양할 것이다. 인공지능 기술은 이제 막 발돋움을 시작했다. 부정적인 부분만 강조하기보

다 각 분야에서 윤리와 도덕을 수용할 수 있는 형태로 데이터를 가공할 준비가 필요하다. 2020년 12월 23일에 정부가 발표한 인공지능 윤리기준을 중심으로 한국사회가 받아들일 수 있는 윤리와 도덕에 대한 가치 체계를 마련해야 한다.

인간의 판단은 확률적으로 오류를 내포한다. 의료사고와 법관의 판결에 편차가 발생하는 이유다. 인공지능도 결코 만능이 아니다. 다만 인공지능으로 이와 같은 불필요한 오류를 최소화할 수 있다면 기술적 의의는 충분하다. 지금은 인공지능에 100% 의존해야 하는 시대가 아니다. 단점을 보완해가며 인공지능과 인간의 공존을 모색할 수 있는 상황이다. 그러므로 도덕과 윤리의 잣대를 엄정히 들이밀기보다 인공지능 기술의 발전 추이를 지켜보며 제도와 시스템을 만드는 데 주력해야 한다. 사회는 지금도 여전히 공정과 편의에 대한 욕구가 크다.

---

❶ 우르-남무 법전 : 기원전 1755년에 제작된 것으로 알려진 바빌론의 함무라비 법전보다 약 300년 앞선 현존하는 가장 오래된 법전이다. 수메르 우르 3왕조의 우르남무 왕이 제정한 법전으로 현재까지 인류 최초의 법전으로 알려져 있다. 함무라비 법전을 비롯해 이후 중동지방의 법체계에 영향을 미쳤다.

❷ 트롤리 딜레마 : 윤리학 분야의 사고실험으로, 탄광 수레가 소수 또는 다수의 사람의 목숨을 빼앗을 수밖에 없는 상황에서 내려야 하는 윤리적 판단을 쟁점화한 질문이다.

답안 분석

공정과 편의에 대한 욕구를 해소하는 방안으로서 인공지능의 존재 의의를 설정했습니다. 도입부는 사회정서와 동떨어진 양형 기준을 문제로 삼아 인공지능 판사 사례와 연결했습니다. 특정 사건을 언급하며 구체화할 수 있지만, 주제와 동떨어질 수 있으므로 내용을 선별해야 합니다. 편의는 자율주행차와 연결하며 기본 구조를 갖추는 요소로 사용했습니다.
핵심 어휘는 '공정'과 '편의'이며, 이를 실현하는 데 인공지능이 필요하다는 주장을 펼치면서 제도와 시

스템을 공존의 수단으로 제시했습니다. 본문에서 언급한 것처럼 윤리와 도덕을 인공지능에 기대하기 어려운 것은 사실입니다. 이러한 한계를 규정하면 공존은 불가능하다는 내용으로 귀결합니다.

사례에서는 인공지능의 학습체계를 특징으로 언급하며 데이터 학습에 시간이 필요하다고 기술했습니다. 또한, 극단적인 인상을 남기지 않도록 기술만능주의를 경계했고, 윤리와 도덕의 다변성을 근거로 제시하며 정부가 주도하고 있는 인공지능 윤리기준을 맥락에 맞게 언급했습니다.

예시답안 1에서 보완해야 할 부분은 윤리와 도덕 기준에 부합하는 가치 체계입니다. 구체화가 다소 어려운 내용이지만, 최소한의 방향을 제시하는 시도는 필요합니다.

인공지능은 데이터 학습 체계다. 복잡한 연산을 해결하는 데 간단한 수치 입력만으로 대체할 수 있는 것이라면 얼마든지 인공지능이 효과를 발휘할 수 있다. 하지만 가치판단이 개입하는 상황에서는 맥락에 따라 판단해야 하는데, 이를 데이터로 정의하는 것은 결코 쉽지 않다. 인공지능의 도덕과 윤리를 신뢰할 수 없는 이유가 여기에 있다. 정의할 수 없다면 학습은 요원하다. 설령 무수한 사례를 집대성해 데이터로 가공하더라도 도덕과 윤리에 대한 사회 인식은 끊임없이 변화하므로 인간이 기대하는 판단과 괴리가 있을 수밖에 없다.

기술 이상주의로 인공지능의 낙관을 점치더라도 닉 보스트롬이 제시한 **초지능❶**에 도달하기 전에 인공지능의 폐해로 관련 산업의 성장이 멈출 우려도 있다. 만약 자율주행차의 윤리적 판단 오류로 대형 사고가 발생한다면, 21세기형 **러다이트 운동❷**이 인공지능을 겨냥할 가능성도 배제하기는 어렵다. 또 인공지능 분야가 제3의 침체기에 돌입할 경우, 발전 동력을 잃거나 퇴보할 산업은 부지기수다. 인간에게도 모호한 윤리와 도덕적 판단을 인공지능에 기대한 결과로 혁신 산업의 미래를 잃는 것은 지나친 손실이다.

인공지능은 튜링테스트로 시작해 컴퓨테이션, 사이버네틱스로 이어진 정보 혁명의 결실이다. 바둑으로 강렬한 인상을 남긴 알파고는 현재 뮤제로(MuZero)로 발전하며 활발히 그 결실을 미래로 전환하고 있다. 도덕과 윤리에 대한 우려에도 불구하고, 분명 인공지능은 필요하다. 코로나19와 같은 바이러스 치료제 개발뿐만 아니라 각종 로봇을 작동하는 데 인공지능은 핵심 요소로 기능한다. 미약한 형태지만, 서빙 로봇은 인공지능이 구현할 미래를 가리킨다. 게다가 인공지능으로 단순 작업과 가사 노동에서 벗어날 수 있어 사회적 효용도 높인다.

사람들에게 낯선 기술은 초기에 시행착오를 거듭하며 안정성을 찾아가는 경향을 보이는데, 2020년에 국내기업이 출시한 AI챗봇이 대표적인 사례. 당시 성차별과 혐오 발언으로 물의를 일으켰지만, 2년 만에 학습을 통해 개선을 이뤄냈다. 이처럼 도입기에 발생한 문제는 기술 개발로 해결할 수 있다는 관점

을 유지해야 한다. 막연히 암울한 전망만 제시해 대중의 경계심을 키울 이유는 없다.

여타 혁신 기술과 인공지능의 차이점은 도구적 활용에 그치지 않고, 인간의 판단에 영향을 미친다는 점이다. 도덕과 윤리를 기대하는 기술로는 사상 최초다. 각종 SF 영화와 소설에서 인공지능이 지배하는 디스토피아 세상을 그리는 이유는 인공지능이 인간의 판단에 개입할 수 있다는 사실이 위협으로 다가오기 때문이다. 데이터 학습으로 구현한 알고리즘이 맞춤형으로 **디지털 큐레이션❸**을 제공하는 순간, 사용자는 자신의 무의식에 내재한 욕망을 들킨 것처럼 놀라기 일쑤다. 기술에 대한 우려를 도덕과 윤리로 확장하는 것이 결코 무리는 아니다.

하지만 여기서 핵심은 인공지능 기술이 상아탑에서 나와 이제 막 상용화를 위해 걸음마를 시작했다는 점이다. 때문에 과도기에 접어들 때까지 시행착오를 거듭할 수밖에 없다. 이러한 과정에서 인공지능이 사회적 위화감을 형성하지 않은 채 공존의 기틀을 다지기 위해서는 가이드라인에 해당하는 제도와 규정을 반드시 마련해야 한다. 특히, 도덕과 윤리에 대한 데이터는 협의가 필요하므로 공공기관이 개발을 주도하며 시대 흐름을 반영하는 것도 해결 방안이 될 수 있다. 공공데이터 형태가 도덕과 윤리에 대한 사회적 함의를 폭넓게 파악하는 데 적합하기 때문이다.

인공지능과 사회의 충돌을 방지하는 제도 및 규정을 마련하고, 정량화할 수 없는 도덕과 윤리를 보완해야 디스토피아의 환영에서 벗어날 수 있다. 인공지능의 순기능이 역기능을 압도한다는 점에서 여전히 미래는 밝다.

---

❶ **초지능** : 인공지능 기술의 발전으로 이뤄낼 인류를 뛰어넘는 지능이다. 추론·학습·자기개발이 가능한 궁극의 지능을 말한다. '초지능'이라는 책을 출간한 옥스퍼드 대학의 철학자 닉 보스트롬은 인공지능이 인간의 일반 지능에 도달하면 초지능 기계의 등장이 매우 빠른 시간 내에 가능할 것이라 전망하기도 했다.

언급하며 사회 진보에 영향을 미칠 요소를 가볍게 나열했습니다. 다만 이미 익히 알려진 사실이므로 다수의 사례를 기술하는 것은 오히려 글의 속도감을 떨어뜨릴 수 있습니다.

윤리와 도덕을 데이터로 갖추기 위해서는 각종 사례에 담긴 사회적 함의를 파악해야 합니다. 이를 공공 데이터로 구현하자는 의견을 제시하며 구체화를 시도했습니다. 막연한 경계심을 불식하는 데 제도와 규정이 필요하다는 당연한 주장도 추가하며 타당성을 강조했습니다. 시대

❷ 러다이트 운동 : 1811년~1817년 영국 중·북부 직물 공업지대에서 일어난 기계파괴 운동이다. 산업 혁명으로 기계가 우위를 점하자 경쟁에서 패배한 노동자들이 빈곤의 원인이 기계에 있다고 판단해 기계를 파괴하기 시작했다. 당시 열악한 근로조건으로 인해 높아진 노동자들의 불만과 기계로 인한 사회·경제적 변화를 이해하지 못해 나타난 현상으로 분석됐다.

❸ 디지털 큐레이션 : 사용자의 상황이나 성별, 취향 등 데이터를 수집해 분석알고리즘 기술을 활용하여 제공하는 맞춤형 서비스를 말한다. 유튜브, 넷플릭스, 아마존 등에서 상품과 콘텐츠를 사용자에게 제안하는 형태가 대표적이다.

답안 분석

인공지능에 대한 정의를 시작으로 도덕과 윤리에 부합하지 않는 인공지능의 근본 속성을 도입부에 배치했습니다. 인간과 인공지능의 동일한 부분은 도덕과 윤리에 절대적 판단 기준을 제시할 수 없다는 점입니다. 이를 강조하며 인공지능의 발전을 가로막는데 윤리와 도덕이 원인으로 작용하는 것은 타당하지 않다는 주장을 펼쳤습니다.

인공지능이 만들고 있는 기술 혁신은 공존의 필요성을 높입니다. 바이러스 치료제, 서빙 로봇을 사례로

 자기소개서 작성 팁을 유튜브로 만나자!

필자 소개

정승재(peoy19@gmail.com)
홈페이지 오로지첨삭(www.오로지첨삭.한국)
오로지면접(fabinterview.com)
유튜브 채널 : 오로지첨삭
저서 《합격하는 편입자소서 & 학업계획서》
《합격하는 취업, 자소서로 스펙 뛰어넘기》

국민의 심리건강을 지키는
임상심리사

임상심리사란?

최근 사회 전반에서 경쟁이 두드러지고, 빈부격차 증가, 개인주의의 심화 등으로 인해 개인의 심리 및 정서, 대인관계 문제를 호소하는 사람이 늘어나고 있다. 이에 따라 국민의 건강을 보호·증진하고 개인의 삶의 질을 높이기 위한 상담 및 치료, 재활 등을 담당할 전문인력을 양성하기 위해 임상심리사 자격시험을 실시하고 있다.

'임상'이란 환자를 치료한다는 의미로서 우리는 임상심리사를 주로 병원의 정신건강의학과나 국가산하 혹은 민간의 재활센터, 사회복귀시설, 교정시설이나 각종 상담소에서 만날 수 있다. 임상심리사는 이곳에서 환자나 피상담자의 심리를 평가하고 적절한 재활과 교육 및 치료 서비스를 제공한다.

자격증 취득정보 및 관련 자격

임상심리사 시험은 국가기술자격으로 한국산업인력공단에서 시행하고 있으며 응시자격에 제한이 있

다. 임상심리사 자격은 1급과 2급으로 나누어져 있다. 먼저 2급을 취득하기 위해서는 임상심리와 관련하여 1년 이상 실습수련을 받거나, 2년 이상 실무에 종사한 사람으로서 대학졸업자 혹은 졸업예정자여야 한다. 여기서 대학원 과정을 이수한 경우 실무경력을 인정받을 수 있는데, 다만 학과·전공·학위명 중 어떤 것이든 '심리', '상담', '치료'가 포함되어 있어야 한다. 아울러 실습수련과 실무경력에도 내용상 차이가 존재하니 취득을 준비하는 사람이라면 눈여겨봐야 한다. 또 대학 이상의 교육기관에서 임상심리사의 실습과목을 이수한 경우에는 1학기당 6개월의 실습기간을 인정받을 수 있다. 실습과 실무 모두 한국산업인력공단의 큐넷(Q-net) 홈페이지에서 양식을 내려 받아 작성해 제출하면 된다.

1급의 경우 심리학 분야에서 석사학위 이상을 취득하거나 취득 예정인 상태여야 하며, 임상심리 분야에서 2년 이상 실습수련을 받은 사람 혹은 4년 이상 실무에 종사한 경우 응시할 수 있다. 석사학위가 없다면 2급을 취득한 후 5년 이상 실무에 종사한 사람도 응시 가능하다.

2급 시험은 필기와 실기로 나누어진다. 필기시험과목은 심리학개론, 이상심리학, 심리검사, 임상심리학, 심리상담 등 5과목이고, 실기는 임상 실무 시험을 치른다. 필기는 객관식 4지 1답식으로 과목당 20문항이다. 100점 만점으로 과목당 40점 이상, 전 과목 평균 60점 이상 득점해야 한다. 실기는 필답형인

데 시험시간은 3시간이 부여되며, 100점 만점으로 60점 이상 득점해야 최종 합격할 수 있다. 1급 시험도 2급 시험과 형식이 유사하다. 필기는 임상심리연구방법론, 고급이상심리학, 고급심리검사, 고급임상심리학, 고급심리치료의 5과목을 치르며, 실기는 고급임상실무를 필답형으로 본다. 시험시간과 합격기준은 1급과 2급이 동일하다.

임상심리사 관련 자격으로는 한국심리학회 산하의 한국상담심리학회에서 발급하는 상담심리사가 있다. 상담심리사는 심리평가를 기반으로 정신적 병리를 진단하는 임상심리사와 달리, 상담을 위주로 내담자가 겪는 심리적 어려움을 해결할 수 있도록 돕고 그 과정을 지원한다.

자격전망 및 시험일정

임상심리사 자격을 취득하면 병원의 정신건강의학과, 사회복귀시설 및 교정시설, 재활센터에서 주로 근무할 수 있으며, 심리의학과 관련된 상담소를 개업할 수도 있다. 임상심리사는 서비스업 분야에서 높은 채용 우대를 받는 것으로 나타났는데, 특히 2급의 경우 2021년 기준 서비스업 취업 시 우대비율이 전체 채용에서 67%를 차지했다. 인사와 임금 면에

서도 각각 21.6%, 11.9%를 기록해, 여러모로 효율성 높은 자격이라 할 수 있다.

공무원 임용 때에도 가산점을 받을 수 있다. 특히 보건직 공무원의 경우 1급과 2급 모두 5%를 받을 수 있다. 또한 경찰공무원은 1급은 4점, 2급은 2점이 부여되고, 해양경찰공무원은 1급 2점, 2급은 1점의 가산점을 받는다. 시대

2023년 제1회 임상심리사 시험일정

구분	원서접수기간	시험일자	합격자발표
필기	1.10(화)~1.13(금)	2.13(월)~2.28(화)	3.21(화)
실기	3.28(화)~3.31(금)	4.22(토)~5.7(일)	6.9(금)

2023 임상심리사 2급 1차 필기대비 단기완성+무료동영상

임상심리사 2급 필기시험에 대비하기 위한 도서로 출제되는 다섯 과목의 핵심이론을 꼼꼼히 수록하였다. 이론별 핵심예제와 기출키워드, OX퀴즈, 전문가의 특별한 TIP 등 다채롭게 구성되어 있어, 수험생이 독학으로도 충분히 합격이 가능하도록 돕는다.

편저 이용석, 정경아, 심리상담연구소

상식 더하기 +

생활정보 톡톡!	154
집콕러를 위한 홈필라테스	156
유쾌한 우리말·우리글 상식	158
세상을 바꾼 세기의 발명	160
미래로 가는 IT	162
잊혀진 영웅들	164
한 입에 꿀꺽! 쉬운 인문학	166
문화가 산책	170
3분 고전	172
독자참여마당+독자리뷰	174

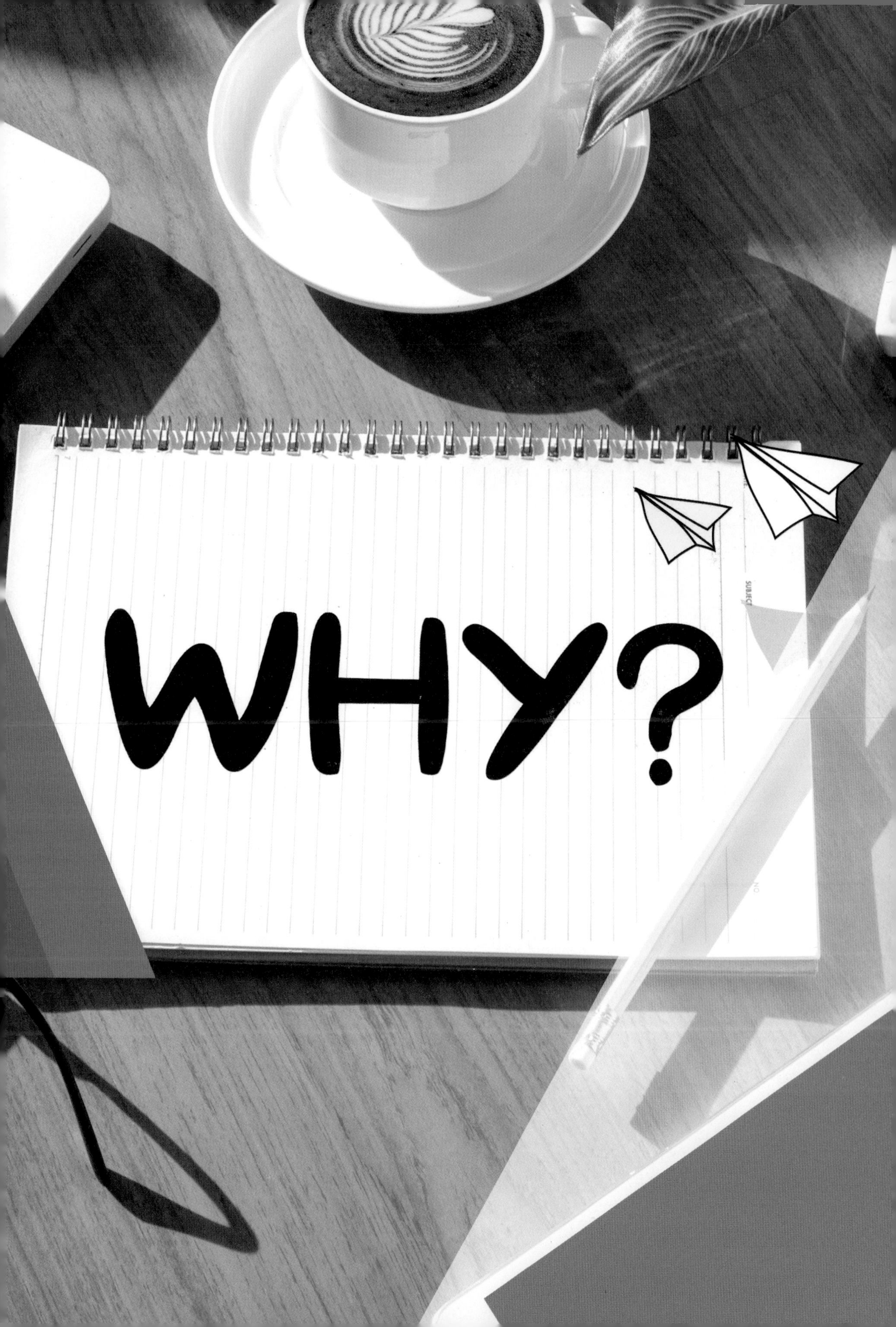
WHY?

찬바람 불면 심해져요!
눈물흘림증

어라?! 왜 눈물이…?

슬프지도 않은데 시도 때도 없이 자꾸 눈물이 나오나요? 이럴 땐 '나이를 먹어서 눈물이 많아졌구나' 하는 생각도 들 수 있지만, 사실은 이럴 경우 '눈물흘림증'을 의심해봐야 합니다. 눈물흘림증이란 눈물이 코로 배출되지 못하고 밖으로 흘러넘치는 질환을 말하는데요. 병명에서 알 수 있듯 눈물이 계속 흐르거나 고이는 것이 대표적인 증상입니다.

눈물흘림증은 왜 생길까?

눈물흘림증의 원인은 크게 눈물배출장애와 눈물분비과다로 구분되는데요. 눈물배출장애는 눈물이 배출되는 경로가 막히면서 발생하고, 눈물분비과다는 안구건조증이나 외부자극 등에 의해 나타납니다. 특히 안구건조증은 건조한 날씨에 취약해 겨울철에 눈물흘림증 증상을 호소하는 환자가 늘어납니다.

양석우 가톨릭대학교 서울성모병원 안과 교수는 "아무래도 추우면 눈물주머니가 더 수축되고, 날씨가 추워지는 등 환경에 변화가 생기면 눈을 자극하는 일이 생기기 때문에 눈물흘림증 증상을 호소하는 사람이 더 많다"고 설명했습니다. 이어 "건조하면 뻑뻑함을 느낌과 동시에 눈에 눈물이 부족하니 눈물을 내리는 반사작용에 의해 오히려 눈물이 날 수가 있다"고 덧붙였습니다. 이외에도 노화나 약물이 눈물흘림증의 원인이 되기도 하는데요. 녹내장을 치료하는 안약은 눈물을 유발하기도 합니다.

눈물흘림증을 방치하면 어떻게 될까요? 눈물주머니는 얼굴 뼈 깊숙이 있어 염증이 확산하면 주위 조직과 눈에 악영향을 줄 수 있습니다. 눈물소관염, 눈물주머니염, 눈물길 폐쇄 등 합병증을 유발할 수 있고, 눈가가 짓무르는 피부염의 원인이 되기도 합니다.

눈물흘림증의 치료방법

눈물흘림증은 어떻게 치료해야 할까요? 정도가 심하지 않다면 눈물주머니 마사지와 항생제 안약 점안으로 증상을 완화할 수 있습니다. 하지만 이런 치료가 효과가 없다면 수술이 필요합니다. 박지혜 분당서울대병원 안과 교수는 "눈물길이 심하게 폐쇄되지 않았거나 기능적으로 폐쇄됐을 경우는 실리콘 관을

삽입하게 되는데, 눈물길이 완전히 폐쇄됐거나 실리콘 관 삽입으로도 증상이 호전되지 않는다면 눈물길을 새로 만드는 수술을 해야 한다"고 설명했습니다. 이어 "눈물흘림의 원인이 외부자극에 의한 경우라면 유발요인을 없애주는 것만으로도 호전을 볼 수 있다"고 밝혔습니다. 만약 눈물이 과하게 흐른다고 생각한다면 늦지 않게 병원에 가서 치료를 받는 것이 좋겠습니다. 시대

눈물흘림증의 주요 원인인 안구건조증, 인공눈물 하나면 끝일까?

김안과병원 고경민 각막센터장은 "많은 사람이 안구건조증을 대수롭지 않게 생각하지만, 대부분 눈꺼풀 염증이 원인인 만큼 증상이 쉽게 개선되지 않는다면 보다 적극적인 치료를 고려해야 한다"고 조언했습니다. 보통 환절기에 안구건조증 환자가 늘어나지만, 장시간에 걸쳐 전자기기 화면을 시청하거나 콘택트렌즈를 착용하면서 발병할 수도 있습니다.

안구건조증이 생기면 대개 인공눈물만 점안합니다. 하지만 이는 일시적으로 증상만 완화하는 데 그칠 수 있어 주의가 필요하다고 합니다. 고 센터장은 "가을·겨울철에는 바람이 건조해 눈 면역력이 이미 떨어진 상태이기 때문에 외부세균에 쉽게 노출된다"면서 "이런 감염원이 위아래 눈꺼풀 안쪽 결막에 위치해 눈물의 지방층 생성을 담당하는 마이봄샘에 염증을 일으키면 눈물의 증발을 막아주는 기능이 약해지게 된다"고 설명했습니다.

안구가 건조해져 눈물이 눈을 보호하는 역할을 제대로 하지 못하면 염증이 생기기 쉽고, 이렇게 생긴 염증은 눈물의 질을 떨어뜨려 눈을 더욱 건조하게 만듭니다. 이런 경우에는 인공눈물도 별 도움이 안 된다고 하네요. 그러니 일주일 이상 눈이 뻑뻑하고, 눈물이나 눈곱이 많아진다면 병원에 가보는 것이 바람직합니다.

첫 번째 수업
헌드레드

헌드레드(Hundred)

천장을 보고 누운 상태에서 머리를 들어주세요. 두 다리를 모아 쭉 뻗은 채로 바닥으로부터 45도 각도로 들어 올립니다. 양팔은 쭉 펴서 5cm 정도 들어 올린 다음 위아래로 힘차게 움직여주세요. 한 번 움직일 때마다 한 번의 호흡을 하게 되는데, 이때 팔을 위아래로 다섯 번 흔들면서 그 박자에 맞춰 호흡도 다섯 번 마십니다. 바로 이어서 다시 팔을 힘차게 움직이며 숨을 다섯 번 내쉽니다. 이렇게 호흡을 마시고 내쉬는 것을 10번 반복하면 1회입니다.

필라테스를 해본 사람이라면 동작을 할 때 강사들이 이렇게 말하는 것을 많이 들어봤을 겁니다.

"호흡 깊게 내쉬면서 갈비뼈 닫으세요"

처음 들으면 이게 무슨 말인가 싶겠지만, 필라테스에서 갈비뼈를 닫으라는 표현은 호흡을 강조할 때 주로 사용됩니다. 성인의 경우 평균적으로 내쉬는 숨의 최대치가 5L에 이릅니다. 그래서 강사는 수강생들에게 자꾸만 '더' 내쉬라고 강조하곤 합니다.

우리가 마신 공기 중에 들어 있는 산소는 폐를 통해 혈액으로 전달되고, 그 혈액이 온몸 구석구석 신선한 산소를 운반해주기 때문에 호흡은 매우 중요합니다. 그러나 '쥐어짜듯이' 숨을 내쉬는 것이 일상적인 일은 아니므로 강사는 되도록 직관적으로 말하려고 노력합니다. 이때 사용할 수 있는 좋은 지표 중 하나가 갈비뼈입니다. 강사는 최대치의 날숨을 유도하기 위해 수강생들에게 '갈비뼈를 닫아야 한다'고 말하는 것입니다.

우리가 깊은 호흡을 할 때 많이 사용되는 근육은 가슴과 배를 나누는 횡경막과 갈비뼈 사이를 연결하는 늑간근입니다. 둘 다 근육이라 지속해서 사용하면 그 기능이 점점 더 좋아집니다. 그래서 필라테스를 꾸준히 하면 호흡량이 늘어나게 됩니다.

우리 몸에는 횡격막을 기준으로 위에는 갈비뼈로 둘러싸인 폐와 심장이, 아래에는 위, 간, 소장, 대장, 신장 등 많은 장기가 위치해 있습니다. 그런데 헌드레드 동작을 할 때처럼 긴 시간에 걸쳐 숨을 많이 마시게 되면 횡격막이 내부에 위치한 위, 간, 소장, 대장 등의 장기들을 밀어내면서 복부의 양옆과 앞뒤로 내부공간이 확장됩니다.

그러면 가슴과 배가 팽팽하게 부풀고 갈비뼈로 둘러싸인 가슴 부분이 뻐근하게 늘어나는 느낌이 듭니다. 이때 늑간근들은 평소와 다르게 아주 시원하게 스트레칭을 하는 상황이 됩니다. 이렇게 자주 늑간근을 움직여주면 점차 뻐근한 느낌이 줄어들고 숨을 깊게 마시고 내쉬는 것이 익숙해집니다.

간혹 복식호흡과 흉곽호흡 중 필라테스에 더 적합한 호흡방식이 무엇인지 궁금해하는 경우가 있는데, 필라테스의 창시자 조셉 필라테스는 언제나 완전하게 내쉬는 것을 강조했습니다. 호흡을 끝까지 내쉬면 당연히 마시는 양도 많아지니까요. 그러니 두가지 방식 다 사용하는 것이 가장 좋은 호흡법이라 할 수 있겠습니다. 시대

필라테스로 배우는 근육의 세계

쉽게 배우는 필라테스! 강사의 지도 없이 혼자서도 따라 할 수 있는 필라테스 동작들과 우리 몸에서 중요한 근육들을 소개한다.

저자 김다은
필라테스 강사이자 아들러를 전공한 상담 전문가. 새로운 프로그램을 만들어 제공하는 콘텐츠 크리에이터로도 활동하고 있다.

감자에 이름을 뺏긴
고구마

"그것(고구마)은
생으로도 먹을 수 있고
구워서도 먹으며
삶아서 먹을 수도 있었다"

– 조엄의 '해사일기'

감자와 고구마는 모두 조선 후기에 전래되어 구황작물로 재배됐다. 그런데 당시 감자와 고구마는 지금 우리가 부르는 것과는 다른 이름으로 불렸다고 한다. 우리나라에 먼저 들어온 고구마가 감자라고 불리고 있었는데, 뒤늦게 등장한 감자에 그 이름을 빼앗긴 것이다. 어떻게 된 일일까?

고구마 재배에 성공한 조엄

이름이 바뀐 이유를 알기 위해서는 고구마가 우리나라에 들어오게 된 과정부터 알아야 한다. 고구마가 우리나라에서 본격적으로 재배되기 시작한 것은 조선 후기로 1763년 일본 대마도에 통신사 정사로 파견된 문익공 조엄이 전에 보지 못한 작물을 발견한 것이 계기가 됐다. 이 낯선 작물이 바로 당시 '감저'로 불리던 고구마였다. 고구마는 재배가 쉽고 수확량도 많아 흉년과 기근으로 고생하는 백성들을 위한 식량으로 손색이 없었지만 쉽게 상하는 것이 단점이었다. 그래서 조엄은 재배법과 저장방법 등을 정리해 고구마 종자와 함께 부산포로 보냈는데, 재배에 실패하고 말았다. 그러나 그는 포기하지 않고 임무를 마치고 귀국하면서 고구마 종자를 다시 들여왔고, 결국 재배에 성공했다.

당시 고구마는 '감저(甘藷)'나 조엄 대감이 가져왔다는 의미에서 '조저'로 불렸고, 이후 감저보다 발음하기 쉬운 '감자'로 바뀌었다. 감저는 달다는 의미의 '감(甘)'과 땅속식물을 뜻하는 '저(藷)'가 합쳐진 단어다. 그런데 영어에서도 감자는 'potato', 고구마는 'sweet potato'라고 하여 '달달한 감자'라고 부른다. 이는 두 작물의 전파경로에서 기인한 것이다. 유럽인들이 아메리카대륙을 침략하던 시기 안데스산맥 일대 인디오들의 주식이던 감자가 먼저 유럽에 소개됐다. 이후 북상한 스페인 사람들이 멕시코 등 열대지방에서 자라던 고구마를 발견해 뒤이어 전파했고, 감자와 유사한 생김새 탓에 별도의 이름을 갖지 못하고 '단맛이 나는 감자'가 됐다. 그 뒤 중국에도 감자와 고구마가 전래되면서 감자에 대응하는 글자로 '저(藷)'가 만들어졌는데, 이때도 고구마는 별도의 이름을 갖지 못한 채 '단맛이 나는 저'라는 의미로 '감저'가 됐다.

감저에서 고구마로

그렇다면 감저로 불리던 고구마의 이름이 바뀌게 된 이유는 무엇일까? 일각에서는 조선에서 감자가 불온한 작물로 여겨졌기 때문에 심다가 걸릴 경우 감저(고구마)라고 둘러대야 했던 것이 원인이라고 주장한다. 당시 중국에서 활발히 재배되던 감자는 춥고 척박한 땅에서도 잘 자라 중국과 인접한 지역에

서 몰래 들여와 재배하게 된 것으로 추측되지만, 언제 이 땅에 들어왔는지 정확하게 기록된 것이 없다. 조선은 국가에서 승인하지 않는 외래작물은 재배를 금지했는데, 감자는 몰래 들여온 작물이었기 때문에 따로 기록이 남지 않은 것이다.

게다가 감자가 지하작물이라 생산량을 파악해 세금을 매기기 곤란하고, 일부 농민들은 감자만 심고 지상작물을 재배하지 않아 세금이 제대로 걷히지 않았다. 결국 정부는 감자재배를 금지하고 이를 어긴 자를 처벌했다. 그래서 공식적으로는 1823년 함경북도 무산 부사로 부임한 이형재의 기록이 최초이며, 한양에서 재배한 기록은 1833년이 최초라고 한다.

감자가 우리나라에 처음 들어왔을 때만 해도 중국에서처럼 '저'라고 불렸지만, 점차 남하하면서 고구마를 심던 지역까지 내려오게 되자 두 작물을 구분하기 위해 북쪽에서 온 감자라는 의미인 '북저(北藷)'라고 불렸다. 척박한 땅에서도 잘 자라는 감자는 제주도까지 전파되면서 고구마보다 더 확산됐다. 당시 수확물의 절반 이상을 이런저런 명목으로 빼앗겼던 소작농들은 자구책으로 감자를 몰래 심었는데, 이를 들키면 재배가 용인됐던 감저라고 둘러댈 수밖에 없었다. 그러다보니 진짜 감저는 대마도 사투리 '고귀위마'로 바꿔부르기 시작했고, 조금씩 그 형태가 변해 현재의 고구마가 됐다. [시대]

실패가, 응원이 만든 혁신
포스트잇

1902년 사업과는 아무런 상관없이 살아온 다섯 사람이 미국 미네소타주에 회사를 차렸다. 철도회사 간부, 의사, 정육점 관리자, 변호사 등이 그들이었는데, 그들의 사업은 지역의 돌을 채취하여 숫돌 제조업체에 공급하는 것이었다. 미네소타 채광제조회사 (Minnesota Mining and Manufacturing Co.), 머리글자가 3개의 'M'이라고 해서 불린 업체명은 '3M'이었다.

미네소타 채광제조회사(3M)의 초기 주식

그 후로 3M은 철강, 조선, 자동차 같은 중공업이 경제를 이끈 굴뚝산업시대에 창의적인 발상전환으로 시대를 선도하는 물건들을 세상에 내놓으며 승승장구했다. 그야말로 '혁신의 아이콘'이었고, 그들의 창의성은 대학의 경영학과에서 대표적 학습사례로 인용되기에 이르렀다. 하지만 새로움을 대표하는 기업으로서의 명성에 정점을 찍어준 아주 특별한 발명품이 있었다.

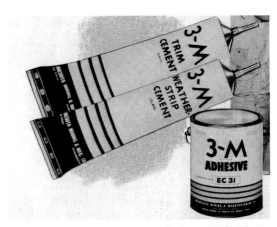
3M의 다양한 접착제류

1960년대 중반이었다. 3M 중앙연구소는 새로운 접착제를 위한 4개년 프로그램을 진행하고 있었다. 화학자 스펜서 실버(Spencer Silver, 1941~2021)도 이 프로그램에 참여하는 연구원 중 한 명이었다. 그는 기존 제품들을 기반으로 각종 약품을 혼합하는 실험을 진행했다. 그러던 중 당시 세상을 뒤흔들었던 순간접착제와 같은 강력한 접착제가 아닌 부분적으로만 끈적이는 새로운 물질을 발견했다. 그야말로 붙지는 않고 끈적이기만 하는….

실버는 고민에 빠졌다. 자신의 실패한 발명품이 뭔가 다른 용도로 쓰일 수 있을 거라는 생각이 들었지만 구체적으로 어떻게 해야 할지 알 수 없었다. 그렇다고 그대로 폐기하기에는 그간의 노력이 너무 아까웠다. 결국 그는 자신이 개발한 새로운 접착제를 사내 기술 세미나에서 발표했다. 물론 그 누구도 그 성과에 호응해주지 않았다. 실패였다.

그로부터 4년이 지났다. 3M의 테이프사업부에서 일하던 아서 프라이(Arthur Fry, 1931~)는 교회 성가대에서 노래를 하던 중에 찬송가집 속에 끼워둔 종잇조각들을 떨어뜨렸다. 종잇조각들은 그날 부를 찬송가를 쉽게 찾을 수 있도록 끼워둔 것이었다.

'끼워둔 종잇조각이
떨어지지 않으면 좋을 텐데…'

가장 손쉬운 방법은 종이에 풀을 칠해 붙이는 것이었다. 그러나 이 방법은 쉽게 떨어지지 않는 대신 종이를 떼어낼 때 찬송가의 책장도 함께 뜯어졌다. 붙어 있으면서 잘 떨어지는 그 무언가가 필요했다. 그 순간 4년 전 사내 세미나에서 혹평을 받았던 실버의 접착제가 떠올랐다. 접착성이 약해 영구적으로 붙지 않고 손쉽게 떼어지며 흔적도 남지 않는 그 접착제를 종이 한쪽에 바른다면?

스펜서 실버(왼쪽)와 아서 프라이

프라이는 자신의 아이디어를 회사에 보고한 후 정식으로 상품화를 제안했다. 그러나 회사의 반응은 부정적이었다. 마케팅부서에서 시장조사를 한 결과 아직 아무도 써본 적이 없는 탓에 수요가 없을 거라는 전망이 나온 것이다. 제품이 되기 위해서는 추가적 기술개발이 있어야 한다는 점도 회의적 반응에 한몫했다. 접착제를 바른 종이의 면과 바르지 않은 면이 같은 두께를 유지하기 위해서는 접착제를 도포할 종이 면을 아주 얇게 깎는 기술이 필요했던 것이다.

공은 프라이에게 다시 던져졌다. 프라이는 주변의 만류에도 불구하고 연구에 매달려 1977년 접착성이 있는 메모지, 포스트잇을 출시했다. 처음 시장의 반응은 뜨뜻미지근했다. 하지만 확신이 있었던 프라이는 이번에는 종합경제지 '포춘'이 선정한 500대 기업의 비서들

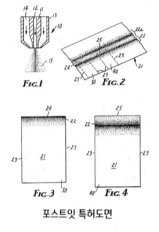

포스트잇 특허도면

에게 견본품을 보내 홍보했다. 그 결과 비서들의 주문이 쇄도하기 시작했다. 1981년에는 캐나다와 유럽 등지로 수출까지 하게 됐다.

포스트잇의 탄생은 실버와 프라이의 실패와 집념이 이룬 성과다. 하지만 그전에 3M의 경영이념이 있었다. 그것은 직원들의 실패를 인정하는 것이었다. 실패에 대한 비판은 창의성의 말살로 이어진다는 것을 회사는 잘 알고 있었던 것이다. 실패작을 사내 세미나에서 떳떳하게 발표할 수 있었던 것이나 회의적인 반응에도 연구를 지속할 수 있도록 지원해준 게 그것이다. 🔲

혁신인가, 허상인가
웹 3.0

본격적인 인터넷 시대를 열게 된 월드 와이드 웹(www)이 개발되면서 순식간에 대량의 정보들이 세상에 공유되기 시작했고, 후대의 사람들은 이를 웹 1.0이라고 불렀다. 웹 1.0에서는 정보생산자와 정보소비자가 명확히 구별돼 있었고, 소비자는 웹상에서 정보에 관한 피드백을 할 수 없었다. 시간이 흘러 생산자와 소비자의 구별이 없는 웹 2.0 시대가 되면서 페이스북, 유튜브 같은 혁명적 플랫폼이 등장해 이용자를 끌어모았다. 그러던 어느새 웹 2.0의 시대도 저물고 다음 관문을 통과할 순간이 다가왔다. 웹 3.0의 세계는 과연 또 한 번의 혁신을 불러올 수 있을까?

1990년 영국의 컴퓨터 과학자 '팀 버너스 리'가 창시한 월드 와이드 웹(www ; World Wide Web)은 가히 혁명이라 할 수 있었다. www의 탄생으로 우리는 더욱 실체화된 인터넷공간에서 더 많은 정보를 긴밀히 접할 수 있었다. 텍스트와 이미지를 자유로이 이동하며 만나는 이른바 '웹서핑'을 즐길 수 있게 된 것이다. 그러나 이는 누군가가 정보를 게시하고 다른 한 편은 단순히 수용하는 일방적 소통방식에 불과했다. 그러다 2005년 이후 우리는 두 번째 관문을 지나게 된다. 누구나 콘텐츠를 제작할 수 있고 이에 대한 의견을 자유롭게 개진하고 주고받는 쌍방향의 '웹 2.0' 시대에 접어든 것이다. 이 시대는 현재까지 이어지고 있는데, 최근 들어 새로운 시대의 조짐이 보이기 시작했다. 바로 '웹 3.0'의 시대가 오고 있다는 것이다.

'탈중앙화'로 더 민주적인 인터넷환경 구축

2.0과 3.0의 가장 큰 차별점을 꼽자면 '소유'다. '소유'란 내가 만든 콘텐츠 혹은 정보가 온전히 나의 소유가 된다는 의미다. 웹 2.0의 환경에서는 내가 제작한 콘텐츠가 내가 아닌 내가 몸담은 거대 '플랫폼'에 귀속돼 왔다. 가령 내가 동영상을 제작해 '유튜브'에 업로드하면 그 동영상의 소유권은 유튜브로 돌아간다. 이뿐만이 아니다. 콘텐츠에 대한 제재를 받거나 이를 통한 수익도 어느 정도 내놓아야 한다. 웹 3.0은 이러한 '플랫폼의 중앙집중화에 대한 불합리함'에 방점을 두고 근본적인 인터넷환경의 변화를 꾀하려 한다.

웹 3.0의 가장 큰 무기는 블록체인이다. 페이스북(현 메타) 같은 거대 플랫폼의 중앙서버에 유저들의 개인정보를 저장해 두는 것이 아닌, 분산된 네트워크에 정보를 저장하고 그것을 개인이 직접 소유하는 것이다. 이것은 '탈중앙화'라고 불리며, 블록체인 기술을 바탕에 둔 웹 3.0의 정체성이다. 또 플랫폼들이 유저의 정보와 콘텐츠로 재미를 보던 시절에서 벗어나고자 하는 능동적인 발상이라고 한다. 이를 통해 이용자들은 자신의 개인정보와 콘텐츠를 더 주체적으로 다룰 수 있게 되고, 민주적이고 평등한 인터넷환경을 누릴 수 있다고 본다. 아울러 중앙플랫폼이 해킹공격을 받았을 때 유저들의 개인정보가 유출될 수 있는 위험에서도 벗어날 수 있다.

블록체인과 맥을 같이 하는 NFT(Non-fungible token ; 대체불가토큰)를 비롯한 암호화폐도 웹 3.0을 이끌 화두 가운데 하나다. 나의 정보가 온전히 나의 것임을 인증 받을 수 있는 NFT는 웹 3.0 시대에서 정보의 희소성과 가치를 증명할 수 있는 중요한 수단이다. 게다가 유저 간의 거래정보가 블록체인의 네트워크에 투명하게 기록되어, 신뢰성이 있고 수익창출도 자유롭다고 한다.

웹 3.0을 바라보는 비판적 시선

그러나 한편으론 웹 3.0을 바라보는 회의적인 시선도 만만치 않다. 코인 예찬론자로 알려진 테슬라의 CEO '일론 머스크'나 트위터의 창업자 '잭 도시' 같은 인물들은 웹 3.0에 대해 비판적인 입장을 취하고 있다. 머스크는 "웹 3.0은 마케팅 용어에 불과하고, 나는 그 실체를 찾을 수 없다"는 의견을 남겼다. 사실 웹 3.0에 대해 '아직까지 그 의미가 모호하고 뜬구름 잡는 것 같은 소리로 느껴진다'는 견해도 많다. 더욱이 앞으로 장밋빛 미래가 펼쳐질 것이라 홍보하며 웹 3.0 스타트업에 투자를 유도하는 벤처캐피탈(스타트업에 투자하는 금융자본)들이 빚은 거품이라는 시각도 있다. '웹 3.0이 마케팅 용어에 불과하다'는 머스크의 지적도 이와 유사한 맥락이다. 실제로 암호화폐와 블록체인, 메타버스, 웹 3.0 등 관련 시장에는 많은 기업과 투자자들로부터 대규모의 자금이 흘러 들어가고 있다. 그러나 사실상 웹 3.0 지지자들이 칭송하는 장밋빛 미래의 윤곽은 아직 흐릿하다.

게다가 한창 호황이던 암호화폐 시장이 폭락하면서 그 신뢰가 점점 추락하고 있는 것 또한 우려할 만하다. 암호화폐의 변동성을 잡겠다고 나온 '스테이블코인'도 2022년 '루나 폭락 사태'의 직격탄을 맞으면서 투명성에 대한 의심을 사고 있다. 블록체인이 해킹의 위험성이 적다고는 하지만, 이 때문에 '웹 3.0 체제에서 개인이 소유하게 된 정보들이 과연 안전할 수 있을까'하는 의구심도 터져 나오고 있다. 이런저런 이유 때문에 아예 웹 3.0이 구현되지 않을 것이라 보는 전문가도 있다. 그러나 이런 우려에도 불구하고 IT시장에서 웹 3.0에 대한 관심은 점점 증대되고 있다. 웹 3.0에 대한 관련 기술개발이 어디까지 이어질지는 알 수 없으나, 암호화폐 투기열풍과 같이 지나친 방향으로만 가지 않았으면 하는 바람이다. 또 웹 3.0에 관한 정확하고 올바른 이해도 선행돼야 하는 시점이다. 🔲

독립은 스스로 싸워 찾아야 하는 것
지청천 장군

1945년 8월 15일은 광복절이다. 그런데 혹자는 우리나라의 광복은 우리 스스로 아무 노력도 하지 않고 공짜로 얻은 것이라고 말한다. 일본이 미국에 졌기 때문에 어부지리로 광복했다는 것이다. 그러나 이들은 모른다. 우리나라의 수많은 독립운동가들의 피가 만주벌판 곳곳에 흩뿌려져 있음을, 광복을 맞은 그해 우리의 힘으로 우리나라 임시정부의 군대가 국내로 진입작전을 계획, 이른바 독립전쟁을 준비하고 있었다는 것을, 그리고 그 중심에 지청천 장군이 있는 것을!

지청천 장군
(1888.1.25~1957.1.15)

청년은 장교가 되어 기울어가는 조국의 국권을 회복하고 싶었다. 그리고 어머니가 백방으로 알아본 덕분에 그 길을 찾았다. 대한제국 육군무관학교에 입학한 것이다. 육군무관학교는 1896년에 설립됐는데, 이 학교에 들어가기 위해서는 현직 장교나 칙임관 이상 현직 관리의 추천을 받아야 했고 치열한 경쟁을 치러야 했다. 상당한 배경과 실력이 요구된다는 의미다. 열아홉 청년은 그런 학교에 왕실의 추천을 받아 입학했다. 1907년이었다.

하지만 시대가 좋지 않았다. 설립 당시 군사학 이외에도 외국어 등 신학문을 꽤 높은 수준으로 가르쳤던 학교는 1905년 을사5조약 이후 일본의 침략이 자행되면서 1907년 초에는 군대예산이 크게 감액되는 바람에 입학정원이 초창기 200명에서 50명으로 줄어든 상태였고, 학교는 무관학교로서의 고유기능을 제대로 수행하지 못하는 지경으로 치달아가고 있었다. 급기야 재학 1년도 되지 않은 7월 형식적으로 존재하던 학교마저 폐교됐다. 대한제국 정부는 궁여지책으로 무관학교 재학생들을 일본 육군사관학교에 유학시키기로 하는 방침을 정했다. 청년의 뜻과는 상관없는 일본유학이 결정된 것이다.

청년은 1909년 9월 일본 도쿄에 있는 육군중앙유년학교 예과 3학년에 편입해 1912년까지 다녔다. 그런 중에 1910년 한일병탄으로 나라를 잃고 분기탱천한 동기들이 당장 죽음으로 항거하자 할 때 그 분노를 광복을 위해 쓸 것을 제안하기도 했다.

> **"기왕 온 것이니 배울 것은 다 배우고
> 중위가 되는 날
> 일제히 군복을 벗어 던지고
> 조국광복을 위해 총궐기하자"**

조국광복을 위해 자신들의 현재와 미래를 바친 청년들은 그날의 맹세를 요코하마에 모여 맹세했다 해서 '요코하마(또는 아오야마)의 맹세'로 불렀다. 그날 미래 광복군의 맹세를 있게 한 청년의 이름은 지석규, 훗날 한국광복군 총사령관으로서 국내 진입작전을 추진했던 장군 지청천이었다.

그는 일본육사를 졸업하고 소위로 임관해 중위로 진급할 때까지 일본군으로서 중국 칭다오에서 조국과는 아무런 관련이 없는 침략전에 동원됐다. 그러다 3·1만세운동 소식을 접하게 됐다. 그는 요코하마의 맹세를 실행할 때라고 여겼다. 먼저 몸을 일부러 쇠약하게 해 병가를 얻어냈다. 그리고 1920년 5월 초 병가를 이용해 국내로 돌아오는 데 성공, 일본육사 선후배와 1920년 5월 하순 남만주로 탈출해 만주의 항일무장투쟁 대열에 합류했다.

그는 곧바로 서간도 독립군 양성학교인 신흥무관학교 교성대장(교관)으로 발탁됐다. 그러나 러시아 사회주의 혁명(1917.10)을 기회로 일본이 연해주에 군대를 파견하고 봉오동·청산리 전투(1920)에 대한 보복을 자행하자 서간도지역 독립운동가들은 북만주로 이동하기로 결정, 지 장군도 무관학교 재학생 100여 명과 서로군정서 병력을 이끌고 동북쪽 백두산 근처로 이동했다. 1920년 10월 말에는 홍범도 장군의 대한독립군과 합류해 전투를 지휘했다.

이듬해인 1921년에는 휘하 병력을 이끌고 러시아 연해주 이만으로 건너갔다. 레닌 혁명정부가 약소민족의 민족해방운동을 지원한다고 크게 선전했기 때문이다. 그곳에서 그는 한인 무장세력 3,500여 명이 연합해 세운 '대한의용군 총사령부(훗날 대한독립단)'의 참모부원, 군사고문으로 활동하며 항일무장투쟁 역량의 보존에 힘썼다. 그러나 자유시 참변 후 한때 사형선고를 받아야 했고, 대한민국임시정부를 비롯한 독립운동 지도자들의 구명운동 끝에 가까스로 풀려나 러시아에서 중국 동북으로 돌아왔다.

이후 지 장군은 만주지역 독립운동단체들의 통합을 추진하며 1930년 1월 한국독립당의 군사위원, 1931년 10월에는 산하 무장단체인 한국독립군의 총사령

성립축사를 낭독하는 한국광복군 총사령관 지청천 장군

관으로 취임, 중국의용군과 북만주 일대에서 독립전쟁을 전개했다. 중국 연변의 나자구에서 조선 회령으로 철수하는 일본군을 기습해 거둔 '대전자대첩'의 승리도 이 시기에 거둔 것이었다. 이날 한국독립군은 군복 3,000여 벌과 소총 1,500정, 대포와 박격포 13문, 담요 3,000여 장, 군량·군수품 등 마차 200여 대 분량을 빼앗았고, 우리 피해는 경상자 4~5인에 불과했다.

이후 중국 남부지방으로 간 지 장군은 1934년 3월 중국 중앙육군군관학교 뤄양분교 한인특별반의 총책임자로 한인청년 90여 명을 훈련시켰다. 이듬해에는 김원봉 등과 연합해서 조선민족혁명당을 창당했고, 1938년에는 임시정부 군사학편수위원회 위원장, 1939년 10월에는 임시정부 국무위원과 군무부장을 겸했다. 그리고 1940년 9월 17일, 드디어 숙원이었던 임시정부의 정규군 한국광복군이 창건되자 장군은 한국광복군 총사령에 취임해 줄곧 한국광복군을 총지휘했다. 일제의 패망 직전 버마전선에서 영국군과의 합동작전, 미군과의 OSS 전략첩보 및 특공작전, 국내 진입작전 등도 모두 지 장군의 한국독립군이 수행한 것이다. 대한민국정부는 지청천 장군에게 1962년 건국훈장 대통령장을 추서했다. 實

모든 길이 로마로 통하게 되다
포에니전쟁

Bella Punica

카르타고와 로마의 지중해 패권전쟁

#한니발 #코끼리부대 #로마제국 #가도

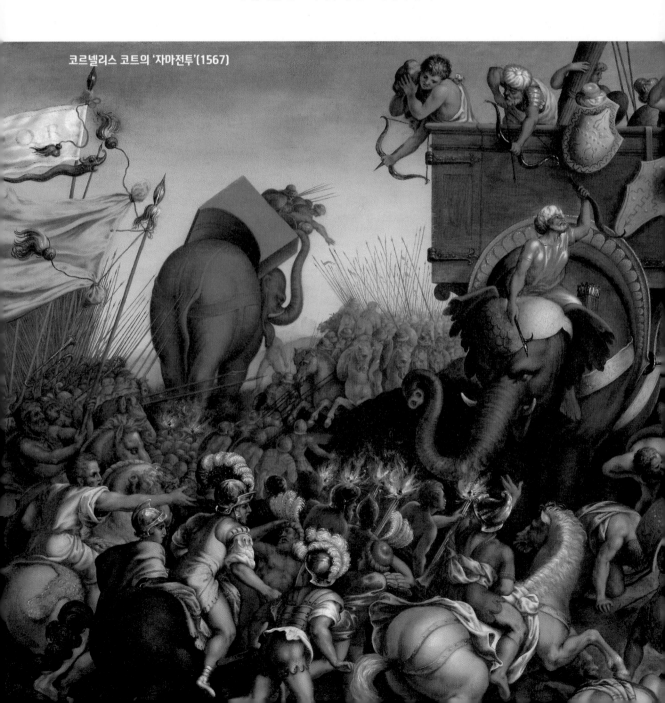

코르넬리스 코트의 '자마전투'(1567)

시칠리아 자마(Zama), 육지동물 중 가장 큰 짐승 140마리가 배를 타고 이제 막 도착한 이들을 향해 무시무시하고 육중한 발을 높이 쳐들었다. 얼굴에 그림자가 생기는가 싶었는데, 한순간에 더할 수 없는 공포가 어린다. 살려달라는 애원이나 단말마의 비명도 지를 수 없다. 그전에 눈에 담고 있던 모든 빛이 사라졌다. 지진이라도 난 것마냥 두 발이 땅을 딛고 서 있는 것조차 버거울 정도로 온몸이 휘청였다. 사방은 이내 아비규환이었다.

페드로 데 루비알레스의 '자마전투'(1582)

그 와중에도 정신을 차린 이는 있었다. 간신히 살아남은 이들은 장수의 명령에 따라 일사불란하게 움직이기 시작했다. 그렇다고 당장 할 수 있는 것이라고는 산처럼 거대해 보이기만 하는 흉포한 짐승에게 활을 쏘고 투창을 던지는 것뿐이었다. 그런데 공격을 받은 모든 짐승이 그렇듯 고통에 눈이 번쩍 뜨인 짐승은 고삐와 채찍을 든 자의 통제를 벗어나 마구 날뛰기 시작했다. 이제 적과 아군의 구분이 없어졌다. 오로지 난데없는 고통에 몸부림칠 뿐이었다. 짐승은 제 등에 고고하게 앉아 있던 자들을 땅에 곤두박질치게 만든 것에 그치지 않고 무지막지한 발로 짓밟아버렸다. 코끼리만 믿었던 카르타고군이 로마군에 의해 패배하는 순간이자 제2차 포에니전쟁의 승기가 로마로 넘어가는 순간이었다.

시칠리아를 정복하는 자가 지중해를 제패한다

카르타고는 아프리카 북쪽 해안 튀니스 교외에 있던 고대국가다. 기원전 814년 페니키아인들이 건설했고, 강력한 해군력과 상업을 기반으로 이베리아반도 남쪽부터 북아프리카 이집트지역에 이르는 광대한 영토를 장악한 강대국이었다.

반면 이탈리아반도 남쪽에 위치한 시칠리아(사르디니아)섬은 그리스의 지배를 받는 메시나와 독립왕국 시라쿠사, 그리고 카르타고가 나눠 지배하고 있었다.

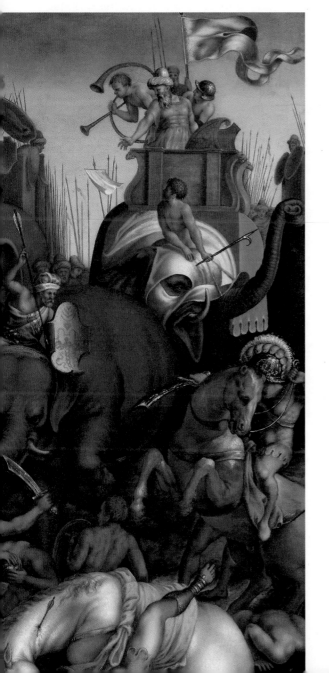

그런데 카르타고가 시라쿠사의 공격을 막아내는 데 그치지 않고 메시나를 점령해버렸다. 상황이 이렇게 되자 애초 원인 제공자였던 로마 출신 용병들이 고국인 로마에 원병을 요청했다. 카르타고에 의해 메시나 용병으로서의 지위를 잃게 됐기 때문이다.

이는 신흥국으로서 지중해 서쪽으로 진출하고자 했던 로마에게는 기회로, 힘을 키우는 로마를 견제했던 카르타고에게는 시칠리아를 빼앗길지도 모른다는 위기로 작용했다. 마치 1894년 동학혁명이 새로운 강자 일본에게는 한반도 진출의 기회로, 오래된 패자 청나라에게는 한반도 입지에 대한 위기로 작용했듯이. 결국 로마와 카르타고 사이에 전쟁이 일어났다. 그것도 제 나라가 아닌 제3의 땅에서. 카르타고군이 메시나를 장악한 때에 로마군이 시칠리아에 도착해 메시나를 탈환하면서였다. 제1차 포에니전쟁이다.

카르타고는 전쟁이 금방 끝날 줄 알았다. 또한 자신들의 승리를 믿어 의심치 않았다. 그들에게는 오랫동안 지역의 맹주로 군림한 경험과 강력한 해군, 그리고 세계 최강의 코끼리부대가 있었으니까. 그러나 이탈리아반도를 통일하고 군제를 재편한 로마는 카르타고가 알던 이전의 애송이가 아니었다. 또한 전쟁이 20여 년 동안 이어지면서 코끼리에 대응하는 무기도 개발됐다. 결국 승리의 영광은 로마가 차지했다. 그 결과 시칠리아는 로마 최초의 해의 속주, 바로 프로빈키아가 됐다. 또한 전쟁 전 카르타고가 지배하고 있던 코르시카와 사르데냐도 모두 로마에 편입됐다.

한니발 바르카(BC.247~BC.181?)

이런 때에 메시나에 주둔하던 로마 출신 용병들이 시민들을 약탈하는 일이 벌어졌다. 시라쿠사는 이웃 국가로서 메시나를 돕는다는 명목으로 출병에 나섰다. 그러자 메시나는 카르타고에 도움을 요청했다.

전쟁터가 된 이탈리아반도, 그러나

20여 년 뒤 1차 전쟁을 이끌었던 하밀카르 바르카의 아들 한니발 바르카가 이베리아반도 내 로마의 점령지 사군툼을 점령해버렸다. 그리고 이어서 강력한 코끼리부대를 이끌고 알프스를 넘었다. 시칠리아는 물론이고 코르시카와 사르데냐까지 지중해 대부분이 로마의 영향하에 있었기 때문에 해상이동이 어려웠던 탓이다.

한니발은 피레네산맥과 알프스산맥을 넘었고, 뛰어난 전술로 이탈리아반도를 전쟁터로 만들었다. 칸나이전투(BC.216)를 비롯한 여러 차례의 전투에서 로마군을 무찔렀다. 그러나 카르타고군은 로마의 파비우스 막시무스의 지연전술에 막혀 반도 전역을 장악하는 데 실패하고 말았다. 반도 외에 히스파니아, 시칠리아, 그리스에서도 격돌했지만, 이마저도 승리하지 못한 채 전장은 다시 아프리카로 넘어갔다. 그리

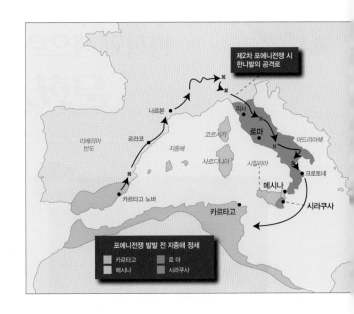

고 자마전투(BC.202)에서 로마의 스키피오 아프리카누스에게 결정적으로 패하면서 20년 넘게 이어진 제2차 전쟁마저 로마에게 넘겨주고 말았다.

이후 카르타고 시민들은 전쟁피해 복구와 경제적 재도약을 위해 노력했다. 그러나 새로운 맹주의 자리를 놓칠 수 없었던 로마는 또다시 전쟁을 일으켰다. 결국 카르타고는 로마군에 의해 전쟁 발발 3년 만에 완전히 파괴돼 역사에서 사라졌다. 근 500년 동안 이어진 지중해 지배자의 지위가 카르타고에서 로마로 완전히 넘어간 것이다.

로마는 포에니전쟁에 이어 마케도니아전쟁에서의 승리로 지중해 서부를, 셀레우코스제국(시리아 지역)과의 전쟁에서 승리하며 지중해 동부를 장악했고 지중해 전역에 걸친 패권국이 됐다. 이제 로마는 유럽대륙의 서쪽으로 향했다. 작은 도시국가에 불과했던 로마가 대제국으로 가는 첫발이었다. 즉, 로마군이 건설한 로마가도가 유럽 곳곳의 광장으로 이어지고 유럽의 언어가 라틴어에서 기원하게 된 출발점에 포에니전쟁이 있었던 것이다. 시대

'알프스산맥을 넘는 한니발 부대'(19세기)

영화와 책으로 보는 따끈따끈한
문화가 소식

마이클 볼튼 내한공연

팝의 거장 마이클 볼튼의 내한공연이 2023년 1월 우리나라 관객을 찾는다. 10·29참사로 인해 연기된 이번 공연은 볼튼의 단단한 울림으로 늦게나마 채워지게 됐다. 1975년 첫 음반을 발매한 볼튼은 예순이 넘은 나이에도 여전히 견고한 발성과 뛰어난 가창력을 유지하고 있다. 그는 그래미 어워즈에서 두 번의 상을 받았고, 아메리칸 뮤직 어워즈에서 여섯 번의 트로피를 들어올렸다. 그의 정식 내한공연은 2014년 이후 9년만이다. 이번 공연에는 우리나라 대표 보컬리스트 소향과 오디션 프로그램으로 얼굴을 알린 로커 정홍일도 볼튼과 함께 무대를 빛낼 예정이다.

주요 출연진 마이클 볼튼, 소향, 정홍일 등
장소 고척스카이돔
날짜 2023.01.14~2023.01.15

물랑루즈

2021년 토니상 시상식에서 최우수작품상과 남우주연상, 연출상 등 10관왕을 거둔 뮤지컬 〈물랑루즈〉가 아시아에서는 처음으로 서울에서 초연을 연다. 1899년 파리의 화려한 클럽 '물랑루즈'에서 벌어지는 스캔들을 그린 작품으로, 최고의 가수 '사틴'과 무명 작곡가 '크리스틴'의 사랑과 운명의 스토리를 담고 있다. 클럽을 배경으로 하는 만큼 압도적인 화려함과 스펙타클을 선사한다. 아울러 로맨스와 진실, 자유로움과 욕망이 폭발하는 스토리를 관객과 공유할 예정이다. 이번 공연에는 내로라하는 걸출한 국내 배우들이 총출동해 관객에게 특별한 즐거움을 전한다.

주요 출연진 홍광호, 아이비, 손준호 등
장소 블루스퀘어 신한카드홀
날짜 2022.12.16~2023.03.05

세계사를 뒤흔든 생각의 탄생

국내에서 '피터 드러커' 전문가로 명성을 얻은 송경모 교수가 새 책을 출간했다. 이 책은 세계 11명의 사상가와 기업가의 생애 및 사상에 초점을 맞추고 있는 정통 인문교양서로, 특히 현대사회와 경제 전반에 큰 영향력을 끼친 생각들이 어떻게 탄생하게 됐는지를 조망하고 있다. 18세기부터 20세기에 이르는 기간 동안 탄생한 새로운 패러다임의 주인공들을 시대순으로 나열했다. 책이나 언론 등을 통해 누구나 한 번쯤은 들어봤던 '보이지 않는 손'의 애덤 스미스, '재정지출 만능론'의 케인스, '80 대 20 법칙'의 파레토뿐만 아니라, 경제 · 사회학을 공부한 사람들조차 잘 모르고 있지만 현대인의 삶에 큰 족적을 남긴 인물들의 혁신적인 아이디어를 엿볼 수 있다.

저자 송경모   **출판사** 트로이목마

나는 사이보그가 되기로 했다

한 편의 SF영화 같은 실화를 담은 책이 독자들을 찾는다. 루게릭병으로 2년의 시한부 판정을 받은 한 로봇공학자가 자신의 신체를 AI와 로봇으로 대체해 새로운 삶의 희망을 이어가는 감동적인 이야기다. 세계적 로봇공학자 피터 스콧―모건은 2017년 자신의 삶이 2년밖에 남지 않았다고 전해 듣지만 이에 굴복하지 않고 '사이보그'로 다시 태어나 삶을 잇겠다고 결심한다. 그는 장기 일부를 기계로 대체하고, 목소리를 기계음으로 바꾸는 등 또 다른 인생을 위해 고군분투한다. 그는 2022년 6월 결국 세상을 떠났지만, 이 책은 인간의 생존의지와 삶에 대한 절실함을 전하는 마지막 전자음이다.

저자 피터 스콧―모건   **출판사** 김영사

마틴 마르지엘라

세계적 패션디자이너이자 예술가인 마틴 마르지엘라의 개인전이 국내에서 열린다. 파격적이고 실험적인 양식을 탐구하며 이를 자신의 패션 · 예술철학에 녹여온 마르지엘라는 이번 전시에서 설치와 페인팅, 퍼포먼스 등 다양한 시각매체를 선보일 예정이다. 1957년 벨기에 태생인 그는 앤트워프 왕립 예술학교에서 패션을 공부하고, 졸업 후 '장 폴 고티에'의 어시스턴트로 일하며 패션계에 발을 들였다. 이후 시대를 앞서가는 감각으로 독특하고 독창적인 자신만의 브랜드를 구축했다. 그는 2008년 마지막 쇼를 끝으로 패션계를 떠났고, 현재는 예술가로서 또 다른 진면목을 드러내고 있다.

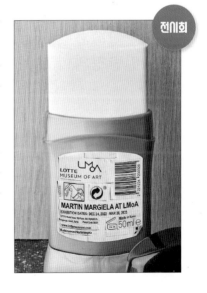

장소 롯데뮤지엄   **날짜** 2022.12.24~2023.03.26

내 인생을 바꾸는 모멘텀

박재희 교수의
마음을 다스리는 고전이야기

어느 시인의 작은 행복

일반청의미(一般淸意味) – 〈소강절(邵康節)〉

행복은 먼 곳에 있지 않다고 합니다. 큰 행복보다는 작고 의미 있는 행복이 가치가 클 수 있습니다. 노자도 작은 행복을 볼 수 있는 지혜[見小日明]가 있어야 한다고 했습니다. 중국의 소강절(邵康節)이라고 하는 학자는 그런 행복을 다음과 같이 표현했습니다.

> 月到天心處 風來水面時
> 월도천심처 풍래수면시
> 一般淸意味 料得少人知
> 일반청의미 요득소인지
>
> 달이 하늘 중심에 이르고 바람이 물 위를 스치네
> 사소하나 맑은 의미를 아는 이가 너무도 적구나

'달이 하늘에 떠 있고 바람이 살며시 불어올 때 느끼는 작은 행복을 아는 사람이 적다'는 의미입니다. 하늘의 달과 스치는 바람은 지극히 일상적인 것들이어서 무심히 지나치면 아무것도 아닐 수밖에 없습니다. 그러나 시인은 이런 것들에서도 행복을 찾을 수 있다고 노래합니다. 바로 '아주 작고 평범하지만 그곳에 있는 맑고 의미 있는 것들'이란 뜻의 '일반청의미(一般淸意味)'가 그것입니다.

부귀를 누리거나 엄청난 공을 세워 사회에 이름이 알려지는 거창한 것을 행복이라고 생각하는 사람도 있습니다. 하지만 남들은 이해하지 못할 수도 있는 작디작은 것에 행복을 느끼는 사람도 있습니다. 물론 인생의 목표는 크면 클수록 좋습니다. 그러나 큰 목표를 달성하기 위해 마냥 달려가기만 해서는 우리의 일상은 퍽퍽할 수밖에 없습니다. 주변의 작고 아름다운 행복을 놓쳐서는 안 되겠습니다.

나만이 느끼는 의미 있는
순간들을 사랑합니다.

一	般	淸	意	味
한 일	일반 반	맑을 청	뜻 의	맛 미

묵적지수(墨翟之守)

묵자(墨子, BC.480~BC.390)는 생명이 있는 것을 두루 사랑하고 검소질박함을 숭상하는 묵가(墨家)의 시조로 중국 전국시대 송(宋)나라 출신 학자입니다.

그러던 어느 해 초(楚)나라가 성벽을 타 넘을 수 있는 공성기(攻城機), 즉 특수사다리라 할 수 있는 운제계(雲梯械)를 개발하고 송나라를 치려 한다는 소식이 들려왔습니다. 묵자는 급히 초나라로 갔습니다. 그리고 운제계 설계자인 공수반을 만나러 갔습니다. 공수반은 원래 송나라 사람이었는데 자신의 재능을 알아주지 않는 데 불만을 품고 초나라에 와 출세한 인물이었습니다.

묵자는 아무것도 모르는 척 시치미를 떼고 말했습니다.

"북방에 어떤 자가 나를 매우 모욕했습니다. 저는 힘이 없으니 상공께서 대신 그자를 죽여 주실 수 없겠습니까?"

그러자 공수반은 불쾌한 얼굴로 대답했습니다.

"나는 의(義)를 중히 여기오. 남의 사사로운 원한에 개입할 수 없을 뿐만 아니라 살인도 할 수 없소."

묵자는 '옳다구나' 이때다 싶어 말했습니다.

"상공께서는 의를 중히 여겨 살인할 수 없다 하시면서 어찌하여 구름에 닿을 만큼 높은 사다리까지 만들어 아무 죄 없는 송나라 백성들을 죽이려 하시는지요"

공수반은 말문이 막혔습니다. 그래서 묵자를 데리고 초왕에게 나아갔습니다. 묵자가 초왕에게 물었습니다.

"전하, 새 수레를 가진 사람이 이웃집 헌 수레를 훔치려 하고 비단옷을 입은 사람이 이웃집 누더기를 훔치려 한다면 왜 그런다 생각하는지요?"

"도벽이 있기 때문 아니겠소?"

"하오면 사방 5,000리 넓은 국토에다 온갖 짐승과 초목까지 풍성한 초나라가 사방 500리밖에 안 되는 가난한 송나라를 치려 하는 것도 도벽 때문이옵니까?"

우물쭈물하던 초왕이 대답했습니다.

"과인은 단지 운제계의 성능을 실험해보려 한 것뿐이오."

"그러시다면 실험할 것도 없사옵니다. 운제계라는 게 실은 하등에 쓸모가 없는 물건이니 말이옵니다."

그러자 곁에서 듣고 있던 공수반이 발끈했습니다.

"그게 무슨 말이오. 운제계는 어떤 높이의 성벽에도 오를 수 있는 최상의 무기요."

"그러면 제가 이곳에서 운제계를 막아 보이겠습니다."

묵자는 허리띠를 풀어 성 모양으로 사려놓고 나뭇조각으로 방패를 만들었고, 공수반은 모형 운제계로 공격에 나섰습니다. 모의전은 모두 아홉 번이나 이뤄졌습니다. 그리고 그 승리는 모두 묵자의 것이었습니다.

공수반은 패배를 인정하면서도 그대로 끝낼 수 없었습니다. '묵자만 없애면' 문제가 없을 것이라고 생각한 것입니다. 하지만 이를 눈치 챈 묵자가 말했습니다.

"나를 죽이면 송나라를 공격할 수 있다고 생각할지 모르나 그것은 큰 착각입니다. 설사 내가 죽더라도 이미 송나라에는 나의 제자 300명이 나와 같은 방법으로 철저하게 대비하고 있을 것입니다."

결국 초왕은 묵자에게 송나라를 치지 않겠다고 약속할 수밖에 없었습니다.

묵적지수(墨翟之守)는 '묵자의 지킴', 즉 묵자와 같은 방법의 견고한 수비를 이릅니다. 자기 주장이나 소신 등을 굽히지 않는 것을 비유하기도 합니다. 뜻을 끝까지 관철시키려는 자세, 그런 마음가짐이 필요한 새해 첫달입니다. 한 해를 시작하는 지금 1년 동안 밀고 나갈 뜻을 품어보기시 바랍니다.

墨	翟	之	守
먹 묵	꿩 적	갈 지	지킬 수

 완전 재미있는
낱말퀴즈

1			**2**		**3**		
			4				
		8					
		7		**6**			
	5			**9**			

가로
❶ 생활하고 있는 주위의 자연적 조건이나 사회적 상황
❸ 소송을 제기한 사람
❹ 도자(桃子)라고도 하며 6~8월 사이에 수확하는 과일
❺ 누군가를 그리워하고 사모하는 마음
❼ 외부세계의 자극을 받아들이고 느끼는 성질
❽ 서양의 활이라는 뜻으로 올림픽 정식 종목으로도 채택됨
❾ 이름이나 직위를 적어 책상 위에 놓아두는 패

세로
❶ 생기있게 살아 움직임
❷ 임진왜란 때 소실됐다가 흥선대원군이 재건한 조선시대 궁궐
❸ 유치원에 다니는 아이
❺ 싸움이나 경기에서 계속하여 짐
❻ 일정한 사항에 대한 방침이나 견해를 공표하는 글이나 문서
❽ 두 가지의 상호 대립되는 감정이 공존하는 상태

참여방법 보기를 보고 가로세로 낱말퀴즈를 풀어보세요. 낱말퀴즈의 빈칸을 모두 채운 사진과 함께 <이슈&시사상식> 1월호에 대한 감상평을 이메일(issue@sdedu.co.kr)로 보내주세요. 선물이 팡팡 쏟아집니다!
❖ 아래 당첨선물 중 받고 싶으신 도서와 이름, 주소, 전화번호를 함께 남겨주세요.

<이슈&시사상식> 12월호 정답

참여해주신 모든 분들께 감사드립니다.
당첨되신 분께는 개별적으로 연락드립니다.

당첨선물
정답을 맞힌 독자분들 중 가장 인상적인 감상평을 남기신 분께는 <발칙하고 유쾌한 별별 지식백과>, <소워니놀이터의 띠부띠부 직업놀이>, <지금 내게 필요한 멜로디>, <미국에서 기죽지 않는 쓸만한 영어 : 일상생활 필수 생존회화> 등 푸짐한 선물을 드립니다!
❖ 참여하실 때는 반드시 희망 도서를 하나 골라 기입해주세요.

취준생에게 딱 맞는 책

 최*영 (인천시 남동구)

시대고시기획에서 매달 발간되고 있는 〈이슈&시사상식〉. 특히 이 도서의 특징이라고도 할 수 있는 HOT이슈 31에는 지난 한 달간 논란이 됐던 이슈나 관심을 받은 사건들 위주로 정리되어 있어서 전반적인 상황을 파악하기 좋다. 기사로만 접하면 인과관계가 잘 파악되지 않았던 일들을 사건의 배경과 엮어서 설명해주고, 또 해당 사건이 어떤 파급력을 지니고 있는지 알려줘서 면접을 볼 때 관련 질문이 나오는 경우 조금 더 명확하게 답변할 수 있다. 이밖에 시사상식 문제나 면접 기출문제 등 취준생에게 도움될 만한 내용들이 수록되어 있어 참고하면 좋을 것 같다.

시사공부는 〈이슈&시사상식〉으로

 서*현 (영주시 영주동)

우리의 삶은 사회와 긴밀한 관계를 맺고 있다. 사회의 변화가 우리 삶에 영향을 끼칠 수밖에 없는 구조로 이루어져 있기 때문이다. 이러한 사회적 변화를 알고 그 과정을 이해하기 위해 〈이슈&시사상식〉을 읽으며 시사상식을 공부하고 있다. 다양한 코너들이 수록돼 있지만, 이 책의 핵심인 최신이슈와 관련된 내용들은 우리가 잘 모르는 전문적인 지식을 대중에게 쉽게 설명하고 이해시키는 것을 목표로 삼고 있다. 때문에 사건이나 사안에 대한 전반적인 내용들이 잘 정리되어 있으며, 이를 분석해보면서 사건을 보다 넓게 바라보는 시각을 기를 수 있다.

취업준비 시 높은 활용도

 김*진 (하남시 일산동)

〈이슈&시사상식〉은 매달 중요한 이슈를 묶어서 발행하는 월간지다. 최근 채용시장이 다양한 방면으로 변화를 꾀함에 따라 필기시험이나 면접 등을 준비할 때 유용하게 활용하고 있는 도서다. 특히 HOT이슈 31을 비롯해 취업데스크, 취업달력, 찬반토론, 상식 기출문제 등의 코너는 시사공부가 필요한 취준생들에게 단비 같은 코너다. 또한 면접 기출문제나 대기업·공기업 기출문제도 수록되어 있어서 지원하고자 하는 기업이 있다면 참고해 봐도 좋을 것 같다. 무료동영상 및 오디오북도 지원하고 있어 자투리 시간을 활용해 공부할 수 있도록 한 점도 마음에 들었다.

다양한 정보가 가득!

 김*훈 (서울시 마포구)

매달 출간되고 있는 〈이슈&시사상식〉에는 지난 한 달간 뜨거운 감자였던 이슈를 비롯해 취준생들에게 도움이 될 만한 다양한 정보가 가득 담겨 있다. 시사정보를 전달하기 위한 책인 만큼 최신이슈와 관련된 여러 기사들이 잘 정리되어 있고, 시사용어 및 시사상식 문제를 통해 상식을 쌓을 수 있다. 취준생들을 위한 취업 관련 정보 및 기출문제도 수록돼 있어서 여러 방면에서 유용하게 활용할 수 있을 것 같다. 개인적으로 상식더하기 파트를 재미있게 읽었는데, 생활상식과 관련된 정보뿐만 아니라 인문·교양을 쌓을 수 있는 내용도 실려 있어서 좋았다.

독자 여러분 함께해요!

〈이슈&시사상식〉은 독자 여러분의 리뷰를 기다리고 있습니다. 분야·주제 모두 묻지도 따지지도 않습니다. 보내주신 리뷰 중 채택된 리뷰는 〈이슈&시사상식〉 2월호에 수록됩니다.

참여방법 ▶ 이메일 issue@sdedu.co.kr

당첨선물 ▶ 정답을 맞힌 독자분들 중 가장 인상적인 감상평을 남기신 분께는 〈발칙하고 유쾌한 별별 지식백과〉, 〈소워니놀이터의 띠부띠부 직업놀이〉, 〈지금 내게 필요한 멜로디〉, 〈미국에서 기죽지 않는 쓸만한 영어 : 일상생활 필수 생존회화〉 등 푸짐한 선물을 드립니다!

❖ 참여하실 때는 반드시 희망 도서를 하나 골라 기입해주세요.

나눔시대

함께 배우고 성장하는 배움터! (주)시대고시기획 시대교육(주) 입니다.
앞으로도 희망을 나누는 기업으로서 더 큰 나눔을 실천하겠습니다.
나눔은 행복입니다.

재외동포재단, 경인교육대학교
한국어능력시험 관련 교재 기증

장병 1인 1자격,
학점 취득 지원

전국 야학 지원
청소년, 어린이 장학금 지원

> **숨은 독자를 찾아라!**
> 〈이슈&시사상식〉을 함께 나누세요.

대학 후배들이 하루의 대부분을 보내고 있을 동아리 사무실에 〈이슈&시사상식〉을 선물하고 싶다는 선배의 사연

마을 도서관에 시사월간지가 비치된다면 그동안 아이들과 주부들이 주로 찾던 도서관을 온 가족이 함께 이용하게 될 것으로 기대한다는 희망까지…

〈이슈&시사상식〉, 전국 도서관
및 희망자 나눔 기증

양서가 주는 감동은 나눌수록 더욱 커집니다. 저희 〈이슈&시사상식〉도 힘을 보태겠습니다.
기증 신청 및 추천 사연을 보내주세요. 사연 심사 후 희망 기증처로 선정된 곳에 1년간 〈이슈&시사상식〉을 무료로 보내드립니다.

* 보내주실 곳 : 이메일(issue@sdedu.co.kr)
* 희망 기증처 최종 선정은 2023 나눔시대 선정위원이 맡게 됩니다. 선정 여부는 개별적으로 알려드립니다.

SD에듀
(주)시대고시기획

"합격" 보장! 각종 '시험' 합격 대비 도서

각 분야의 1등 강사진과 집필! 공무원 시험부터 NCS 및 각종 기업체 취업 시험, 중졸/고졸 검정고시와 같은 학습 관련 시험 및 매경테스트, 그리고 IT 관련 시험 및 TOPIK, G-TELP, ITT 등의 어학 시험 등 각종 시험에서의 '합격'을 보장하는 도서!

9급 공무원

경찰공무원

군무원

PSAT

지텔프(G-TELP)

NCS 기출문제

SOC 공기업

대기업 · 공기업 고졸채용

ROTC 학사장교

육군 부사관

한국사능력검정시험

영재성 검사

일본어 한자

토픽(TOPIK)

영어회화

엑셀